LETTRES A ÉMILIE

SUR

LA MYTHOLOGIE.

—

TOME I.

LETTRES A ÉMILIE

SUR

LA MYTHOLOGIE,

SUIVIES

DES CONSOLATIONS;

Par Demoustier;

AVEC UNE NOTICE NOUVELLE ET DES NOTES,

PAR G. TOUCHARD-LAFOSSE.

TOME PREMIER.

PARIS,
A.-R. LANGLOIS, LIBRAIRE-ÉDITEUR,
RUE DES GRANDS-AUGUSTINS, 25.

1835.

PARIS. — Imprimerie de BOURGOGNE et MARTINET,
rue du Colombier, 30.

DEMOUSTIER

ET SES OUVRAGES.

Les littératures, ainsi que les sociétés dont elles expriment le caractère et l'esprit, ont leurs fastes, leurs anomalies, leur décrépitude, leur régénération. Pour ne parler que des lettres françaises, voyez-les dans les diverses phases de notre histoire: elles sont chevaleresques au XIIe siècle, avec Philippe-Auguste et les trouvères de son temps; dévotes, superstitieuses au XIIIe siècle, avec saint Louis, le sire de Joinville et Guillaume de Lorris; séditieuses, tachées d'esprit de parti, au XIVe siècle, sous la plume des journalistes du règne calamiteux de Charles VI; raisonneuses, abstraites, hostiles à la liberté de conscience lors de cette renaissance, dont François Ier permit et comprima ensuite l'essor; réformatrices, empreintes d'une haute philosophie, et moqueuses tour à tour, vers la fin du XVIe siècle, dans les écrits de Théodore de Bèze, de Montaigne, de Rabelais; ingénieusement critiques, un peu plus tard, dans la Satire Ménippée; remplies de boursoufflure et de recherche, avec Balzac et Voiture, au commencement de ce XVIIe siècle où venait d'expirer jusqu'à l'ombre de la vieille chevalerie, et naissait, inquiète, indécise, vague dans ses desseins et brutale encore, cette civilisation moderne, qui devait atteindre bientôt la splendeur, mais en même temps la corruption du siècle d'Auguste. Enfin les lettres françaises furent grandes, fastueuses, superbes sous Louis XIV, période d'apparat durant laquelle l'épopée et l'éloquence furent jonchées de mots sonores, comme la société fut inondée de luxe et d'orgueilleuses prétentions.

Au sein de ce régime où, sous les lois d'une syntaxe diffuse, on s'efforçait d'enfiler des phrases et de coudre des périodes admiratives, notre grand Corneille, notre inimitable Molière, puis La Fontaine, Racine, Boileau, Bossuet, Fénelon, La Bruyère et quelques autres surent avoir du génie, sous les liens inflexibles dont on venait de garrotter notre langue, épurée sans doute, appauvrie peut-être.

Au milieu du siècle suivant, la littérature, descendue de ses échasses, s'occupa moins de paraître, beaucoup plus de penser, de convaincre, de prouver. Montesquieu, d'Alembert, Diderot, Condillac, Jean-Jacques Rousseau, Buffon, Helvétius, Raynal, Duclos, parlèrent à l'âme, et affranchirent l'entendement, trop long-temps comprimé sous une enveloppe de préjugés. Voltaire les surpassa tous, au jugement d'une nation à laquelle plaisait la Raison parée par les Grâces, et s'armant des traits acérés du ridicule. Voltaire, en jouant avec la sagesse, avec la philosophie, sut être profond et séduisant tout à la fois : problème difficile dont il ne laissa qu'à moitié le secret à Beaumarchais. D'autres croyaient cependant l'avoir trouvé, tant ils s'étaient appliqués à le chercher. Ainsi les imitateurs de Marivaux et de Dorat s'ingénièrent à sublimer l'esprit, à fleurir la pensée ; le sentiment lui-même se fit élégant et maniéré dans leurs chatoyantes compositions. Ce genre fit fortune à la cour de Louis XV : c'était, pour les marquis de l'OEil-de-Bœuf, une délicieuse littérature que celle dont ils pouvaient parcourir les productions en voltigeant, en tournoyant sur leurs talons rouges : papillons inconstans, qui butinaient le plaisir dans les livres, comme le brillant scarabée recueille sa nourriture sur les fleurs. Malheureusement Versailles enchaînait alors Paris au char léger de ses caprices, et Paris imposait à la France les goûts qu'on lui avait imposés. Les lettres de cette époque glissèrent, ainsi que les beaux-arts et les mœurs, sur la pente rapide d'une corruption qui ne devait s'arrêter qu'au point où toutes les sociétés se régénèrent : l'abus intolérable des vices, des excès et de l'oppression. Poètes, romanciers, dramatistes, conteurs, se prirent à distiller des riens laborieusement spirituels, pour titiller les sensations languissantes du sopha ; on parfuma les vers d'afféterie et de manière, pour ajouter un madrigal, un acrostiche, un bouquet à Chloris, aux essences de la toilette. Ces bagatelles prétentieuses, dont le succès prodigieux réduisit au silence le vrai talent, se débitaient, à bureau ouvert, chez madame de Cassini, nouvel hôtel de Rambouillet, où le bon sens était sacrifié tout aussi complètement que dans l'ancien. Bientôt le théâtre copia ces travers en les chargeant encore, non dans le but de corriger, mais afin d'amuser davantage une génération blasée ; et la ville, ressaisissant les esquisses outrées de la scène, en grossit impudemment le bagage de ses ridicules.

Telle était la situation des lettres et de la société lorsque Charles-Albert Demoustier sortit des bancs [1], inexpérimenté et neuf aux impressions du monde comme tout philosophe de collége. Fils d'un garde-du-corps, Demoustier descendait de Racine par son père ; de La Fontaine, par sa mère : origine bien propre à le maintenir dans les voies de la nature et du goût. Mais, doué d'une imagination vive, ce jeune littérateur se laissa promptement éblouir par le faux-brillant et l'esprit sophistique qui infestaient la fin du xviiie siècle. Il faut lui pardonner d'autant plus volontiers cet entraînement, qu'il semblait né pour aimer, pour plaire,

---

[1] Il fit ses études à Paris, au collége de Lisieux.

et qu'avec de telles dispositions on se plie aux erreurs de son temps, plutôt qu'on n'essaie de les combattre.

Si la trempe molle et suave du caractère de Demoustier le rendait inhabile à se jeter dans une réforme littéraire, que quelques bons esprits tentaient déjà, il devait s'affectionner encore moins à cette guerre du barreau, qu'il avait d'abord essayée, et dont l'éloignait d'ailleurs une complexion extrêmement délicate. Mais en s'abandonnant avec délices à son penchant pour les lettres, il obéit surtout à l'inclination impérieuse qui le vouait au culte de la beauté. On va juger jusqu'à quel point cette passion était portée chez Demoustier; voici la peinture que lui-même en a faite : « Il y a dans mon adoration pour les femmes plus que de l'idolâtrie : leur idée seule produit sur mon cœur attristé [1] l'impression que, par un temps sombre, produit l'image d'un beau jour. Leur regard me pénètre, leur sourire m'enivre, leur voix me fait tressaillir. Mon âme errante circule autour de leurs charmes, et se perd avec volupté dans les plis de leurs vêtemens, dans les ondes de leur chevelure. Leurs yeux parlent-ils? ma réponse les a prévenus;

---

[1] Atteint déjà de la maladie à laquelle il succomba, Demoustier s'attristait en pensant qu'il n'aurait ni assez de force ni assez d'années pour aimer.

sont-ils muets? je leur prête un langage pour le plaisir d'y répondre. Je ne sais quel charme secret me fait pressentir la présence d'une femme aimable... que cette onde est tiède et limpide! une femme s'y est baignée; que de fleurs sur ce gazon! une femme s'y est endormie; que cet ombrage est mélancolique! elle y rêve sans doute... Entendez-vous ces accens mélodieux? c'est Philomèle... non, c'est une femme : la voici, je l'avais deviné.

Tibulle devait écrire sous l'empire de semblables émotions lorsqu'il composa ses voluptueuses élégies; ah! qu'il est à regretter que cette source exquise d'inspirations ait été altérée par les défauts du temps! Pourquoi ne se trouvait-elle pas dans l'imagination de Demoustier, cette puissance de poésie qui sut garantir Parny de l'invasion du mauvais goût! Mais, je le répète, le futur correspondant d'Émilie était organisé pour plaire : il crut que le clinquant du bel-esprit flatterait, plus que le noble éclat du génie, le sexe dont il avait fait son idole : *ses Lettres sur la Mythologie* furent publiées sous la bannière de Marivaux et de Dorat.

A part ce défaut, grave sans doute, mais non pas capital, dans un ouvrage où l'esprit devait aider le naturel et l'abandon à tenir la plume, Demoustier, laissant bien loin derrière lui Chapelle et Bachaumont, a su tracer et remplir admirablement son cadre. On peut douter que Voltaire lui-même eût égalé la grâce souvent ingénieuse, le coloris toujours frais, la critique toujours fine et jamais empreinte de fiel, qui distinguent les *Lettres à Émilie*. Voilà ce que nos Aristarques, si souvent exagérés dans leurs jugemens, ont refusé de reconnaître ; ils ont même dénié à l'auteur de nos Lettres l'éloge que lui méritaient un plan neuf, original ; un enchaînement habile des parties de son sujet : parties jusqu'alors éparses dans une lexicographie nauséabonde, où les élémens de la mythologie restaient enfouis, parce qu'on avait rarement le courage de les y chercher. Mais le public impartial, le public qui ne compose point de livres, qui ne fait point trafic de feuilletons ; le public, en un mot, dont les opinions ne sont influencées ni par l'envie ni par la cupidité, accueillit avec transport une composition amusante, spirituelle et instructive : sa raison fit justice des défauts qu'on y trouvait, dégagea l'intérêt de ses futiles ornemens, la pensée de ses enjolivures brillantées ; et, ce départ d'alliage opéré, trouva que Demoustier avait enrichi les lettres d'un lot fort appréciable d'or pur.

Cet écrivain fut assurément l'un des premiers, parmi les hommes de sens, à s'apercevoir que l'école classique opposait trop d'inflexibilité, trop de dégoûts à cette légèreté sociale, qu'il eût fallu séduire un peu pour la ramener aux saines idées. Il avait vu la jeunesse découragée, malgré son aptitude, par les épines dont le savoir pédantesque hérissait obstinément ses leçons et ses ouvrages ; la mythologie, comme l'histoire, devait être conquise sur l'ennui ; il fallait être doué d'un courage presque héroïque pour devenir érudit... Telle avait été, en grande partie, la cause originaire de cet esprit superficiel et scintillant qu'on recherchait vers la fin du xviiie siècle, surtout parmi les classes opulentes, qui rarement veulent s'imposer, par raison, un travail dont la fortune les a dispensées. Démoustier, ainsi que tous les novateurs, dépassa le but normal ; mais au moins il réussit à rendre à peu près générale l'étude d'une science aimable, que l'on ne peut ignorer sans être privé d'une jouissance bien douce : celle de partager les illusions de la poésie, d'admirer ses peintures touchantes, et de comprendre ses heureuses fictions.

Il est de ton aujourd'hui, dans certaines coteries, de mépriser cette mythologie si riche d'images, d'emblèmes, et même de philosophie : on relègue ainsi parmi les vieilleries, non seulement la poésie d'Homère, d'Hésiode, de Virgile, d'Ovide, de Properce, de Tibulle ; mais encore les moralités, ou profondes ou critiques, que l'on peut découvrir sous le voile, presque toujours transparent, de leurs délicieuses allégories. Que le sacerdoce ait voulu proscrire la théogonie antique des programmes de nos universités, cela se conçoit : il y avait ici une application du *rerum cognoscere causas*, dangereuse pour le dogme du christianisme.... Mais que, dans un siècle de progrès, on cherche à tarir une source féconde de plaisirs, d'émotions et de connaissances, parce que l'on y a puisé surabondamment ou maladroitement, c'est le comble du délire.... Le vrai génie n'ébranche aucun des rameaux de l'arbre du savoir; il le ravive, le rajeunit par une culture nouvelle ; ente dessus des idées neuves, et en fait jaillir des rejetons vigoureux. Réformateurs, qui prétendez avoir remplacé, dans l'espace de dix ans, le produit de trente siècles, montrez-nous ce que vous avez substitué à la mythologie; mettez en lumière les créations qui doivent repousser dans le néant celles du chantre de l'Iliade. Sont-ce les traditions puériles taillées dans les superstitions du moyen âge, et reproduites, élégantes de style, peut-être, mais vides de vraisemblance, de morale, de fiction, et conséquemment d'utilité ? Nous ferez-vous admirer ou seulement comprendre les rêveries allemandes, l'Apocalypse fantastique de Goete et d'Hoffmann, que l'on prétend coudre à notre littérature ? Faudra-t-il nous rallier aux élucubrations hiéroglyphiques de quelques romanciers *spiritualistes*, qui se flattent de reconstruire l'édifice social sur des théories insaisissables pour les sens, comme pour la raison : école malheureuse au sein de laquelle Charenton a déjà recruté... Sans doute personne ne songe à soutenir sérieusement ces innovations; mais des littérateurs, même des littérateurs illustres, vous diront que notre religion est essentiellement poétique; qu'elle peut remplacer, par d'augustes vérités, les fables, souvent indécentes, de la mythologie, et faire servir ainsi les conceptions du génie à l'amélioration des hommes.

Malheureusement les conquêtes d'un tel système conviendraient mal à notre période sceptique et moqueuse; Voltaire et Parny ont arraché pour jamais à l'épopée grave les sujets empruntés de l'histoire sacrée. Composez de nos jours un poème dans l'esprit du chef-d'œuvre de Racine fils; et notre jeunesse indévote intercalera dans les versets ascétiques des strophes de *la Pucelle* et *de la Guerre des Dieux*.... D'ailleurs, il faut le dire, la poésie appartient à nos plaisirs plus encore qu'à notre instruction : on s'égaie sans scrupule des mésaventures de Vulcain, des faux-pas de Vénus et des espiègleries de Mercure; en poétisant le christianisme vous consacrez une profanation, qui n'est encore que dans l'oubli des bienséances [1]... Il faut du merveilleux au grand Opéra; or, si vous lui en-

---

[1] C'est peu qu'on ait mis saint Antoine sur la scène lyrique : il y a long-temps que Callot et Sedaine avaient rendu comique ce pieux solitaire.... Mais tous les bienheureux, les anges, les archanges, la Trinité, le Père Eternel lui-même,

levez l'Olympe, le voilà de plein droit en possession du Paradis, puisque le Paradis est, selon vous, le centre d'une épopée légitime... Attendez-vous donc à voir une entrée d'apôtres, un pas d'archanges, un ballet, non pas de chérubins, parce que ces créatures divines n'ont que des têtes; mais un ballet de toutes les autres dominations célestes, costumées par Babin. Toujours en vertu de la préférence due à la poétique chrétienne, on devra se résigner à voir nos saintes les plus vénérées sous les formes demi-nues de mesdames Taglioni, Noblet, Montessu (car il faut des demi-nudités aux habitués du balcon); à moins que la police ne contrevienne brusquement aux arrêts de votre nouveau Parnasse... C'est ainsi que les propositions les plus éloquemment émises, les plus séduisantes au premier coup-d'œil, ne laissent parfois, après la discussion, que le ridicule et l'absurdité dans le creuset du raisonnement. Revenons à Démoustier.

Il ne faut qu'avoir parcouru quelques unes des *Lettres à Émilie*, pour reconnaître le caractère affable mais passionné de l'auteur. L'homme aimable, le modèle du *Conciliateur*, se dessine à chaque page : nulle part on n'employa un art aussi délicat à distiller la louange; nulle part le moraliste ne sut

entrent, comme élémens de vogue, dans nos drames du boulevard.... C'est un abus; évitons d'en faire un usage sanctionné par la réflexion.

glisser sous l'allégorie des aperçus plus innocemment malicieux. Et quand l'amour est en scène, quand les grâces et la beauté viennent à éclore sous la plume du narrateur, quelle sensibilité dans le discours, quelle fraîcheur, j'ai presque dit quel parfum dans les tableaux! Alors l'imitateur de Dorat s'éclipse, le peintre du sentiment paraît seul : tant il est vrai que le bel-esprit ne résiste pas à la flamme émanant du cœur. Ces passages, vivement sentis, laissent voir l'empreinte de ce feu morbide qui consumait l'organisme de Demoustier, en échauffant son imagination; et l'on en peut deviner déjà les ravages aux réflexions d'une philosophie mélancolique, qui suivent ces traits éclatans et chaleureux de la pensée... Le correspondant d'Émilie, et plus tard Millevoye, épandirent dans leurs écrits le pressentiment de leur fin prématurée.

Les cercles de la capitale ont été long-temps occupés à chercher quelle pouvait être cette correspondante, si jolie, si fraîche, si bien faite, à laquelle Demoustier faisait parvenir ses lettres, avec une ample moisson de complimens et de galanteries. Prenant au pied de la lettre ces exagérations poétiques, on voulait absolument trouver une femme qui, comme la Vénus de Praxitèle, réunît tout ce que l'idéalisme peut imaginer de parfait... Enfin on découvrit, ou l'on crut découvrir, que l'Émilie de notre poète était madame B*****, épouse d'un fonctionnaire public recommandable. Je ne rapporterai point ici les commentaires, souvent fort piquans, que l'on adapta aux hommages dont se composait la couronne tressée par Demoustier. Mais un de mes amis me montra un soir à l'Opéra l'héroïne des *Lettres sur la Mythologie*, et je fis, à part moi, plus d'une réflexion sur l'abus des métaphores... Émilie était alors[1] une dame sur le retour, fraîche d'embonpoint seulement, fort volumineuse, assez petite, et complètement abandonnée par les grâces, si jamais elles avaient été comptées parmi ses séductions.

Est-il, du reste, bien avéré que Demoustier n'ait adressé qu'à cette autre Délie la collection d'éloges que nous connaissons? on peut en douter. Cet écrivain aura formé, dans sa pensée, un être collectif de toutes les femmes aimables et jolies qu'il avait connues : Émilie, c'est, je crois, le beau sexe en général; et chacune de nos belles peut, sans trop d'amour-propre, se parer d'une fleur détachée du bouquet de madrigaux offert à toutes par notre auteur.

Les *Lettres à Émilie* parurent, en diverses parties, et à de longs intervalles, de 1786 à 1798. La timidité de l'auteur était révélée par ce genre de publi-

---

[1] Environ douze ans après la première publication des lettres à Émilie.

cation, et l'on en trouva une preuve plus convaincante attachée à sa seconde composition poétique. Demoustier fit paraître, en 1790, un chant du *Siége de Cythère*, avec cette épigraphe : « *Continue-rai-je!..* » Il ne continua pas... Mais le public se montra aussi favorable aux *Lettres* qu'il avait paru sévère à l'égard du poème : elles eurent un succès d'enthousiasme, que le temps a confirmé..

Demoustier crut devoir apparemment payer son tribut aux principes de la révolution, à une époque où ce gage de civisme pouvait être nécessaire à sa sûreté ; il publia aussi, en 1790, une plaisanterie rimée, intitulée *la Liberté du Cloître*. Il est rare qu'on échoue quand on se fait l'apôtre d'une circonstance qui triomphe : cette critique spirituelle du monachisme réussit avec éclat.

Ce fut vers le même temps, c'est-à-dire en 1791, que Demoustier parut se vouer exclusivement aux lettres dramatiques : il fit jouer, presque simultanément, *le Conciliateur*, *le Divorce* et *les Femmes*. On retrouve dans ces trois comédies l'empreinte de son caractère doux et bienveillant : chacune d'elles est un plaidoyer, aussi touchant que gracieux, en faveur de la concorde et de l'aménité, dont le cœur de cet homme aimable était le sanctuaire. Demoustier semble avoir fait poser sa conscience devant son pupitre, pour tracer ce portrait du *Conciliateur* :

Au fond de votre cœur le sentiment s'épure :
Son langage est toujours celui de la nature.
Votre esprit naturel orne la vérité,
Mais sans la déguiser voile sa nudité.
Sans jamais s'abaisser, noblement il se plie,
Pour se mettre au niveau de ceux qu'il concilie.
Moins vous voulez régner, plus vous faites la loi ;
Chacun auprès de vous devient content de soi.
Enfin l'extérieur est toujours agréable,
Le cœur bon, l'esprit juste, et voilà l'homme aimable.

Le *Conciliateur* est une pièce conduite habilement, semée de situations heureuses et neuves, surtout versifiée avec talent ; elle obtint un succès honorable. En d'autres temps il eût été plus complet ; mais, tandis que l'auteur proclamait au théâtre l'union et l'amitié, les passions politiques tonnaient dans la rue : la morale du *Conciliateur* et le refrain de l'hymne marseillais formaient un contraste étrange ; Demoustier offrait l'olivier à ses contemporains, et la grande voix du peuple demandait des lauriers sanglans.

La comédie des *Femmes*, représentée en 1792, était une production tardive : quatre ou cinq ans plus tôt, cette mosaïque de fleurettes galantes et de madrigaux eût charmé la cour et la ville ; au début de la tourmente révolutionnaire, on lui fit un accueil assez froid. Le moment était peu propice pour faire excuser le défaut d'action de l'ouvrage ; la grâce, la finesse, l'esprit recherché, perdaient journellement de leur empire : on voulait au théâtre des passions fortes, un comique nerveux, un style âpre, pour s'harmonier avec les graves débats de la tribune ou les rudes impressions du Forum : on ne trouvait rien de tout cela dans *les Femmes*. Demoustier avait dit : « Dans un âge plus avancé je fe- » rai de leurs vertus un drame, de leur esprit une » comédie, et de leurs défauts un roman ; » ce dramatiste jugea mal le goût du moment lorsqu'il commença par le milieu de sa tâche.

Les Deux Suisses, ou *la Jambe de bois* (depuis *la Piété filiale*), opéra comique représenté vers l'année 1792, procura à Demoustier plus de satisfaction que la corbeille de fleurs qu'il faisait offrir aux dames par les comédiens français. Des situations animées, un dialogue enjoué, les saillies militaires d'un vieux invalide, admirablement joué par Juliet; et, par-dessus tout, la musique vive et gracieuse de Gaveaux, firent la fortune de ce petit tableau lyrique, qui resta douze ou quinze ans à la scène.

Ici s'arrêtèrent les succès dramatiques de Demoustier. Toutefois ce poète fécond composa encore une multitude de pièces, dont la seule nomenclature dépasserait les bornes de cette Notice[1].

[1] Nous croyons cependant devoir en rapporter les titres dans une note. Ces ouvrages sont:

COMÉDIES : *Alceste* ou le Misanthrope corrigé, 3 actes. —

Je ne puis taire un épisode qui peint bien la douce mansuétude de cet écrivain; et, quoiqu'il se rapporte à un ouvrage tombé, il me semble qu'il doit être classé parmi les traits qui honorent sa mémoire. On donnait au Théâtre-Français l'une des premières représentations des *Trois Fils*, comédie malheureusement imitée d'une anecdote japonaise très connue. Demoustier, coupable de cette malencontreuse pièce, s'était assis modestement au parterre, centre de critique sévère, quelquefois virulente, mais rarement injuste¹. Le rideau se leva; bientôt un jeune spectateur, placé près de l'auteur, témoigna avec énergie son mécontentement, puis son impatience, puis enfin le regret de n'avoir pas une clef forée... *Voici la mienne*, dit froidement Demoustier en la tendant à son voi-

---

La toilette de Julie, 2 actes.. — *Le Tolérant*, 5 actes et en vers. — *Les trois Fils*, 5 actes. — *Constance*, 2 actes, non imprimée. — *Caroline de Lichtfield*, 5 actes et en vers, inédite et non représentée.

Opéras: *Apelle et Campaspe*, grand opéra, musique d'Eler. — *Le Paria et la Chaumière Indienne*: deux ouvrages imités du roman de Bernardin de Saint-Pierre. — *Agnès et Félix*, ou les deux Espiègles, 3 actes, musique de Devienne, non imprimée. — *Epicure*, musique de Méhul et Cherubini. — *Sophronisme*, ou la Reconnaissance, en un acte. — *Paris*, non représenté — *Macbeth*, idem.

¹ Il est bien entendu que je fais abstraction ici de l'ignoble manœuvre des *claqueurs*.

sin, qui, soudain, en tira des sons aigus... Un poète, « un de ces hommes à l'oreille de qui tonne » la nature, tandis qu'elle bourdonne à peine à celle » de l'homme du monde, prêter une clef pour siffler » sa pièce ! » En vérité, je crois voir Aristide écrivant lui-même son nom sur la coquille de l'ostracisme.

Demoustier a composé un *Cours de morale*, qui ne fut publié qu'après sa mort (1804)[1]; l'éditeur y joignit *les Consolations*, quelques fragmens d'une galerie du xviiie siècle, et plusieurs opuscules en vers. Tout cela, mais plus particulièrement le *Cours*, rappelle la touche délicate, le sentiment exquis et l'étude du cœur humain qui distinguent les *Lettres à Émilie*. Appliquée ici à des sujets, ou plus graves, ou qui sollicitaient plus de force, plus de couleur, la manière de l'auteur reste souvent au-dessous de ses inspirations. On lit néanmoins cet ouvrage posthume comme un modèle de grâce, comme le suave reflet d'une âme vertueuse et pure.

Parmi les productions que Demoustier promettait, je dois citer les *Lettres à Émilie sur les Héros de l'antiquité*, et les *Lettres à Émilie sur la bota-*

---

[1] Ce cours avait été professé par l'auteur, devant une assemblée, presque exclusivement composée de dames, d'abord *au Lycée étranger*, puis *à l'hôtel Thélusson*. Cette morale à l'eau rose était vivement sentie par le beau sexe, qui l'avait inspirée.

nique. Cette dernière correspondance eût surtout convenu au talent du littérateur dont je me fais l'historien : ses pensées, et moins heureusement sa prose et ses vers, sont semés de fleurs, comme les traces de l'Aurore, qu'il a peinte si fraîche et si jolie.....Mais une maladie qui ne pardonne point, l'incurable phthisie, avait marqué le terme des travaux que projetaient les espérances de notre auteur : espérances décevantes, qui caressent d'autant plus l'imagination du malheureux pulmonique qu'il est arrivé plus près de sa tombe. La mort surprit Démoustier à Villers-Cotterets, le 9 mars 1801 ; ce poète aimable mourut penché sur son berceau : il était né dans la même ville, le 11 mars 1760.

Ceux qui ont connu Demoustier, l'ont vu dans le commerce de la vie tel qu'il était dans ses ouvrages. Sa figure, sans être belle, plaisait au premier abord : il séduisait, il captivait par ce sourire si touchant, où se confondent la finesse, la bonté et cette suave mélancolie, qui, plus que la douceur même, est un attrait pour le regard et pour le cœur. Le correspondant d'Émilie passait pour l'un des causeurs agréables de son temps : entendons-nous sur cette qualité. Disciple de Fontenelle, de Suard, de Ségur, Demoustier évitait de saisir orgueilleusement le dé dans un cercle, pour imposer sans relâche à l'oreille ses phrases et ses opinions; il ne se faisait jamais l'interrupteur impoli des hommes de sens, et couronnait toujours d'une réflexion délicate les discours d'une dame... Il savait surtout écouter; talent déjà fort rare au commencement de ce siècle. Enfin la parole lui était-elle échue, il s'exprimait avec grâce, avec esprit, quelquefois avec recherche, mais sans travail apparent; et, dans sa bouche, cette coquetterie de langage paraissait à peine un défaut.

Dans la discussion, Demoustier savait s'animer: son œil, naturellement doux, étincelait alors d'expression. Maniant tour à tour, avec une égale habileté, l'arme de la raison et le trait de la plaisanterie, il établissait adroitement la supériorité de ses argumens, et savait attirer ses adversaires à son avis, à l'insu de leur amour-propre, et sans avoir eu l'air de désapprouver leur opinion. Son triomphe se formait d'une sorte de capitulation, qui leur laissait toute la gloire du combat.

Si, comme Lamotte, Demoustier « savait réserver » dans sa tête un coin pour les idées des autres, » à peine en conservait-il une pour les siennes propres, lorsqu'il conversait avec les femmes. Il mettait ainsi en pratique ce qu'a écrit Saint-Évremond, ce théoricien savant de ce qui convient au culte de la beauté: « Le premier mérite auprès des femmes est » d'aimer; le second est d'entrer dans la confidence » de leurs inclinations; le troisième, de faire valoir » ingénieusement ce qu'elles ont d'aimable. Si rien

» ne vous mène au secret de leur cœur, il faut ga-
» gner au moins leur esprit par des louanges; car, au
» défaut des amans, à qui tout cède, celui-là plaît
» le mieux qui donne aux femmes le moyen de
» plaire davantage. Dans la conversation, songez
» bien à ne les tenir jamais indifférentes; leur âme
» est ennemie de cette langueur... Ou faites-vous
» aimer, ou flattez-les sur ce qu'elles aiment, ou
» faites-leur trouver en elles de quoi s'aimer mieux;
» car enfin il leur faut de l'amour, de quelque na-
» ture qu'il puisse être. »

Ce petit code de galanterie, éprouvé par l'amant de la romanesque duchesse de Mazarin, régit la vie entière de Demoustier : presque toutes les puissances de son âme appartinrent aux femmes, et, par malheur pour sa conservation, il ne leur voua pas que cela... Dans les derniers instans de son existence, il mandait à l'une d'elles, peut-être celle à qui il avait écrit un jour : « Je vous adore d'amitié; » il lui mandait dis-je : « Je sens que je n'ai
» plus la force de vivre; mais j'ai encore celle de
» vous aimer [1]. »

Lorsque Demoustier descendit dans la tombe, la trempe de son talent et les inspirations délicates de son cœur ne convenaient plus guère, il faut le dire, aux goûts et aux mœurs du temps : la littérature et

[1]. Voyez, après cette notice, la pièce intitulée : *Mon Dernier Jour*.

la galanterie du xviiie siècle venaient d'expirer dans le tumulte des armes. En France le culte des lettres et de la beauté ne peut mourir entièrement; mais il renaissait alors avec les allures du camp, avec l'âpreté que le drame politique avait imprimée au caractère national. Les délicatesses de la poésie n'étaient plus de saison, non plus que les fleurettes de l'amour : on pensait, on écrivait, on aimait brusquement. Les dames elles-mêmes trouvaient fade l'encens des adorateurs de la vieille école; Demoustier et Legouvé s'empoudrèrent bientôt dans les bibliothèques.

Ainsi naquit, au bruit du canon et des fanfares, la littérature aventureuse que nous possédons aujourd'hui. Habituée aux émotions convulsives de la place publique et du champ d'honneur, la génération qui les avait éprouvées ne put redescendre à des impressions douces, à des plaisirs calmes : l'art et la pensée dûrent se faire gigantesques pour s'élever au niveau des passions contemporaines. La nature elle-même parut être restée, dans ses créations, au-dessous des œuvres de l'imagination; celle-ci se fit un monde indéfini... Les romantiques sensés venaient de briser, avec raison, le joug de l'école; la littérature extrême[1] ne respecta plus au-

---

[1] Ici, comme toujours, je distingue le romantisme, auquel la littérature doit beaucoup, du délire qui s'est emparé de quel-

eune limite. On échappait aux Cosaques de l'autocrate russe ; il fallut subir l'invasion des cosaques littéraires, qui ne placèrent les bornes de leurs conquêtes qu'au bout de leurs lances. Mais le siècle ne se rallie pas tout entier aux grelots de ces novateurs ; il est des hommes sages et judicieux qui ne déshéritent point le passé de sa gloire, et, parmi ces juges équitables, Demoustier sera toujours recherché, malgré ses défauts.

Trop souvent la mythologie fut présentée aux jeunes gens comme un simple jeu de l'esprit; Demoustier lui-même a laissé le voile de l'allégorie étendu sur les fables qu'il racontait : d'ingénieuses moralités, des vérités philosophiques sont restées ensevelies sous ce voile. J'ai essayé, dans un petit nombre de notes jointes aux *Lettres à Émilie*, d'expliquer quelques uns des emblèmes que les poëtes ont attachés à leurs fictions. Je suis loin de prétendre avoir éclairci tout ce qui a besoin de l'être ; mais c'est une voie ouverte à de plus doctes que moi, un progrès utile indiqué ; et, sous la main de notre génération habile, une faible étincelle devient promptement un grand foyer de lumière.

G. Touchard-Lafosse.

---

ques jeunes têtes, et qui entraîne les lettres à une décadence certaine, parce que, malheureusement, la démence s'est communiquée des écrivains aux lecteurs.

MON DERNIER JOUR.

Si j'approchais du bout de ma carrière,
Chaque matin, un vieillard malheureux,
Un orphelin, une indigente mère,
Viendraient me voir et s'en iraient heureux.

Encore bienfaisance.

Puis assemblée d'amis.

O mes amis! de nos jeunes années,
Près de mon feu, venez m'entretenir:
Pour prolonger nos heures fortunées,
Les dieux nous ont donné le souvenir.

Chacun de vous avait une Émilie
Dont il prônait la beauté, la candeur;
Elle est fidèle autant qu'elle est jolie!
Nous nous trompions; mais quelle douce erreur!

Et nos sermens, nos ardeurs éternelles,
Nos billets doux et nos vers innocens!
Avouons-le, nous encensions nos belles
A peu de frais; mais c'était de l'encens!

Il nous valait plus que le bonheur même ;
Regards furtifs, demi-mots, petits soins :
L'Amour enfant met le bonheur suprême
Dans les faveurs qui lui coûtent le moins.

—

Ici arrivent les amis pour la soirée.

—

Leur entrée; leur tristesse en me voyant changé.

—

« Qu'il est changé! quelle métamorphose! »
De ma pâleur pourquoi vous alarmer ?
Touchez mon front de vos lèvres de rose,
Sous votre haleine il va se ranimer.

—

Caresses des amies.

—

Souper.

—

Rions, chantons; pétillante saillie,
Bouillant désir, impétueux transport,
Partez! de loin je suivrai la Folie...
Je ne ris plus, mais je souris encor.

Fils d'Apollon, accordez votre lyre,
Pour soutenir vos accens cadencés.
Dieu des raisins, enflamme leur délire;
Chantez, Plaisirs! et vous, Grâces, dansez.

MON DERNIER JOUR.

Concert et bal d'amitié.

—

Petits présens.. Je leur distribue mes effets chéris.

—

Puis mes manuscrits.

—

Puis mon portrait.

—

Je leur donne rendez-vous à demain, pour tromper leur amitié.

—

Seul, je me couche et rêve à eux en sentant approcher la mort de mon sein.

—

  Non, sa chaleur n'est pas toute glacée :
  De souvenir je le sens tressaillir ;
  Votre image est ma dernière pensée,
  Et, Je vous aime, est mon dernier soupir.

—

Et le lendemain Demoustier n'existait plus.

AVERTISSEMENT
DE L'AUTEUR.

J'offre au public l'édition complète de mes Lettres sur les principaux sujets de la Mythologie. Je pourrais étendre beaucoup plus loin cet ouvrage, en suivant dans tous ses détails le chaos de l'histoire fabuleuse ; mais j'ai pris pour devise cette maxime de notre divin La Fontaine :

> Loin d'épuiser une matière,
> On n'en doit prendre que la fleur.

J'ai profité avec reconnaissance des observations de la critique pour corriger la plupart de ces Lettres. J'ai supprimé des passages inutiles, et réparé plusieurs omissions considérables[1]. J'ai fait surtout disparaître un grand nombre de ces négligences auxquelles l'esprit se laisse entraîner par l'abandon du cœur.

Je me propose de parler incessamment des

---

[1] Telles que l'histoire de Phaéton, seconde partie, et quelques autres passages non moins essentiels.

héros de l'antiquité, dont la vie, moitié fabuleuse, moitié véritable, est, pour ainsi dire, la transition de la fable à l'histoire.

Dans cette nouvelle carrière, je prie les critiques judicieux de m'aider sévèrement de leurs conseils; ils me sont d'autant plus nécessaires, que j'écris tout naturellement comme je sens, et que bientôt le sentiment nous égare, s'il n'est éclairé par la raison.

PRÉFACE.

Sexe aimable, qui protégez
Les talens, enfans du génie,
Et d'un regard donnez la vie
Aux arts, que vous encouragez;
Esprits heureux, qui mélangez
La toilette, la politique,
Les vapeurs, la métaphysique,
Et la morale, et les chansons;
Docteurs, qui donnez des leçons
D'amour, de vertu, de folie,
De mode et de philosophie,
Daignez accueillir les essais
D'une muse encore novice,
Qui, d'un sourire ou d'un caprice,
Attend sa chute ou son succès.
L'ouvrage qu'elle vous dédie
Est peut-être un peu moins que rien;
Cependant il vous appartient,
Puisqu'il est une fantaisie.
Si vous trouvez dans ces écrits
Ces traits, cette grâce ingénue,
Cette fraîcheur de coloris,

Qui parent la vérité nue,
C'est à vous que je les ai pris,
A vous que je les restitue;
Mais, si j'ai fait en vain l'effort
D'apprendre chez vous l'art de plaire,
Ce qui paraîtra bien plus fort,
J'apprendrai celui de me taire.

A ÉMILIE.

Échappé des fers de Thémis,
Chez Pomone, libre et tranquille,
J'étais au sein de mes amis,
Mais mon cœur était à la ville.

J'éprouvais, durant ces beaux jours
Filés par la mélancolie,
Qu'il n'est avec vous, Émilie,
Point de vacances en amour :
Et, pour calmer la violence
Du feu qui brûlait dans mon sein,
Je dessinais en votre absence,
Attendant ma convalescence,
Le portrait de mon médecin.

Mais privé du modèle aimable
Dont je crayonnais les beautés,
J'empruntais celles de la fable
Pour peindre vos réalités :
Or, à vos grâces naturelles
En ajoutant les attributs
Ou de Minerve ou de Vénus,
Ou bien des autres immortelles,
Je m'attribuais en retour,
Près d'elles, dans chaque aventure,
Le rôle des dieux tour à tour,
Excepté celui de Mecure.

A ÉMILIE.

Ainsi j'avoûrai qu'en secret
J'avais souvent plus d'intérêt
Que vous dans la métamorphose;
Car le premier bien des amours,
L'illusion, était toujours
Le prix de votre apothéose.
Des amans tel est le bonheur :
L'amitié, seule véritable,
Est l'histoire de notre cœur,
Et l'amour n'en est que la fable.
Ah! de nos cœurs, depuis long-temps,
Si vous aviez voulu m'en croire,
Nous aurions, par nos sentimens,
Mêlé la fable avec l'histoire.

Cependant daignez accueillir
Ces écrits que la négligence
A, sous les yeux de l'indulgence,
Griffonnés pour vous les offrir.

Si, par un arrêt, la satire,
Dès le berceau, vient à proscrire
Ces enfans de la liberté,
Qui vous ont déjà fait sourire
Des traits de leur naïveté;
Loin que ce revers me confonde,
Je dirai : l'Amour m'abusait :
J'ai cru, lorsque l'on vous plaisait,
Qu'on devait plaire à tout le monde.

LETTRES A ÉMILIE

sur

LA MYTHOLOGIE.

LETTRE PREMIÈRE.

Puisque vous m'ordonnez, Émilie, de vous retracer l'histoire des dieux de la Fable,

> Permettez que la poésie
> S'entremêle dans mes discours:
> Car de la fable elle est l'amie,
> Et l'interprète des amours.

Je crois bien qu'à ce dernier titre elle vous a souvent ennuyée. Que voulez-vous! c'est la faute de votre esprit et de votre figure; et je ne vous conseille pas de vous en défaire. Cela est à charge, j'en conviens; mais il est des contrariétés que leur cause rend au moins supportables.

> Telle femme, jadis fraîche comme Émilie,
> Qu'obsédaient les soupirs et les vœux des amans,
> Voudrait bien s'amuser encor de temps en temps
> De ce qui l'ennuyait quand elle était jolie.

LETTRE I.

Les dieux dont je vais vous parler ne sont que les dieux de la première classe¹, qui ont joui d'une certaine réputation. Il y en a beaucoup d'autres² dont les noms même ne sont pas venus jusqu'à nous. Notre calendrier n'est qu'une bagatelle en comparaison de celui des anciens.

Ils adorèrent d'abord les astres : aussi le *Ciel* est-il le plus ancien des dieux. Ils consacrèrent ensuite leur culte aux héros, tels que Jupiter et Bacchus; ensuite aux vertus, sous le nom de Minerve; ensuite aux beaux-arts et à leurs inventeurs, sous le nom d'Apollon et de Muses; enfin aux animaux et aux plantes; et voici à quelle occasion :

> Lorsque autrefois les Titans se liguèrent,
> Pour attaquer Jupin dans son palais des cieux,
>   Les généraux qu'ils se donnèrent
> N'étaient pas d'un minois, dit-on, fort gracieux.
>   C'étaient le superbe Encelade,
>   Qui, pour soutenir l'escalade,
>   Lançait des rochers monstrueux³;

---

[1] *Dii majores.*
[2] *Dii minimi.*
[3] Dans cette belle conception où toute la nature s'animait à la voix des poètes, dans cette personnification ingénieuse des fleuves, des fontaines, des forêts, les monts, ces vieux enfans de la Terre, ne pouvaient être oubliés. Or leur cime s'élevant avec audace vers le ciel, et semblant menacer le

> Le redoutable Briarée,
> Armé de cent bras vigoureux;
> Et l'épouvantable Typhée,
> Demi-homme, demi-serpent,
> Dont le front atteignait le séjour du tonnerre,
> Tandis que sa queue, en rampant,
> Sous ses replis nombreux faisait trembler la terre.

A l'aspect de ces messieurs, voilà toutes les déesses tombées en syncope. Les dieux, au lieu de les secourir, s'esquivent bravement et courent se cacher en Égypte. Là, pour n'être point reconnus des Titans, ils se changent,

> Les uns en rats, d'autres en crocodiles,
> Plusieurs en choux, en poireaux, en lentilles [1],
> En arbres, fleurs, poissons, *et cætera.*
> L'Égyptien humblement adora,
> Depuis ce temps, tout ce qui l'entoura,
> Et dévotement imbécille,
> Interrogeant le Nil d'un regard curieux,
> A deux genoux, crut voir les dieux
> Nager incognito sous son onde tranquille;

séjour des immortels, avait déjà une attitude hostile. Mais l'imagination poétique s'exalta davantage lorsque le Vésuve et l'Etna lancèrent dans les airs les rochers que leurs flancs vomissaient. Les *Titans* ce sont les Montagnes. Voyez, ci-après, la note sur les *Cyclopes*. (*Note de l'Éditeur.*)

[1] On sait que les Égyptiens adoraient jusqu'aux légumes de leurs jardins.

LETTRE I.

Croître, fleurir au milieu des vergers,
Et tous les ans peupler ses potagers.

Ainsi le nombre des dieux habitans de la terre surpassa bientôt celui des habitans de l'Olympe.

Pour mettre un peu de police parmi cette foule de divinités, on les partagea en quatre ordres. On plaça dans le premier les dieux suprêmes; dans le second, les dieux subalternes; dans le troisième, les demi-dieux; et dans le quatrième, les petites divinités du peuple, qui composent la canaille céleste.

Les divinités du premier ordre sont au nombre de vingt. Jupiter en a choisi onze pour les admettre à son conseil, qui se tient de la manière suivante :

Sur son trône resplendissant,
D'abord le maître du tonnerre,
Mouchant trois fois, trois fois toussant,
Débite, d'un air imposant,
Un beau rapport qu'il a fait faire
Par Apollon, son secrétaire.
Puis Junon, d'un ton aigre-doux,
Le contredit à l'ordinaire.
Alors Neptune, son beau-frère,
Raccommode les deux époux.
Vesta, leur commune grand'mère,
Veut opiner: Mars la fait taire,
Et d'un seul mot sabre l'affaire...

Moins tranchant et plus réfléchi,
D'un ton plus grave et plus mûri,
Vulcain rompt enfin le silence ;
Mais Vénus, avec nonchalance,
S'écrie : « Ah ! grâce, s'il vous plaît !
» Un mari voit, entend, se tait,
» Et s'en tient au droit de présence. »
Puis d'un regard de complaisance,
Flattant Jupin, dicte l'arrêt
Que Mercure écrit tout d'un trait,
Et qu'ils avaient dressé d'avance.
Diane murmure en secret ;
Cérès rougit d'impatience,
Tandis qu'enrageant en silence,
Minerve opine du bonnet.

Les autres divinités du premier ordre, telles que le Destin, Saturne, Génius, Pluton, Bacchus, l'Amour, Cybèle et Proserpine, sont exclues du conseil des dieux, pour d'excellentes raisons sans doute, car Jupiter n'en peut avoir d'autres. On assure pourtant que Cybèle et Proserpine ont le tabouret chez Junon. Au reste, la faveur n'est pas grande ; car cette reine est d'un caractère fort difficile : on l'accuse même de manquer d'égards pour son aïeule, cette bonne Vesta, qui radote et se porte à merveille. J'espère vous en donner demain des nouvelles. Comme je veux suivre l'ordre de l'ancienneté, c'est par elle que je commencerai.

Attendez-vous néanmoins à trouver beaucoup

d'inconséquences dans mes Lettres; car elles sont fréquentes dans le sujet que je vais traiter.

La fable ressemble à la plupart de nos Parisiennes, dont l'esprit n'est jamais plus aimable que quand il brille aux dépens du bon sens. D'ailleurs,

> Pour vous lorsque l'on écrit,
> En commençant le volume,
> Le cœur égare l'esprit,
> L'esprit égare la plume.

LETTRE II.

VESTA, CYBÈLE.

Je vous ai promis des inconséquences, en voici :

La mère Vesta, dont je vous ai parlé, épousa, l'an premier du monde, le Ciel, dont elle eut Titan et Saturne.

Cette ancienne Vesta est la même que Cybèle, et Cybèle est la même que la Terre. Or, Saturne, vingt ans après, épousa Rhée, qui est la même que Cybèle, qui est la même que la Terre, qui, dit-on, est la même que Vesta.

Pour vous débrouiller cette grande énigme,

> Je vais, en généalogiste
> Éclairé, subtil et profond,
> Faire comme ces messieurs font,
> C'est-à-dire suivre à la piste
> La fabuleuse antiquité,
> Et vous créer à l'improviste
> Des gens qui n'ont point existé.

Vesta, surnommée Cybèle à cause de sa principauté de la Terre, la donna en dot à Saturne, en le mariant avec Rhée. En conséquence, celle-ci prit, le jour de ses noces, le nom de Cybèle, comme nouvelle dame de la Terre; ce qui depuis l'a fait confondre avec Vesta, sa belle-mère.

Mais, en laissant passer cet apanage dans la maison de son fils, Vesta s'en réserva toujours le titre et les droits honorifiques, qu'elle partagea avec sa belle-fille : aussi le culte de l'une et de l'autre est-il à peu près le même. On les représente cependant d'une manière différente :

Cybèle la douairière, assise gravement,
  Garde toujours sévèrement
  Son sérieux de grand'maman.
Son front est couronné de tours, de chapiteaux,
  Et dans sa main sont les trousseaux
  Des clefs de tous les vieux châteaux.
  Toujours fraîche, toujours plus belle,
  La jeune et féconde Cybèle
A sa suite conduit les Saisons et l'Amour,
Et parcourt ses États dans un leste équipage :
Deux superbes lions en forment l'attelage;
  Les nymphes dansent à l'entour.

  L'aimable déité voyage
  Sous un ciel pur et sans nuage.
Les vents impétueux, enclos dans un tambour,
Dorment à ses côtés : Cérès, Flore et Pomone,
Pour leur reine, à l'envi, tressent une couronne ;
Tandis que, caressant les trésors de son sein,

> Zéphyre, du bout de ses ailes,
> Découvre, en souriant, l'une des deux mamelles
> Qui nourrissent le genre humain.

Lorsque sa statue arriva à Rome, le vaisseau qui la portait s'arrêta tout-à-coup à l'embouchure du Tibre. Aussitôt une certaine vestale, nommée Claudia, dont l'honneur était fort suspect, voulant fermer la bouche aux médisans, attacha le vaisseau à sa ceinture, et, après une courte prière, le fit avancer sans résistance. Mais il y a des incrédules qui regardent ce fait comme aussi équivoque que la réputation de la dame.

Quoi qu'il en soit, la jeune Cybèle mit au jour une petite déesse que son aïeule aima bientôt à la folie, au point qu'elle voulut lui donner son nom. Les jeunes époux y consentirent par déférence.

Voilà donc encore une Vesta. Celle-ci fut la déesse du feu et de la virginité, ce qui paraît contradictoire à quelques jeunes physiciens.

A Rome, on entretenait dans son temple une flamme immortelle. Si, par malheur, elle venait à s'éteindre, tout le peuple faisait des expiations et des sacrifices, et l'on ne pouvait la rallumer qu'aux rayons du soleil. Le soin de l'entretenir était confié aux vestales : ces prêtresses faisaient vœu de virginité; mais

> Le cœur naïf des tendres jouvencelles,
> Dans l'âge heureux où l'on aime, où l'on plaît,

> Du feu sacré qui sous leurs mains brûlait
> Plus d'une fois sentit les étincelles.

Cependant malheur à celles qui violaient leur vœu ! elles étaient enterrées toutes vives.

> Touchés par l'innocence et l'éclat de leurs charmes,
> Les bourreaux s'étonnaient de répandre des larmes ;
> Les juges frémissaient ; le peuple avec horreur
> Écoutait les longs cris de ces tendres victimes...
> Ah ! si les sentimens de l'amour sont des crimes,
> Dieux cruels ! pourquoi donc leur donniez-vous un cœur ?

Adieu, belle Émilie, je ne veux plus vous écrire aujourd'hui. Ces pauvres vestales m'ont rendu l'âme un peu triste. Adieu.

> Je vais rêver en liberté.
> Si vous étiez de la partie,
> Je ne donnerais pas pour un an de gaîté
> Un jour de ma mélancolie.

LETTRE III.

SATURNE.

Le Ciel et Vesta eurent un grand nombre d'enfans. Les principaux furent Titan, Saturne, l'Océan, les Cyclopes, Cérès, Thétis et Rhée. Cette dernière, qui était la favorite de Vesta, devint fort éprise de Saturne, et l'épousa. Ce fut alors qu'elle prit le nom de Cybèle.

Titan, l'aîné de la famille céleste, était l'héritier présomptif du trône. Saturne, son cadet, ne pouvait prétendre à la royauté. Cybèle en était au désespoir, et vous sentez le motif de son ambition :

> Le premier jour qu'on aime, on se plaît en secret
> A mettre au rang des rois l'objet que l'on adore ;
> Et s'il était un rang plus éclatant encore,
> Ce serait là celui que le cœur choisirait.

L'ambitieuse Cybèle, usant donc de l'empire qu'elle avait sur Vesta, lui persuada qu'il fallait que Titan cédât à Saturne son droit d'aînesse, et Vesta persuada la même chose à son mari.

Titan crut devoir, par obéissance, céder le trône

à Saturne; mais ce fut à condition que celui-ci n'élèverait aucun enfant mâle, afin qu'après lui la royauté retournât aux enfans de Titan. Saturne accepta cette condition; et, pour l'observer, il avalait, à leur naissance, tous les enfans mâles que sa femme lui donnait.

> Mais, voyant qu'il était bon homme,
> La jeune Cybèle, un beau jour,
> A son appétit fit un tour
> Assez plaisant, et voici comme :

Etant accouchée de Jupiter et de Junon, elle mit à la place du premier une pierre qu'elle habilla en poupée. Le bon Saturne, qui avait la vue basse apparemment, l'avala sans cérémonie. Il fallait qu'il eût l'estomac meilleur que les yeux; car, à la naissance de Neptune et de Pluton, il fit encore deux repas semblables, sans en être incommodé.

Quoi qu'il en soit, son épouse fit secrètement élever Jupiter dans l'île de Crète. Il était déjà grand lorsque Titan, son oncle, le découvrit.

Aussitôt ce prince assemble une armée, marche contre Saturne, le fait prisonnier avec Cybèle, et les enferme dans le Tartare ; mais Jupiter lui échappe, et quelques années après le charge lui-même de fers, et brise ceux de ses parens. Bientôt Saturne, rétabli sur le trône, redoutant pour soi-même la valeur et l'ambition de son libérateur, lui dresse des embûches. Jupiter en est instruit, et le chasse de l'Olympe; alors le dieu, détrôné pour toujours, s'enfuit en Italie, dans le pays latin, où régnait Janus.

> Là, de roi qu'il était, il se fit laboureur,
> Et sous le chaume enfin il trouva le bonheur.
> Un peuple agriculteur, à ses leçons docile,
> Ensemença la terre et la rendit fertile.
> Saturne en fut aimé. Ce bonheur, à mon gré,
> Vaut bien, ô mes amis, l'honneur d'être adoré.

C'est apparemment comme père de l'agriculture que Saturne est représenté sous la figure d'un vieillard tenant une faux à la main droite. On lui met dans l'autre main un serpent qui se mord la queue : c'est l'emblème de la prudence, principal attribut de Saturne.

Tout le temps que ce dieu passa en Italie fut appelé l'âge d'or.

> Siècles heureux de la simplicité,
> De l'innocence et de la bonhomie,
> Où la Franchise et la noble Équité
> Avaient encore un temple en Normandie;
> Où l'on disait toujours la vérité;
> Où la Gascogne était inhabitée;
> Où la beauté n'était jamais fardée;
> Où l'on n'avait ni le lait virginal,
> Ni blanc, ni noir, ni rouge végétal;
> Où décemment l'on n'était point volage;

Où chaque amant heureux était discret,
Où sans écrin, ni bijoux, ni portrait,
Du tendre objet que l'on idolâtrait
Au fond du cœur on conservait l'image ;
Où la Concorde et l'Hymen et l'Amour,
Paisiblement faisaient ménage ensemble :
Siècles heureux, reviendrez-vous un jour ?
Le mal revient fort souvent, ce me semble ;
Le bien lui seul passe-t-il sans retour ?

C'est en mémoire de ce temps, que, tous les ans au mois de septembre, on célébrait à Rome les *Saturnales*. Durant ces fêtes, pour rappeler les vertus et l'égalité qui jadis avaient uni les hommes, on renversait l'ordre ordinaire de la vie domestique. Par exemple, si les Saturnales se fussent célébrées en France, on aurait vu

La charité régner chez les petits-collets,
 La fraternité chez les moines,
 Les maîtres servir leurs valets,
 Les gouvernantes leurs chanoines.

Enfin on s'envoyait des présens de toutes parts, pour marquer que tous les biens étaient communs sous le règne du bon Saturne.

Je suis fâché que ce dieu, que je regarde comme le seul honnête homme de la cour céleste, ait souffert qu'on lui sacrifiât des victimes humaines, et qu'il ait pris les gladiateurs sous sa protection. Mais ce qui me réconcilie avec lui, c'est qu'il facilita le commerce en inventant la monnaie. Celle qu'il fit frapper représentait d'un côté un vaisseau, symbole du commerce qu'il avait établi; et de l'autre, un homme à deux têtes : c'était le portrait du roi Janus.

Ce prince avait accueilli Saturne pendant son exil, jusqu'à partager son trône avec lui. En récompense, le dieu lui donna la connaissance du passé, et même celle de l'avenir. Voilà pourquoi l'on représentait Janus avec deux visages opposés. Ovide a dit de lui qu'il était le seul de tous les dieux qui vît son derrière.

Le mois de janvier lui fut consacré. Il tenait de la main droite une clef, pour marquer qu'il ouvrait l'année; et de la gauche une baguette, comme présidant aux augures.

Romulus, fondateur de Rome, et Tatius, roi des Sabins, ayant fait ensemble un traité, lui bâtirent à cette occasion un temple dans lequel il y avait douze autels, un pour chaque mois de l'année. Ce temple était toujours ouvert durant la guerre, et fermé durant la paix.

On dit que l'Hyménée et le fils de Vénus
    Depuis mille ans se font la guerre,
    Mais qu'enfin vous allez leur faire
    Fermer le temple de Janus.

LETTRE IV.

JUPITER.

Jupiter, en naissant, fut transporté dans l'île de Crète, sur le mont Ida. Les nymphes, aux soins desquelles on le confia, lui tressèrent un berceau de fleurs.

Mollement elles y posèrent
Ces membres délicats, et ces débiles mains
Qui dans la suite terrassèrent
Le peuple de Titans et ses fiers souverains.
Du jeune dieu, les Jeux et l'Innocence,
Et la gaîté, compagne de l'enfance,
Composaient la naissante cour
L'heureuse paix habitait ce séjour;
Les aquilons en respectaient l'asile.
Au règne tranquille du jour
Succédait une nuit tranquille.
Les oiseaux gazouillant leurs aimables concerts,
Le murmure des eaux; le doux calme des airs,
Des nymphes en silence, et le tendre Zéphyre
Dans ces paisibles lieux exerçant son empire,
Annonçaient le repos du roi de l'univers.

JUPITER.

Cependant, lorsque ses premières dents commencèrent à percer, il devint fort méchant, et se mit à crier du matin au soir. Alors ses prêtres, que l'on appelait Corybantes, inventèrent une sorte de danse appelée *Dactyle*, dans laquelle ils s'entre-frappaient avec des boucliers d'airain. Ce cliquetis empêchait Saturne et Titan d'entendre les cris qui leur eussent décelé l'enfance de Jupiter. Mais on l'apaisait encore plus sûrement en lui présentant le sein de sa nourrice. C'était la chèvre Amalthée. On prétend, à ce propos, que le lait de chèvre rend la tête légère. Jupiter me porte à croire qu'il influe aussi sur le cœur. En effet,

>   Jamais petit-maître, à Paris,
>   Ne courtisa plus de Chloris,
>   De grisettes et de princesses,
>   Que Jupin ne trompa jadis
>   De mortelles et de déesses.

Je n'entreprendrai pas même de vous en faire la liste. Les plus célèbres furent Antiope, Alcmène, Danaé, Léda, Sémélé, Io, Europe, Égine et Calisto. J'aurai dans la suite occasion de vous en parler. Revenons à l'île de Crète.

Jupiter, ayant été sevré, voulut récompenser la chèvre Amalthée, sa nourrice, et la changea en constellation; mais il retint une de ses cornes, dont il fit présent aux nymphes qui l'élevaient.

C'était la corne d'abondance,
Qui passa tant de main en main,
Que l'on ignore son destin.
Cependant on la croit en France,
Au greffe de Thémis, ou bien
Entre les mains de la Finance;
Mais ces messieurs n'en disent rien.

Au sortir de l'enfance Jupiter fut un héros. Le premier de ses exploits fut la guerre qu'il soutint contre les Titans. Je vous ai dit qu'au moment décisif les dieux l'abandonnèrent; mais son courage lui suffit. Il foudroya seul tous ses ennemis, et renversa sur eux les montagnes qu'ils avaient entassées pour escalader le ciel.

Encelade, malgré son air rébarbatif,
Dessous le mont Etna fut enterré tout vif.
Là, chaque fois qu'il éternue
Un volcan embrase les airs;
Et quand par malheur il remue,
Il met la Sicile à l'envers.

Nous en avons un exemple encore récent [1].

Le second exploit de Jupiter n'est pas aussi glorieux pour lui que le premier. C'est la défaite et l'exil de Saturne en Italie. Il est vrai que celui-ci avait eu des torts; mais son fils lui devait une retraite plus honorable.

[1] Le tremblement de terre de la Calabre, en 1783.

JUPITER ET LA CHEVRE AMALTHÉE.

JUPITER.

Après s'être rendu maître du trône, Jupiter épousa Junon, sa sœur, et vécut d'abord avec elle en bonne intelligence. Il se fit adorer au commencement de son règne. Alors commença le siècle qui succéda au siècle d'or, c'est-à-dire que la vertu régnait encore sur la terre, mais avec moins d'empire qu'au siècle précédent.

> De la vertu le second âge
> Fut appelé l'âge d'argent:
> Mais, dès cette époque, on prétend
> Qu'il s'y glissa de l'alliage.

En effet, le crime commençait à paraître, et Jupiter fut obligé de le punir d'une manière terrible en la personne de Lycaon, roi d'Arcadie.

Ce prince cruel massacrait tous les étrangers qui passaient par ses États. Jupiter se présente chez lui, et demande l'hospitalité. Lycaon voulant braver sa puissance suprême, fait servir au maître des dieux les membres d'un esclave. Jupiter, indigné, réduit en cendres le palais du barbare, et le change lui-même en loup.

> Ses descendans cruels dans les bois du canton
> Portent à chaque pas la mort et le carnage;
> Cependant, en suivant les détours du vallon,
> Redoutez plus encor les pasteurs du bocage
> Que les enfans de Lycaon.

C'est sans doute à cette occasion que Jupiter fut

adoré sous le nom de Jupiter-Hospitalier, comme ayant vengé l'hospitalité.

Bientôt après il fut appelé Jupiter-Ammon....... Ecoutez bien; je vais vous parler grec : *Ammon*, en cette langue, signifie arène ou sable. Or, Bacchus, se promenant un jour dans les sables de l'Arabie, fut pris d'une soif ardente, et le dieu du vin ne put pas même trouver une goutte d'eau. Dans cette extrémité, Jupiter se présente à lui sous la forme d'un bélier, frappe du pied la terre, et fait jaillir une source abondante. Bacchus, en reconnaissance, éleva dans cet endroit un temple sous l'invocation de Jupiter-Ammon, c'est-à-dire Jupiter des arènes.

Ce dieu avait un temple plus célèbre encore dans la forêt de Dodone : c'est là qu'il rendait ses oracles.

Sous l'ombrage sacré de ces arbres antiques
Il est un antre obscur. Jamais les plus beaux jours
N'égayèrent l'horreur de ses sombres contours.
Le voyageur tremblant attend sous ses portiques.
    Là sont l'Espoir au front serein,
    L'Ambition au front d'airain,
    Avec la Crainte au front sinistre,
    Les Soupçons, l'Intérêt; enfin
    C'est l'antichambre d'un ministre.
  La porte s'ouvre; on entre en frissonnant;
    On espère, on respire à peine;
Les voûtes ont tremblé! Le dieu parle!... A l'instant
    Le ministre approche et vous rend

Votre destin écrit sur des feuilles de chêne,
Que d'un souffle emporte le vent.

A Rome, on adorait Jupiter-Stator. Ce surnom lui vient du mot latin *stare*, qui signifie s'arrêter, en mémoire de ce que Jupiter avait tout-à-coup arrêté les Romains fuyant devant les Sabins. On adorait dans la même ville Jupiter-Lapis, ou Jupiter-Pierre. Cette pierre était celle que Rhée avait mise à la place de ce dieu, et que Saturne apparemment n'avait pas digérée. Il y avait aussi Jupiter-Capitolin, Jupiter-Tarpéien, parce qu'il avait un temple sur le mont du Capitole, et un autre sur la roche Tarpéienne. Il y avait enfin Jupiter-Tonnant, Jupiter-Fulminant, Jupiter-Vengeur, Jupiter-dieu-du-Jour, Jupiter-dieu-des-Mouches.

Voici à quelle occasion ce dernier titre lui fut donné : Hercule, faisant un sacrifice, fut assailli par un essaim de mouches qu'attirait l'odeur de la victime ; mais, ayant aussi sacrifié à Jupiter, les mouches s'envolèrent ; ce qui fit tant d'honneur au roi du ciel, qu'il en conserva le nom.

Mais le titre le plus illustre de Jupiter est celui d'Olympien, parce que le mont Olympe était son séjour ordinaire. C'est là qu'on célébrait en son honneur les jeux olympiques, si fameux autrefois dans l'univers, et dont je vais vous entretenir.

On représente le roi des dieux assis sur son aigle, ou sur un trône d'or, au pied duquel sont deux coupes qui versent le bien et le mal. Son front est chargé de sombres nuages ; ses yeux menaçans brillent sous de noirs sourcils ; son menton est couvert d'une barbe majestueuse. Il tient le sceptre d'une main ; de l'autre il lance la foudre. Les vertus siégent à ses côtés.

> Les dieux tremblent en sa présence,
> Les déesses même, dit-on,
> Près de lui gardent le silence :
> Mais ce n'est qu'une fiction :
> Ceci soit dit, ne vous déplaise,
> Entre nous deux, par parenthèse.

On le revêt aussi d'un manteau d'or. Denys-le-Tyran lui fit ôter ce vêtement, en disant qu'il était trop chaud pour l'été et trop froid pour l'hiver : il lui fit présent, à la place, d'un habit des quatre saisons... Adieu.

> Pour un jour, c'est trop babiller :
> Je sais qu'il n'appartient qu'aux belles
> De pouvoir, sans nous ennuyer,
> Éterniser les bagatelles.

Je reconnais donc mon insuffisance à cet égard, et je finis. Cependant,

> Lorsqu'on finit de vous écrire,
> Le cœur dit toujours : C'est trop tôt ;
> Car avec vous il a beau dire,
> Ce n'est jamais son dernier mot.

LETTRE V.

JEUX OLYMPIQUES.

On vous a parlé quelquefois
De ces joutes, de ces tournois,
Où, la lance en arrêt, la visière baissée,
Nos chevaliers, brûlant et de gloire et d'amour,
Combattaient pour faire la cour
A la dame de leur pensée,
Qui payait ordinairement
Un œil, un bras de moins, une jambe cassée,
D'un bracelet ou d'un ruban.

Tels étaient à peu près les jeux olympiques, si célèbres autrefois. Cependant la gloire seule y animait les combattans; car les femmes en furent long-temps exclues sous peine de la vie. Mais, malgré cette loi sévère, quelques unes s'y rendirent en habit d'homme. Plusieurs même osèrent entrer en lice; et, ayant remporté le prix, elles ouvrirent aux femmes la barrière des jeux olympiques. Depuis ce temps l'Amour y fut associé avec la Gloire.

La religion s'y trouvait aussi intéressée; car ces jeux étaient toujours précédés et suivis d'un sacrifice en l'honneur des dieux, et particulièrement d'Apollon. On ouvrait ensuite la carrière préparée pour la course, la lutte, le ceste, le disque, et les différens tours de force et de souplesse.

Dans le principe, la course n'était que d'un stade, c'est-à-dire d'environ six cents pas. Les prétendans couraient à pied, armés de toutes pièces; mais, à la neuvième olympiade, le stade fut doublé. On établit alors la course des chevaux; et, à la vingt-cinquième, on y joignit celle des chars. Cynisque, fille d'Archidamas, prince de Macédoine, en remporta le prix. Excitées par cet exemple, les autres femmes macédoniennes se mirent sur les rangs, et méritèrent plusieurs fois la couronne de myrte, de chêne ou d'olivier.

    Vos victoires sont plus paisibles;
Elles ont moins d'éclat, mais bien plus de douceurs.
Vous domptez notre orgueil, vous nous rendez sensibles,
    Vous insinuez dans nos cœurs
La tendre humanité, la constance et les mœurs.
Plus purs quand nous cédons au pouvoir de vos charmes,
Et plus dignes de vous quand nous sommes vaincus,
Près de nous la candeur, l'amitié sont vos armes,
    Et vos triomphes, nos vertus.

Revenons aux jeux olympiques. La lutte y succédait à la course. Les lutteurs combattaient nus. On leur frottait d'huile les membres et le corps, pour leur donner plus de souplesse et laisser en même temps moins de prise à leurs adversaires. Alors ils entraient en lice; et, se saisissant étroitement, ils essayaient, par force ou par adresse, de se renverser, jusqu'au moment où l'un des deux pliait et tombait sur les reins.

Le ceste était de tous les exercices le plus pénible et le plus dangereux. Les combattans étaient armés de gantelets composés de plusieurs cuirs plombés appliqués l'un sur l'autre, et dont un seul coup porté sur la tête suffisait pour assommer : d'ailleurs on se permettait les moyens les plus violens pour triompher de ses adversaires.

Arrachion ayant vaincu tous les siens, à l'exception d'un seul, celui-ci le jeta par terre et l'étrangla; mais, par un effort de désespoir et de rage, Arrachion, expirant à ses pieds, lui mordit l'orteil et le rompit. La douleur fut si vive que le vainqueur demanda grâce, et l'on posa la couronne sur la tête d'Arrachion qui n'était plus.

> Cette victoire est noble et belle ;
> Mais chez les morts de quoi sert-elle ?

Le disque était un palet de pierre ou de métal, dont la forme et la pesanteur variaient au gré des concurrens. L'avantage de cet exercice était de procurer en même temps la force et l'aplomb. Le vainqueur était celui qui, d'un pied, se tenant en équilibre sur la pointe d'un cône, jetait son disque à la plus grande distance.

Ces jeux se terminaient ordinairement par quelques autres qui exerçaient tour à tour la vigueur, l'adresse et la légèreté.

Les juges qui décernaient le prix étaient au nombre de neuf; ils faisaient un noviciat de dix mois avant de monter sur le tribunal, et juraient solennellement d'observer les lois de l'équité la plus rigoureuse.

> Mais, lorsqu'une aimable courrière
> Touchait au bout de la carrière
> Au même instant que son rival,
> Que l'arrêt était difficile !
> Si l'esprit est impartial,
> Le cœur n'est-il jamais fragile ?

L'établissement des jeux olympiques est attribué à cinq frères, nommés *Dactyles* [1], mot grec qui désigne leur nombre et leur union. Ces jeux se célébraient tous les cinq ans, et ces intervalles ont servi, durant plusieurs siècles, d'époques pour la chronologie.

> Par leurs fêtes autrefois
> Nos pères dataient leurs années,
> Comme je date mes journées
> Par celles où je vous vois.

Ainsi, au lieu de dire, comme aujourd'hui, l'an

---

[1] *Dactyle* signifie doigt.

mil sept cent, ou l'an sept, etc., on disait, la première, la seconde année de la vingtième, de la trentième olympiade. Par exemple, j'aurais dit alors de vous :

> Votre jeune cœur murmura
> Dès sa première olympiade ;
> A sa deuxième il soupira ;
> Dans son cours il tomba malade ;
> La fièvre enfin se déclara
> Le dernier jour de la troisième ;
> Mais l'hymen, par un talisman
> Qu'au doigt il vous mettra lui-même,
> Doit vous guérir subitement
> Deux ans avant la quatrième.

Cela signifierait, en style moderne, que vous avez éprouvé à cinq ans le penchant, à dix ans le désir, à treize ans le besoin, à quinze ans le tourment d'aimer ; et que vous serez mariée à dix-huit ans. J'en souhaite autant à toutes vos contemporaines.

> Mais ce vœu, que sincèrement
> Je forme pour leur hyménée,
> Ressemble, malheureusement,
> Au vœu de la nouvelle année.

Les athlètes qui se distinguèrent le plus aux jeux olympiques furent Théagène, Euthyme, Milon et Polydamas.

Théagène, né à Thase, petite ville voisine de

Lacédémone, remporta douze fois le prix; ses compatriotes lui dressèrent une statue. Un de ses envieux allant toutes les nuits la fustiger, elle tomba sur lui et l'écrasa. Les enfans du mort citèrent la statue devant le juge; car la loi de Lycurgue ordonnait de punir, même les choses inanimées, de tout crime attentatoire à la vie et au repos des citoyens. Ah! que cette loi n'est-elle en vigueur!

> Je proscrirais ces voiles, cette gaze,
> Dont le perfide transparent
> Nous aiguillonne et nous embrase
> D'un feu toujours plus dévorant;
> Et ce corset qui dissimule
> Des charmes qu'il fait trop sentir;
> Et cette friponne de mule
> Dont la forme nous fait mourir
> D'incertitude et de plaisir.

Le juge lacédémonien condamna la statue à être jetée dans la mer : mais la famine ayant suivi de près l'exécution de cet arrêt, les Thasiens consultèrent l'oracle, qui leur ordonna de repêcher et de rétablir ce monument; et, depuis ce temps, Théagène fut mis au rang des demi-dieux.

Euthyme mérita, de son vivant, le même honneur : voici à quelle occasion :

Ulysse, dans le cours de ses longs voyages, étant abordé à Thémesse, ville d'Italie, un de ses compagnons, qui avait fait violence à une jeune fille, fut massacré par les habitans ; et le roi d'Ithaque, instruit de son crime, se rembarqua sans lui rendre les devoirs funèbres. Bientôt l'esprit du mort, privé de sépulture, porta le ravage et la désolation dans la campagne... Je n'ose cependant vous garantir ce fait, car tous les revenans me sont fort suspects.

 Notre esprit du rivage sombre
Revient-il après nous, revêtu de notre ombre ?
 Je n'en crois rien ; et même, sur ce point,
  De docteurs je sais un grand nombre
  Dont l'esprit ne reviendra point.

Quoi qu'il en soit, l'oracle consulté promit aux habitans que l'esprit s'apaiserait, pourvu que chaque année on lui abandonnât la plus belle fille du canton.

  Je soupçonne qu'en ce mystère
  L'oracle avait ses intérêts :
Une vierge naïve, à l'œil vif, au teint frais,
Qui rougit en cachant ses timides attraits
  Comme la rose printanière,
  Est une riche offrande ; mais
  Qu'est-ce qu'un esprit en peut faire ?

Les Thémessiens payaient pour la troisième fois ce fatal tribut, lorsque Euthyme, déjà célèbre par un nombre de victoires remportées aux jeux olympiques, arriva dans ces contrées. Ce héros combattit l'esprit, le fit évanouir, et délivra l'aimable victime, dont il obtint ensuite le cœur et la main.

Plus célèbre encore, mais plus malheureux, Milon de Crotone surpassa tous les athlètes de son temps. On le vit, aux jeux olympiques, charger sur ses épaules un taureau de quatre ans, le porter au bout de la carrière sans reprendre haleine, l'assommer d'un coup de poing, et le manger le même jour. Ce trait suffit pour vous donner une idée de sa force extraordinaire.

Mais ces faveurs particulières, que la nature nous accorde quelquefois, ne sont pas de longue durée.

> Le Temps emporte, dans son cours,
> Et nos forces et nos amours.
> Au moment où l'homme commence,
> La vieillesse vient l'avertir
> Qu'il est déjà temps de finir;
> Et bientôt de son existence
> Il n'a plus que le souvenir.

Milon, dans un âge avancé, se promenait seul au milieu d'un bois écarté. Il aperçut un arbre que le vent avait fendu en l'agitant. Se rappelant alors son ancienne vigueur, il essaya d'en séparer les éclats; mais le bras de Milon avait vieilli. L'arbre, s'étant entr'ouvert à la première secousse, se referma. Tous les efforts de l'athlète ne purent le dégager de cette étreinte fatale;

et le vainqueur des jeux olympiques, attendant la mort dans un désert, y devint la proie des bêtes féroces [1].

Polydamas, son rival et son ami, périt comme lui victime de sa témérité. Cet athlète, dans son enfance, avait étouffé sur le mont Olympe un lion monstrueux; d'un seul coup il assommait un homme; d'une main il arrêtait un char attelé de six coursiers.

Un jour, tandis qu'il buvait dans une grotte avec ses amis, la voûte s'ébranla, et les convives prirent la fuite. Polydamas demeura seul; et, comptant sur ses forces, il voulut soutenir cette masse énorme; mais le rocher, en s'écroulant, l'écrasa de sa chute.

Telles sont les suites funestes de la présomption. Le sage évite le danger; le téméraire le brave, et succombe. Il y a déjà quelques années que j'en ai fait l'expérience.

> Bien prémuni contre ses traits,
> J'avais juré, dès mon enfance,
> D'agir avec tant de prudence,
> Qu'Amour ne me prendrait jamais.
> Je disais : « C'est une folie
> » De s'amorcer à ses appâts. »

[1] La mort de Milon est le sujet d'un magnifique groupe de marbre que l'on admire dans les jardins de Versailles. C'est un des plus beaux ouvrages du fameux Puget.

LETTRE V.

Mon cœur n'en disconvenait pas
Avant de connaître Emilie.

Ainsi je n'avais pas quinze ans
Lorsque je déclarai la guerre
Au petit prince de Cythère :
Il en rit fort à mes dépens,
Et dit aux Amours d'Idalie :
» S'il nous livre quelques combats,
» Nous lui ferons mettre armes bas
» Par l'entremise d'Émilie. »

Son plan étant ainsi dressé,
Il me tenta par sa franchise,
Et se mit dans les yeux de Lise ;
J'en fus légèrement blessé.
Je la trouvais assez jolie ;
J'aimais son ingénuité :
J'admirais sa naïveté,
Mais qu'était-ce au prix d'Émilie ?

L'Amour, comme on peut bien penser,
Ne se rebutant pas encore,
Sur les lèvres d'Éléonore
Fut adroitement se placer ;
Il crut sa puissance établie ;
Il triomphait !..... Il se trompa :
Mon cœur fit tant, qu'il s'échappa ;
Mais il me gardait Emilie.

Cependant, fier de mes exploits,
Moi-même j'admirais ma gloire ;

JEUX OLYMPIQUES.

Enflé de ma double victoire,
Je la prônais à haute voix.
Qu'aisément un vainqueur s'oublie !
Je lève les yeux par malheur...
Adieu ma gloire, adieu mon cœur ;
Adieu !... j'ai vu, j'aime Emilie.

J'eusse autrefois craint de la voir :
Mon orgueil timide et rebelle
Méprisait les yeux d'une belle,
Mais il redoutait leur pouvoir.
Comme à son gré l'Amour nous plie !
Comme il change nos sentimens !
Je regrette tous les momens
Que j'ai passés loin d'Émilie.

Héros, modernes Scipions [1],
La constance de votre maître
N'eût pas tenu long-temps peut-être
En pareilles occasions.
Je sais tout ce qu'on en publie :
C'était un cœur..... Je le sais bien ;
Mais il ne faut jurer de rien
Avant de connaître Émilie.

[1] Célèbre par sa modeste retenue.

LETTRE VI.

JUNON, IO, HÉBÉ, IRIS.

Notre sexe se plaint des caprices du vôtre,
Et surtout les maris. Ont-ils tort ou raison ?
Pour qui vous connaît bien c'est une question
Qu'il est bon de laisser décider par un autre.

Ainsi je ne me mêlerai point des querelles de Jupiter et de Junon. L'on accuse celle-ci d'aigreur, d'orgueil, et surtout de jalousie. Je vais vous en citer un trait entre mille.

Jupiter aimait Io, fille d'Inachus. Io n'était pas ingrate ; Jupiter était fidèle ; car les hommes sont toujours plus constans comme amans que comme époux. Junon, furieuse de cette préférence, descend du ciel, et s'approche furtivement de la retraite de sa rivale. Mais Jupiter la prévient, et change Io en vache. Junon, se doutant de la métamorphose, demande cette vache à son mari, qui la lui confie à regret ; et la reine en donne la garde à son fidèle Argus.

JUPITER ET IO.

JUNON, IO, HÉBÉ, IRIS.

Le sieur Argus avait cent yeux,
Leur secours lui fut inutile ;
L'Amour en voit plus avec deux
Que la Jalousie avec mille.

Argus ne dormait jamais qu'à moitié. Mercure vint le trouver. Les uns disent qu'il lui joua sur sa flûte plusieurs airs de musique ancienne ; d'autres qu'il lui lut un opéra nouveau ; si bien qu'il parvint à l'endormir tout-à-fait, lui creva tous ses yeux, et lui coupa la tête. Junon, désespérée, le changea en paon, et conserva ses yeux sur son plumage. Depuis ce temps elle attela deux paons à son char.

Cependant Io, tourmentée par les Furies, traversa la Méditerranée, et arriva en Égypte, où Jupiter lui rendit sa première forme. Ce fut là qu'elle mit au jour Épaphus ; elle y fut depuis adorée sous le nom d'Isis, et représentée sous la forme d'une femme ayant une tête de vache.

Junon bouda long-temps ; Jupin n'en fit que rire, et publia qu'il allait épouser Platée, fille d'Asope.

A cette nouvelle, Junon, hors d'elle-même, accourt, se jette sur la nouvelle fiancée, et lui arrache ses vêtemens, sous lesquels elle trouve un tronc d'arbre avec une figure de poupée.

Après un moment de dépit,
Dévorant sa honte secrète,

Elle rougit; Jupin sourit...
Un baiser, voilà la paix faite.

Vulcain, seul fruit de leur union, dut sa naissance à ce raccommodement.

C'est avec raison sans doute que l'on accuse Junon de jalousie; mais tout le monde rend justice à sa sagesse. Cependant,

Quoique d'une vertu sévère
Armée autrefois jusqu'aux dents,
Elle fit deux petits enfans,
Dont Jupin ne fut pas le père.

Elle avait toujours été stérile; mais, suivant l'avis d'Apollon, son médecin ordinaire, ayant mangé, au banquet de Jupiter, un plat de laitues sauvages, elle conçut Hébé, dont elle accoucha sur-le-champ.

Hébé fut l'aimable déesse
De la fraîcheur, de la jeunesse :
Sa main, à la table des dieux,
Versait le nectar à la ronde;
Mais elle savait encor mieux,
Par le doux éclat de ses yeux,
Enivrer les maîtres du monde.

Non contente de ce miracle, Junon voulut en essayer un autre. Jalouse de ce que Jupiter avait seul enfanté Minerve, elle consulta la déesse Flore

JUNON, IO, HEBÉ, IRIS.

sur le moyen d'en faire autant. Celle-ci lui montra une fleur dont le simple attouchement devait effectuer son projet. Junon la toucha, et Mars vint au monde.

> Il existe encore une fleur
> Qui renouvelle ce prodige ;
> Dès que l'Hymen la touche, aussitôt elle meurt ;
> Mais on voit naître de sa tige
> Une Grâce enfantine, aux yeux tendres et doux ;
> Ou bien un jeune Amour sans carquois et sans ailes.
> Ainsi les descendans des héros et des belles,
> De fleur en fleur, sont venus jusqu'à nous.

Quoi qu'il en soit, le lieu où Junon jouissait de toute sa gloire était la ville d'Argos. On y célébrait ses fêtes par le sacrifice d'une hécatombe, c'est-à-dire de cent taureaux. La déesse était représentée sur un char brillant traîné par deux paons ; elle avait le sceptre en main, et le front couronné de lis et de roses.

Près de son temple coulait une fontaine dont elle prenait les eaux tous les ans. On nous vante beaucoup les eaux de Spa, de Forges, de Plombières : elles rendent, dit-on, la santé ; mais celles d'Argos rendaient la jeunesse et la virginité. Comment cette source-là s'est-elle perdue ?

> Si tu pouvais, merveilleuse fontaine,
> Reprendre un jour ta source dans Paris,

LETTRE VI.

Que de minois ridés et défleuris
Renonceraient aux ondes de la Seine !
Que tes ruisseaux bientôt seraient taris !
O Mahomet ! mieux que ton paradis,
Paris serait le séjour des houris.
Si, comme on dit, ta baguette est certaine,
Mon cher Bleton [1], au nom de ma Chloris,
Quand nous aurons tous deux la cinquantaine,
Découvre-nous cette heureuse fontaine.

Revenons à Junon : elle avait en partage les royaumes, les empires et les richesses ; c'est aussi ce qu'elle offrit à Pâris, s'il voulait lui adjuger le prix de la beauté ; mais elle présidait surtout aux mariages et aux accouchemens sous le nom de Lucine. Les fêtes que l'on célébrait à Rome en son honneur étaient appelées les Lupercales.

Alors deux ou trois cents bandits,
N'ayant que leur peau pour habits,
Couraient avec des cris farouches
Chez les épouses des Romains,
Leur frappant le ventre et les mains,
Pour empêcher les fausses couches.

L'instrument avec lequel ils donnaient cette espèce de discipline était une peau de chèvre qu'on prétendait avoir servi de vêtement à Junon.

---

[1] Célèbre sorcier.

JUNON, IO, HÉBÉ, IRIS.

J'oubliais de vous parler d'Iris, sa confidente et sa messagère. La déesse, contente de ses services, parce qu'elle ne lui apportait jamais que de bonnes nouvelles, la transporta aux cieux. Elle lui donna des ailes, et la revêtit d'une robe violette, dont l'éclat trace dans l'air un sillon de lumière que l'on appelle l'arc-en-ciel. Ainsi,

>Vers la fin d'un beau jour, ou bien après l'orage,
>   Lorsqu'il vous arrive de voir
>Un arc étincelant briller sur un nuage,
>N'en concevez jamais un sinistre présage;
>Dites-vous seulement : C'est Iris qui voyage ;
>Junon apparemment donne à souper ce soir.

Quant à vous, Émilie, soyez assurée que,

>Si vous étiez Iris, et si dame Junon
>   Par caprice daignait me faire
>L'honneur de m'inviter à souper sans façon,
>   J'oublîrais l'invitation
>   Pour inviter la messagère.

LETTRE VII.

MINERVE.

Un beau matin, Jupiter, accablé d'un violent mal de tête, ordonne à Vulcain de lui fendre le cerveau d'un coup de hache, et Minerve en sort armée de pied en cap.

Aujourd'hui le front des hommes n'accouche plus ; mais on prétend qu'il indique souvent, par de certains signes, que leurs femmes sont accouchées. Je tiens cette singulière découverte de quelques initiés dont le témoignage est fondé sur une longue expérience, et qui portent avec eux les preuves authentiques de ce qu'ils avancent.

Minerve, en naissant, prit les arts sous sa protection ; elle inventa l'écriture, la peinture et la broderie.

> Vous dont la main trace dans le silence
> Ces tendres riens, ces doux épanchemens,
> Ces petits soins et ces heureux sermens
> Qui de l'objet dont vous pleurez l'absence
> Secrètement vous rendent la présence ;

MINERVE.

Et vous dont l'art, variant les couleurs,
Dans un ovale, aux traits de votre amie
Semble donner une seconde vie ;
Vous qui couvrez de baisers et de pleurs
Ces traits chéris que le vélin conserve,
Jeunes amans, rendez grâce à Minerve.

C'est surtout pour la tapisserie que cette déesse avait une adresse particulière ; aussi en était-elle fort jalouse. Arachné, habile ouvrière, ayant prétendu l'égaler, reçut un coup de navette sur les doigts, et fut changée en araignée. Les talens qu'elle a conservés sous cette nouvelle forme font regretter ceux qu'elle eut autrefois.

Minerve était aussi musicienne : elle jouait de la flûte ; mais, comme cet instrument lui gâtait la bouche et lui fatiguait la poitrine, elle le jeta dans une fontaine à laquelle elle puisait de l'eau pour se rafraîchir...

Ah ! que nos mœurs sont loin de celles de nos pères !
Le sexe, en ce temps-là privé de nos lumières,
    N'avait pas le moindre soupçon
    De l'étiquette et du bon ton.
Aujourd'hui par la politesse
Nos usages sont embellis :
   Par exemple, la déesse
   Des arts et de la sagesse,
   Pour sa poitrine, jadis,
Buvait de l'eau pure, tandis

LETTRE VII.

> Qu'une déesse, à Paris,
> Aurait pris le lait d'ânesse.

Vous pensez bien que Minerve ne ressemblait pas à nos Parisiennes. On la représente le casque en tête, la lance à la main, le sein couvert d'une cuirasse, et le bras armé de son égide, sur laquelle on voit la tête de Méduse.

Méduse, pour son malheur, était la plus belle des trois Gorgones qui régnaient ensemble dans les îles Gorgades. Neptune, épris de ses charmes, n'ayant pu la fléchir, lui fit violence dans le temple de Minerve. La déesse outragée changea les cheveux de Méduse en serpens, et donna à sa tête la funeste vertu de changer en pierres tous ceux qui la regardaient : dans la suite elle fit graver cette tête sur son égide.

> L'air menaçant de la Gorgone,
> Son front et ses yeux courroucés,
> Et ses serpens entrelacés
> Inspirent l'effroi de Bellone.

Quelquefois le casque de Minerve est surmonté d'une chouette, et l'on place auprès d'elle tantôt un coq, symbole du courage, et tantôt un hibou. C'est en cet oiseau qu'elle changea Nyctimène, qui avait eu un commerce incestueux avec Nyctée, son père, roi d'Éthiopie.

Le malheur de Nyctimène et de Méduse atteste

la pudeur de Minerve. Elle en donna une autre preuve aux dépens de Tirésias; qu'elle aveugla parce qu'il l'avait vue lorsqu'elle se baignait dans la fontaine d'Hippocrène avec Chariclo, sa favorite, et mère de Tirésias.

> Pour venger vos appas, si je perdais la vue,
> Belle Émilie, après les avoir vus,
> Je m'en consolerais. Je ne vous verrais plus ;
> Mais je n'oublîrais pas que je vous aurais vue.

On se persuade aisément que Minerve resta toujours vierge. Pour moi, je n'ose assurer ni combattre une opinion aussi délicate; tout ce que j'en sais, c'est que Minerve, ainsi que Vesta, présidait à la virginité.

Pour célébrer ses fêtes, des vierges, sans doute un peu aguerries, se partageaient en différentes brigades, armées de pierres et de bâtons; puis on sonnait la charge, et elles fondaient avec fureur les unes sur les autres. La première qui périssait dans l'action était regardée comme fausse vierge, et dévouée à l'infamie. On jetait son corps à l'eau, tandis que l'on reconduisait en triomphe celle qui, sans avoir succombé, sortait du combat avec le plus de blessures : ainsi les attraits les plus illustres de ce pays devaient être les plus cicatrisés.

Ces fêtes, établies dans la Libye, au bord du marais Tritonien, furent, à ce qu'on croit, transférées à Athènes lorsque Minerve donna son nom à cette ville. Neptune lui avait disputé cet honneur. Pour terminer leur différend, ils convinrent que le parrain de la ville naissante serait celui des deux qui produirait la chose la plus utile à ses habitans. Neptune créa le cheval, Minerve l'olivier. L'olivier eut le prix. Je le lui aurais aussi donné; car cet arbre est le symbole de la paix.

> Lorsque l'on vous aime, on préfère
> En secret le myrte au laurier ;
> Or le myrte ne croît guère
> Qu'à l'ombre de l'olivier.

Minerve avait un temple dans la citadelle d'Athènes, et un autre dans celle de Troie. C'est là qu'elle était adorée sous le nom de Pallas, comme présidant aux combats. Les Troyens gardaient précieusement sa statue, qu'ils appelaient le Palladion. Cette petite figure était faite des os de Pélops, ancien roi du Péloponèse : on la faisait remuer comme un pantin, en touchant un ressort caché; ce qui inspirait beaucoup de vénération aux bonnes femmes troyennes. Les Troyens eux-mêmes la regardaient comme le gage de la sûreté de leur patrie. Tandis que les Grecs l'assiégeaient, Ulysse et Diomède, ayant pénétré par un souterrain dans le temple de Minerve, enlevèrent le Palladion, et la ville fut prise peu de temps après.

Cet évènement me rappelle, Émilie, une nouvelle qui m'intéresse beaucoup, parce qu'elle vous concerne.

Depuis un an, le prince de Cythère
Avec tous ses Amours, vous assiège, dit-on :
Votre sort est pareil à celui d'Ilion ;
De votre cœur dépend le succès de l'affaire ;
Avant de vous réduire, il faut vous le soustraire ;
  Ainsi le siége sera long ;
Car, si j'en crois votre rigueur austère,
L'Amour n'a pas encor pris le Palladion.

LETTRE VIII.

CÉRÈS, PROSERPINE.

Que l'on me donne à garder un trésor;
J'en répondrai. Qu'on soumette à ma garde
Une hydre, un monstre à figure hagarde,
Fût-il sorcier, j'en répondrais encor.
Mais que l'on mette à l'ombre de mon aile
Jeune beauté modeste en son maintien,
Dont la voix tremble et dont l'œil étincelle,
Amour et moi ne répondons de rien.

Cybèle y voyait sûrement mieux que moi. Elle était mère. Sa fille Cérès était charmante, et ne la quittait jamais. Cependant la maman, en laçant la jeune personne, s'aperçut d'un nouvel embonpoint qui la déconcerta. Vous jugez du train qu'elle fit ! Cérès, toute honteuse, courut se cacher dans une caverne où elle mit au jour Proserpine.

L'aimable enfant fit le bonheur
De mademoiselle sa mère;
Mais elle n'eut jamais l'honneur
De connaître monsieur son père.

ENLÈVEMENT DE PROSERPINE.

à Paris, chez Ant. Aug. Renouard.

CÉRÈS, PROSERPINE.

Les uns disent que ce fut Neptune, d'autres que ce fut Jupiter. Quoi qu'il en soit, Cérès pleura longtemps la perte de sa virginité. Sa douleur la consumait et la faisait mourir en détail.

> Si ce malheur au cercueil
> Conduisait les pauvres filles,
> Combien d'honnêtes familles
> Parmi nous seraient en deuil!

Heureusement pour Cérès, le dieu Pan découvrit sa retraite. Touché de l'état déplorable où la déesse était réduite, il en avertit Jupiter, qui lui envoya son médecin. Celui-ci fit prendre à la malade une potion de jus de pavots, et l'endormit. Le sommeil rétablit le calme dans ses sens, et sa santé revint de jour en jour.

Cependant tout languissait sur la terre. Le blé périssait dans son sein, et les hommes rappelaient à grands cris la déesse de l'agriculture. Elle reparut enfin, et fut reçue en triomphe.

> Ses yeux étaient remplis d'une douce langueur,
> Et son front conservait un reste de pâleur.
> Proserpine pendait encore à sa mamelle,
> Objet de sa tendresse, et fruit de ses douleurs.
> Cérès paya bien cher la gloire d'être belle...
> Les beaux yeux sont donc faits pour répandre des pleurs!

Ce fut alors qu'on institua des fêtes en son honneur. Ces fêtes se célébraient à peu près comme on célébrait chez nous les *Rogations*. Les prêtres et le peuple allaient en procession au milieu des campagnes, où l'on immolait un porc, parce que cet animal, en fouillant la terre, empêche le blé de germer. Ce sacrifice se faisait aux dépens de la confrérie de Cérès. Les confrères étaient voués au silence, et portaient toujours le même habit, jusqu'à ce qu'il tombât tout-à-fait en lambeaux. On prétend que dans la ville d'Éleusine on y admettait les vierges; mais cette opinion est combattue avec raison, et je sais de quelques philosophes silencieux que les femmes ne voulurent jamais y être initiées.

Dans la suite, la confrérie éleva un temple à Cérès. Elle y était représentée le front ceint d'épis et de fleurs, et les mamelles pleines de lait. Elle avait un hibou à côté d'elle, et un lézard à ses pieds; d'une main elle tenait une poignée de froment et de pavots, en mémoire de l'opium qu'elle avait pris; et de l'autre, le flambeau avec lequel elle avait cherché Proserpine.

Celle-ci avait hérité des grâces de sa mère. Souvent le cristal des fontaines lui avait appris qu'elle était jolie.

> Or on dit que les fillettes
> A qui l'Amour a donné
> Minois joliment tourné
> Toujours aiment les fleurettes.

CÉRÈS, PROSERPINE.

Proserpine aimait donc les bouquets. Un jour, tandis qu'elle en cueillait dans le vallon d'Enna, Pluton, roi des enfers, promenait de ce côté ses ennuis et sa tristesse. La cause en était bien légitime. En effet,

> Quand le cœur ne peut se soustraire
> Au joug de votre aimable loi,
> Mesdames, l'on est, selon moi,
> Bien malheureux de vous déplaire.

Tel était le sort de Pluton. Toutes les déesses avaient rejeté ses hommages. On le trouvait trop brun; et puis il puait la fumée, et puis son palais était trop sombre, et puis

> Fille qui sent arrondir ses trésors,
> Et dont le myrte doit bientôt ceindre la tête,
> Avec raison préfère la conquête
> De deux ou trois vivans à l'empire des morts.

Pluton rêvait à tout cela, lorsqu'il aperçut Proserpine au milieu de ses nymphes. Soudain, épris de ses attraits, il la saisit, l'enlève, ouvre la terre d'un coup de son trident, et rentre dans ses États avec sa proie.

Jugez quelles furent les alarmes de Cérès! Cette mère désolée chercha sa fille par toute la terre. Dans ce pénible voyage, elle fut accueillie chez Céléus, roi d'Éleusine, et enseigna l'agriculture à Triptolème, fils de ce prince. Les Éleusiens élevèrent un temple à la déesse ; mais elle quitta bientôt ce pays pour parcourir le reste du monde. C'est alors que, succombant de fatigue, et épuisée de besoin, elle fut trop heureuse de rencontrer une bonne femme qui lui donna un peu de bouillie. L'appétit assaisonne les mets les plus communs : Cérès trouva celui-ci délicieux. Un jeune espiègle, nommé Stellio, s'étant mis à rire de son avidité, la déesse offensée lui jeta le reste de sa bouillie, et le changea en lézard.

Enfin, après mille recherches inutiles, la mère de Proserpine allume un flambeau au feu du mont Etna pour chercher sa fille jusque dans les entrailles de la terre.

Aréthuse aperçut Cérès dans ses courses souterraines ; elle l'appela, et lui dit : « Rassurez-vous, » je connais le sujet de vos alarmes. Je suis Aré- » thuse, autrefois nymphe de Diane. Je l'accom- » pagnais sur les bords du fleuve Alphée : celui-ci » me vit et m'aima. J'étais jeune ; vous devinez » que j'étais sensible. Alphée me poursuivait. Hé- » las ! je le fuyais comme on fuit ce qu'on aime. Mais » les dieux, protecteurs de la vertu, me changèrent » en fontaine pour me soustraire à ses poursuites. » Que devint-il alors !

» Furieux, il rentra dans ses grottes profondes :
» Mais l'Amour dirigea la course de nos ondes !

» Et, plaignant mon amant, permit, pour l'apaiser,
» A nos flots de se caresser.

» C'est en allant m'unir à mon cher Alphée que
» j'ai vu passer Proserpine dans les bras de Pluton.
» Votre fille est aux enfers. »

A ces mots, Cérès vole à l'Olympe, accuse Pluton, et redemande sa fille au maître des dieux. Jupiter consent à la lui rendre, pourvu qu'elle n'ait rien mangé dans les enfers. Malheureusement Ascalaphe, valet de chambre de Pluton, rapporta qu'il avait vu Proserpine sucer une grenade. Cérès changea le dénonciateur en hibou ; mais elle n'obtint pour toute grâce que celle de posséder sa fille durant six mois de l'année; les six autres mois furent accordés à Pluton.

  Adieu. Si, pour vous rendre hommage,
  Ceux qui vous aiment tour à tour,
  Au lieu d'un mois, prenaient un jour,
  L'Amour, pour un si doux partage,
  Se plaindrait que l'an est trop court.

LETTRE IX.

DIANE, ENDYMION.

Diane, au retour de la chasse, se reposait près de la ville d'Athènes, sur le bord d'un ruisseau. Elle y avait déposé son arc et son carquois, et s'occupait à relever les tresses de sa chevelure, lorsqu'elle apercut une jeune fille qui chantait en cueillant des fleurs :

> « La beauté d'un front sévère
> » Ne peut pas toujours s'armer ;
> » On est faite pour aimer,
> » Quand on est faite pour plaire.
>
> » Avec les tendres propos
> » Que la vanité méprise,
> » Aux dépens de son repos
> » Le cœur se familiarise.
>
> » Diane, avec mille appas,
> » Tu dédaignes la tendresse !
> » Hélas ! quand on n'aime pas,
> » A quoi sert d'être déesse ? »

En chantant ainsi, elle s'était approchée. Diane

DIANE, ENDYMION.

la regardait et soupirait. « Qu'avez-vous? lui dit la
» jeune Athénienne. — Je vous l'apprendrai, mon
» enfant. Mais, dites-moi, à quel usage destinez-
» vous ces fleurs? — A faire une corbeille pour l'offrir
» à Diane. Elle a chez nous un temple dans lequel
» nous faisons vœu de virginité... — Ah! ne faites
» jamais ce vœu-là. Pour ne pas le violer, il faut
» être Diane elle-même. — Je vais, pour l'apaiser,
» attacher ma ceinture aux murs de son temple, et
» lui présenter mon offrande. — Je la reçois, ré-
» pondit la déesse. Vous m'intéressez, ma chère
» fille : écoutez-moi.

» Je suis Diane, fille de Jupiter et de Latone...
» Rassurez-vous; les déesses aiment les mortelles
» qui vous ressemblent. Je naquis un instant avant
» Apollon, et j'aidai sur-le-champ ma mère à le
» mettre au jour. Témoin des douleurs qu'elle
» éprouva, je jurai dès lors une haine éternelle à
» l'Amour. J'étais persuadée que ses faveurs ne pou-
» vaient dédommager de ses tourmens... Mon en-
» fant, le temps et l'expérience changent bien nos
» idées! mais alors

> » J'ignorais le plaisir charmant
> » De se voir dans un nouvel être
> » Confondue avec son amant;
> » D'embrasser, et de reconnaître
> » De ses traits réunis l'assemblage touchant;
> » De retrouver, dans le gage innocent

» De ses mutuelles tendresses,
» D'un époux chéri constamment.
» Et le sourire et les caresses.

» Bientôt la chasse devint mon unique passion.
» Une peau de tigre, un arc, un carquois, ce fut
» là toute ma parure. Mes nymphes imitèrent mon
» exemple, et je partis avec elles pour combattre
» les monstres des forêts. Je les poursuivais tantôt
» à pied, tantôt sur un char traîné par des biches.
» Ce genre de vie me rendit encore plus sauvage.

» Un jour, dans un lieu solitaire, je me baignais
» avec mes compagnes : Actéon, jeune chasseur,
» tourna ses pas vers ma retraite. Il vit... ce que
» nul mortel ne devait voir. Aujourd'hui je lui par-
» donnerais ce crime involontaire; je l'en punis
» alors : le malheureux fut changé en cerf et dé-
» chiré par ses chiens.

» Tandis que je triomphais de cette cruauté,
» Calisto, l'une de mes nymphes, était assise sur le
» rivage, et refusait de se baigner avec moi. Piquée
» de ce refus, j'examinai avec quelque soupçon les
» contours de sa taille : j'appris en même temps
» que Jupiter l'avait aimée : c'en fut assez pour
» son malheur; je la chassai de ma présence, et la
» livrai aux fureurs jalouses de Junon. L'infortu-
» née Calisto mit au jour Arcas, et fut changée en
» ours.

» Dans la suite, Arcas, devenu grand chasseur,

» rencontre sa mère, la poursuit, et dirige son
» dard contre elle... Ma vengeance allait être satis-
» faite : les dieux, pour empêcher ce parricide,
» transportèrent au ciel le fils et la mère, et les
» changèrent en constellations [1].

» Ennemie jurée de l'amour, ma beauté m'était
» inutile : cependant j'étais jalouse de la beauté
» d'autrui. Chioné, petite-fille du Matin, avait un
» teint plus brillant que l'aurore. Elle s'en aperçut,
» et compara ses attraits aux miens. Cette témérité
» lui coûta cher; je la perçai de mes flèches. Déda-
» lion, son père, se précipita du haut d'un rocher,
» et fut changé en épervier par Apollon.

» Cependant mes exploits et mon nom remplis-
» saient l'univers. Les montagnes et les bois étaient
» soumis à mon empire. Partout on m'élevait des
» temples. Celui d'Éphèse [2] était digne de moi. Ja-
» mais le génie des hommes n'enfanta un plus bel
» ouvrage. En Tauride, les habitans faisaient fu-
» mer l'encens et couler le sang humain sur mes
» autels. Les Athéniennes me consacraient leur vir-
» ginité. J'étais au comble de la gloire, et je dési-
» rais encore. J'en ai connu depuis la véritable
» raison :

— [1] Ce sont les constellations de la Grande et de la Petite Ourse.

[2] On prétend qu'un certain Érostrate brûla ce temple pour rendre son nom immortel. La scélératesse a aussi son ambition.

» Des hommages, quoiqu'on soit femme,
» On se fatigue au bout d'un jour ;
» La vanité chatouille l'âme,
» Mais ne remplace pas l'amour.

» Près de la ville d'Héraclée, je vis le pasteur
» Endymion : il était jeune ; ses yeux étaient aussi
» tendres que les sentimens qu'ils inspiraient. Il
» n'eût osé s'élever jusqu'à moi : je m'abaissai jus-
» qu'à lui ; car, mon enfant, lorsque l'on aime,

» C'est en vain que l'on se prévaut
» De son rang et de sa noblesse ;
» Du même trait quand il nous blesse ;
» Cupidon nous met de niveau.

» Le mystère présidait à notre bonheur, mais le
» mystère trahit quelquefois l'amour. Lorsque j'é-
» tais auprès d'Endymion, je tremblais souvent
» qu'on ne découvrît le motif de ma retraite. Enfin
» le hasard me servit heureusement.

» Apollon, mon frère, las d'éclairer le monde
» pendant le jour, déclara au maître des dieux qu'il
» ne pouvait remplir le même ministère pendant
» la nuit. Mon frère, pour ce refus, avait ses rai-
» sons secrètes : Thétis le retenait auprès d'elle ;
» mais ce qui nuisait à son amour pouvait être fa-
» vorable au mien. Je me présente donc, et de-
» mande l'honneur qu'Apollon venait d'abdiquer.

DIANE, ENDYMION.

» Jupiter me l'accorde, me place un croissant [1] sur
» la tête, et me donne le surnom de Phœbé : aus-
» sitôt je monte sur le char de la lune, je saisis les
» rênes, et parcours ainsi l'univers traînée par mes
» deux coursiers noirs et blancs. Chaque nuit, leur
» course se ralentissait vers le sommet du mont
» Latmos : c'est là que je retrouvais mon cher En-
» dymion. Alors je descendais de mon char :

» Un nuage aux mortels dérobait mon absence ;
» Au milieu de la nuit, dans ces vastes déserts,
» La nature à l'Amour semblait prêter silence :
» Tout dormait; nos cœurs seuls veillaient dans l'univers.

» Jusqu'à présent nous sommes heureux, et notre
» tendresse n'a pas été stérile [2].

» A nos vœux le dieu d'hyménée
» Tous les ans accorde un enfant;
» Et, grâces à lui, cette année
» J'ai complété le demi-cent.

» Allez donc, continua Diane; allez, ma chère
» fille, ne redoutez plus ma colère. Gardez votre
» ceinture, et servez-vous de ces fleurs pour cou-
» ronner votre Endymion. » A ces mots, elle disparut. Adieu.

[1] Le croissant est l'attribut de Diane.
[2] Pausanias rapporte que Diane et Endymion eurent cin-
quante filles et plusieurs fils.

Diane eut à l'amour le temps de réfléchir :
   Une déesse est toujours belle.
Mais vous qu'à dix-huit ans ce dieu ne peut fléchir,
   Souvenez-vous que vous êtes mortelle.

LATONE.

Moreau inv. R. Delvaux f.

à Paris, chez Ant. Aug. Renouard.

LETTRE X.

LATONE.

    Enfin, renonçant aux amours,
    Jupiter, devenu fidèle,
    Pour sa moitié, depuis huit jours,
    Brûlait d'une ardeur éternelle.

Sur le soir du huitième jour, il se promenait près d'un bois solitaire; là, il admirait avec plaisir la constance prodigieuse que Junon lui avait inspirée, lorsqu'il rencontra deux jeunes vestales [1].

    Vestales? je n'en sais rien;
    Mais elles en avaient l'âge,
    Les trésors et le corsage,
    La fraîcheur et le maintien.

C'étaient Latone, et Astérie, fille du titan Cœus. Jupin les salue et leur parle. Les deux sœurs rougissent; mais, comme les caractères sont différens, Astérie s'enfuit, et Latone resta.

    Des deux partis, en pareil cas,
    Souvent le meilleur est funeste:

---

[1] On se rappelle que Vesta est la déesse de la virginité.

LETTRE X.

> Si l'on fuit, gare les faux pas!
> Mais c'est encor pis si l'on reste.

En effet, Astérie tomba dans la mer, et Latone devint bientôt mère.

Junon, outrée de dépit, suscita contre celle-ci le serpent Python, qui la poursuivait sans relâche. Latone ne pouvait trouver de refuge contre ce monstre. La Terre avait juré à Junon de ne point donner d'asile à sa rivale. Mais, depuis ce serment, Astérie, dont le corps errait à la merci des flots, avait été changée en île par Neptune, qui lui avait donné le nom de Délos. Cette île était flottante.

Cependant Latone, arrivée au bord de la mer, ne pouvait plus échapper aux poursuites de ce monstre. Alors l'île de Délos flotte vers elle, la reçoit, et s'éloigne du rivage. Durant cette nouvelle navigation,

> Neptune la confie au souffle du Zéphyre;
> Il veut que les Amours en soient les matelots;
> Et le fils de Vénus vient au milieu des flots
> Prendre le gouvernail de son nouvel empire.

Latone, seule dans cet asile, se fit une cabane de branches de palmier. Loin des hommes trompeurs, loin des femmes jalouses, elle y vivait heureuse.

> Aux malheureux la solitude est chère;
> Elle est pour eux l'asile du bonheur.

Mais au moment fatal où la douleur,
Des fruits d'hymen funeste avant-courrière,
Vient avertir la beauté qu'elle est mère,
Dans ce moment plein d'amour et d'horreurs,
Qu'il est cruel de n'avoir sur la terre
Pas une main pour essuyer ses pleurs!

Telle était la détresse où Latone se trouvait réduite. Mais la nature lui suggéra des forces : elle s'appuya fortement contre un tronc d'arbre, et parvint à enfanter Diane. Celle-ci, comme fille de Jupiter, ayant la science innée, aida sur-le-champ sa mère à mettre au jour Apollon.

Épuisée par cette couche laborieuse, Latone s'endormit.

Après ces douloureux travaux,
Pour la première fois quand la beauté sommeille,
Avec combien de sentimens nouveaux
Son cœur agité se réveille!

Durant le repos de Latone, l'île de Délos se rapprocha du rivage; et la déesse, en s'éveillant, se mit en chemin pour rejoindre son père Cœus.

Dans ce trajet pénible et solitaire,
Ses deux enfans étaient entre ses bras.
Ce doux fardeau ne la fatiguait pas.
L'on devient forte alors qu'on devient mère.

Cependant, pour se soustraire aux fureurs jalouses de Junon, elle précipitait sa marche; ce qui échauffait un peu son lait. Arrivée en Lycie, auprès d'un marais, elle demanda de l'eau aux paysans qui travaillaient sur ses bords; ceux-ci refusèrent de lui en donner. Vous me direz : que n'en prenait-elle ? Mais une femme ne sait point pardonner un refus; et Latone changea les paysans en grenouilles.

> Lorsqu'au bord du ruisseau qui baigne la prairie,
>   Leur gosier rauque et glapissant
>   Me tire de ma rêverie,
> Je crois entendre dire au peuple coassant :
> « Vous qui fixez le cœur et les regards des femmes,
> » Amans, si, comme nous, vous craignez à leurs yeux
> » D'être changés soudain en monstres odieux,
> » Songez que nuit et jour, à toute heure, en tous lieux,
> » Il faut, tant bien que mal, accorder tout aux dames. »

Échappée enfin à la colère de Junon, Latone élevait paisiblement Apollon et Diane. Fière de reconnaître en eux le sang du maître du tonnerre, elle préférait ses enfans à ceux de tous les princes voisins. Cet orgueil était bien naturel.

>   Est-on jolie, à l'âge de quinze ans
>   L'on veut régner; c'est là le bien suprême :
>   Devient-on mère, on a pour ses enfans
>   La vanité qu'on avait pour soi-même.

Niobé, fille de Tantale et épouse d'Amphion, roi de Thèbes, avait la même faiblesse que Latone : elle préférait ses enfans à ceux de la déesse. Ses richesses et sa puissance la rendaient encore plus vaine. Latone, indignée de ses mépris, arme de ses traits Apollon et Diane. « Allez, leur dit-elle; » vengez-moi; mon injure est la vôtre. »

Animés de la fureur de leur mère, ils pénètrent dans le palais de Niobé, et percent sous ses yeux son fils, ses filles et son époux. Niobé, succombant sous le poids de ses douleurs, fut changée en un marbre sur lequel on voit encore couler des larmes.

Telles furent les suites funestes de l'aveuglement maternel. Pour vous, aimable Émilie, tranquillisez-vous à cet égard.

Si vos enfans, un jour, par droit héréditaire,
Ont vos traits, votre cœur et votre esprit heureux,
Aimez-les, vantez-les; notre censure austère
N'osera vous blâmer d'idolâtrer en eux
Ce que nous adorons aujourd'hui chez leur mère.

LETTRE XI.

APOLLON, DAPHNÉ.

Je vais vous parler du fils de Latone, connu et adoré sous les noms d'Apollon, de Phœbus et du Soleil.

> Il en est de ce dieu comme de la beauté :
> Sous mille noms divers qu'elle se renouvelle,
> Qu'elle soit sur le trône ou dans l'obscurité,
>   On l'adore ; c'est toujours elle.

Apollon, dès son enfance, fut présenté à la cour céleste : Jupiter le reconnut : Junon même l'accueillit. Il sut ménager adroitement cette faveur, et devint le dieu de la lumière.

> Apollon conduisait ce char
>   Qui, du vaste sein d'Amphitrite,
> Lorsque je dois vous voir, sort toujours un peu tard,
> Et, lorsque je vous vois, y retourne un peu vite.

Ce fut alors qu'il prit le nom de Phœbus. Mais bientôt, comme tous les courtisans heureux, ayant abusé de son pouvoir, il fut chassé par cabale, rap-

APOLLON, DAPHNÉ.

pelé par intrigue, et devint sage par expérience. Voici à quelle occasion :

Vous savez qu'Apollon est le dieu des beaux-arts, et c'est pour cette raison que la fable nous le représente sous la figure d'un jeune homme sans barbe.

> Jupin est vieux; son fils, de la jeunesse,
> Malgré le temps, a conservé les traits.
> Les rois, les dieux ont connu la vieillesse;
> Les talens seuls ne vieillissent jamais.

Apollon avait inventé la médecine. Esculape, son élève et son fils, exerçait sur la terre cet art miraculeux dans son principe. Cependant cet Esculape, malgré sa science divine, aurait assez mal figuré parmi nos docteurs modernes.

> Il ne marchait point escorté
> D'un leste et brillant équipage;
> Il ignorait le doux langage
> Des Nestors de la Faculté;
> Il parlait sans point, sans virgule;
> On comprenait ce qu'il disait;
> Et, pour comble de ridicule,
> Presque toujours il guérissait.

Il fit plus : il ressuscita les morts, et entre autres Hippolyte; mais ces prodiges lui coûtèrent la vie. On fit entendre à Jupiter qu'Esculape usurpait son pouvoir suprême, et le roi des dieux le frappa de la foudre.

> Sa colère se signala
> Par ce châtiment exemplaire.
> Nos docteurs, depuis ce temps-là,
> N'ont jamais eu peur du tonnerre.

Apollon, désespéré de la mort de son fils, vole à l'île de Lemnos, pénètre dans les antres de Vulcain, et perce de ses traits les Cyclopes qui forgeaient la foudre. Vulcain, quoique boiteux, accourt à l'Olympe; se plaint amèrement de cette violence : Vénus met les dieux de son parti, et Jupiter, cédant à leurs instances, exile Apollon sur la terre.

Le fils de Latone, dépouillé de ses grandeurs, fut réduit à garder les troupeaux d'Admète, et trouva dans cette vie douce et paisible le bonheur qu'il cherchait en vain à la cour céleste.

> Là, sur l'émail des prés, seul, errant tout le jour,
> L'ingénieux pasteur, dans le sein de l'étude,
> Fit éclore les Arts. Ces frères de l'Amour
> Sont enfans du Loisir et de la Solitude.

Mais le talent qui lui devint le plus cher fut celui de la musique.

> Il vit Daphné; bientôt il inventa la lyre
> Pour chanter ses amours. Quand on sait bien aimer,

> C'est encor peu, pour l'exprimer,
> De le soupirer, de le dire,
> De le chanter et de l'écrire.

Cette lyre, composée d'une écaille de tortue et de sept cordes, rendait, et rend encore, sous les doigts d'Apollon, une harmonie enchanteresse. Cependant

> Chaque fois qu'il me l'a prêtée
> Pour chanter vos naissans appas,
> J'ai trouvé qu'elle était montée
> Un peu trop bas.

Ce fut pourtant au son de ce divin instrument que s'élevèrent les murs de Troie. Apollon chantait, et les pierres venaient d'elles-mêmes se ranger à leur place. On raconte qu'une de ces pierres, sur laquelle Apollon avait souvent posé sa lyre, rendait un son harmonieux aussitôt qu'on la touchait. Si ce prodige vous semble suspect, je vais essayer de vous en convaincre par un exemple qui vous est personnel.

> Le Ciel ne m'a jamais fait part
> De votre esprit, de votre grâce ;
> Mais si, par un heureux hasard,
> Je puis m'asseoir à votre place,
> Soudain certain je ne sais quoi
> M'anime et s'empare de moi :
> Je sens éclore le sourire
> Sur mes lèvres, et les bons mots

D'eux-mêmes viennent à propos
Embellir ce que je veux dire.
Je crois donc à la vérité
Du fait que je vous ai cité,
Persuadé que la musique,
Tout aussi bien que la beauté,
Peut avoir la force électrique.

Daphné fut insensible à cette électricité ; elle dédaigna les soupirs et les chants d'Apollon. Les uns disent que ce fut par excès de vertu ; d'autres soutiennent qu'elle aimait en secret le beau berger Leucippe ; et je suis assez de leur avis.

A dix-huit ans quand une belle
Est sourde à la voix des amours,
Soyez sûre qu'elle a toujours
Des raisons pour être cruelle.
Suivez sa conduite en tous lieux,
Et de cette énigme nouvelle,
Lorsque Daphnis est auprès d'elle,
Vous lirez le mot dans ses yeux.

D'après ce principe certain, Apollon aurait dû renoncer à ses prétentions ; mais, espérant tout du temps et de la constance, il poursuivit, une année entière, Daphné, qui fuyait devant lui. Quelquefois, pour ralentir sa course, il lui disait :

« Cruelle, arrêtez-vous, de grâce !
» Je suis le régent du Parnasse,
» Le fils naturel de Jupin ;

> » Je suis poète, médecin,
> » Je suis chimiste, botaniste,
> » Je suis peintre, musicien,
> « Exécutant et symphoniste;
> « Je suis danseur, grammairien,
> » Astrologue, physicien;
> » Je suis... » Pour fléchir une belle,
> Au lieu de lui parler de soi,
> Il est plus adroit, selon moi,
> Et plus doux de lui parler d'elle.

Apollon ne devait pas ignorer cette tournure oratoire, puisqu'il était le prince et le dieu des orateurs. Mais, hélas!

> Un pauvre amant dit ce qu'il pense,
> Sans trop penser à ce qu'il dit.
> Le désordre est son éloquence;
> Quand le cœur parle, adieu l'esprit.

Aussi Daphné fut-elle inexorable. Mais enfin, épuisée de lassitude, et se voyant près de succomber, elle implora le secours des dieux, qui la changèrent en laurier [1].

Apollon détacha de cet arbre une branche, dont il fit la couronne qu'il porte encore aujourd'hui. Il en distribue quelquefois de pareilles aux talens et au génie;

---

[1] L'équivoque du nom est tout le fondement de cette fable; *Daphné*, en grec, signifiant laurier.

LETTRE XI.

Et c'est à ce titre, dit-on,
Que le jeune dieu du Permesse
Vous a déjà de sa maîtresse
Mis à part un échantillon.

Le laurier avait deux vertus particulières; l'une était de préserver de la foudre; l'autre de faire voir la vérité en songe à ceux qui en mettaient quelques feuilles sous leur oreiller. J'ai voulu moi-même éprouver cette propriété, et voici ce qui m'est arrivé la nuit dernière.

J'étais près de vous, Émilie:
Votre teint brillait des couleurs
Dont la jeune reine des fleurs
Brille avant d'être épanouie:
Mes lèvres brûlaient : un soupir
Et vos yeux daignant m'enhardir,
Je vous donne un baiser de flamme,
Et j'en reçois un dont mon âme
Savoure encor le souvenir.
Mais l'Amour, ouvrant ma paupière,
S'envola... Je sens qu'il n'est guère
Pour nous de salut sans la foi :
Je veux l'avoir : donnez-la-moi.
Surmontez un petit scrupule,
Pour vaincre l'incrédulité;
La moitié de la vérité
Pourrait convertir l'incrédule.

LETTRE XII.

CLYTIE, LEUCOTHOÉ.

Apollon pleurait la perte de Daphné : il était assis sous le laurier fatal qui la dérobait à ses yeux, lorsque Clytie vint de ce côté promener sa mélancolie. Clytie, fille de la belle Eurynome, et d'Orchame, roi de Babylone, n'était point régulièrement belle;

> Mais elle avait cette pâleur
> D'une jeune et mourante fleur
> Qui languit sans être arrosée;
> Et, pour ranimer sa couleur,
> Implore contre la chaleur
> Quelques gouttes de la rosée.

Elle vit Apollon, rougit, et baissa les yeux. Apollon en fit presque autant. Ils s'admiraient furtivement tour à tour; mais, en voulant s'éviter, leurs regards se rencontrèrent, et leur vue se troubla.

> Après cet instant de délire,
> Les aveux étaient superflus.
> Ils n'avaient plus rien à se dire,
> Et leurs cœurs s'étaient entendus.

Ces momens-là s'envolent rapidement. Bientôt la

nuit survint, il fallut se séparer; mais on se promit pour le lendemain une entrevue auprès du laurier. Quoi! direz-vous, près de ce même laurier sous l'écorce duquel Daphné respirait encore! A cela je vous répondrai :

> Lorsque de la jouissance
> Les doux momens sont perdus,
> L'amour ne se soutient plus
> Que par la reconnaissance.
> C'est elle, après les faveurs,
> Qui rend les amans fidèles.
> Le souvenir des cruelles,
> Et celui de leurs rigueurs,
> S'envole et meurt avec elles.

Le jour suivant, Clytie voulut tenir sa promesse; mais, comme les premiers pas de l'amour sont timides, elle se fit accompagner par Leucothoé, sa sœur. Cette indiscrétion, qui eut de funestes suites, était impardonnable en bonne coquetterie. En effet, on sait de temps immémorial que toutes les belles,

> Par un art qui n'est pas nouveau,
> Choisissent, en femmes prudentes,
> Singes coiffés pour confidentes,
> Et pour servir d'ombre au tableau.

Clytie était plus tendre, Leucothoé plus vive; l'une était blonde, l'autre était brune.

CLYTIE, LEUCOTHOÉ.

L'une semblait bercer l'Amour ;
En soupirant, il sommeillait près d'elle.
L'autre, sémillante pucelle,
Le lutinait et la nuit et le jour.

Le lutin brûla bientôt pour l'amant de sa sœur, et, plus hardi qu'elle, se trouva seul au rendez-vous. Apollon fut d'abord un peu surpris ; mais bientôt la surprise fit place au plaisir, et Daphné, témoin muet de ce tête-à-tête,

Vit avec horreur sans doute
Prouver cette vérité,
Qu'en fait d'infidélité,
Il n'est, près de la beauté,
Que le premier pas qui coûte.

Clytie, qui cherchait alors sa sœur, la trouva mal à propos... Soudain le dépit et la rage s'emparent de cette âme jusqu'alors si douce. Elle vole au palais de son père, lui révèle avec fureur le crime de Leucothoé, et le conduit lui-même vers l'asile des deux amans.

Ils en étaient alors aux adieux. Leucothoé, rattachant son voile, disait, les larmes aux yeux :

« Pourquoi faut-il, lorsque l'on s'aime,
» Mon doux ami, se désunir,
» Et se séparer de soi-même !
» Jure-moi bien de revenir.
» Adieu... Je sens que, pour te suivre,

» Mon cœur s'en va!... Prends ce soupir...
» Toute la nuit je vais mourir,
» Mais demain j'espère revivre. »

Un baiser termina ces adieux. Leucothoé, promenant autour d'elle un regard timide, s'éloignait avec une palpitation causée par la crainte et l'émotion du plaisir, lorsqu'à l'entrée du bois elle rencontra son père. A cette vue, elle demeura muette, immobile; et le terrible Orchame, ayant pris son désordre pour la preuve de son déshonneur, la fit enterrer toute vive auprès du laurier fatal. Clytie, épouvantée, prit la fuite.

Mais la plaintive jouvencelle,
En voyant creuser son tombeau,
Accusait la lenteur de la Parque cruelle:
« Il m'eût été si doux, s'écriait-elle,
» De mourir un moment plus tôt! »

Le lendemain Apollon se rendit au bocage avec un trouble dont il se demandait le sujet.

Ce n'était point ce trouble extrême,
Ce frisson brûlant du désir,
Heureux précurseur du plaisir,
Plus doux que le plaisir lui-même.

En arrivant, il ne voit personne, et soupire. Il avance, et porte au loin ses regards dans l'épaisseur de ce bois désert et silencieux. Il appelle enfin;

CLYTIE, LEUCOTHOÉ. 75

l'écho seul lui répond. Mais à peine a-t-il posé le pied sur la tombe de Leucothoé, qu'une voix lamentable, s'élevant du sein de la terre, lui adresse ces tristes paroles :

» « Arrête, respecte la cendre
» De celle qui périt pour t'avoir trop aimé.
» Tes pieds pressent ce cœur trop facile et trop tendre
   » Que tes yeux avaient enflammé.
» Tu foules ces trésors qu'hier dans nos ivresses
» Mon sein te prodiguait avec tant de plaisir,
   » Et qui n'ont connu les caresses
   » Que de toi seul et du zéphyr.
» Pense à Leucothoé ; pour adoucir sa peine,
» Près d'elle quelquefois viens nourrir ta douleur,
» Et que son âme encor jusqu'au fond de ton cœur
   » S'insinue avec ton haleine. »

Je ne vous peindrai point l'état d'Apollon. Il était immobile, anéanti, et tel qu'un homme frappé de la foudre ; mais enfin ses pleurs, s'ouvrant un passage, adoucirent l'amertume de sa douleur ;

Car, après ce moment terrible
Où des sanglots le cours est arrêté,
Les larmes sont pour toute âme sensible
   Une bien douce volupté !

Bientôt ces larmes, humectant la terre, pénétrèrent jusqu'au corps de Leucothoé, et la ranimèrent. Elle reparut, mais sous une forme nouvelle ;

et son amant vit naître l'arbre qui porte l'encens.

Cependant Clytie, tourmentée par ses rémords, portait ses pas errans vers le tombeau de sa sœur. A la vue d'Apollon elle s'arrêta. La douleur et le dépit la déchiraient tour à tour; mais, le dieu s'étant éloigné d'elle avec dédain, ce dernier coup termina son supplice.

>Qu'une femme de ceux qu'elle a le plus chéris
>Éprouve les fureurs, jusqu'aux bords de la tombe
>Elle brave les traits de la haine, et succombe
>   Sous les traits du mépris.

Clytie, en expirant, devint une plante souple et frêle, dont la fleur, sans cesse tournée vers le soleil, semble encore suivre son amant dans sa fuite : c'est ce qui lui a fait donner le nom de tournesol.

Adieu. Je vous ménage pour demain d'autres aventures; car la matière de nos entretiens est un trésor dont je deviens économe.

>   Du bouquet que je vous compose
>   Durant mes heures de loisirs,
>Je ne détache aujourd'hui qu'une rose,
>   Pour multiplier mes plaisirs.

MORT D'HYACINTHE.

LETTRE XIII.

HYACINTHE, CYPARIS, SIBYLLE DE CUMES, CASSANDRE.

> Loin de nous quand l'Amour s'envole,
> Heureux celui qui s'en console
> Entre les bras de l'Amitié !
> La tendre déité partage
> Tous ses chagrins, et le soulage
> Encore de l'autre moitié.

Apollon, près du jeune Hyacinthe, éprouvait cette douce consolation; ses larmes étaient moins amères, et la sérénité renaissait dans son cœur. Mais Zéphyre, qui avait été l'ami d'Hyacinthe, fut bientôt jaloux de sa liaison intime avec Apollon; et cette jalousie devint si violente, qu'un jour les nouveaux amis jouant ensemble au disque, Zéphyre, avec son haleine, dirigea le disque d'Apollon sur la tête d'Hyacinthe, et le tua. Le sang qui coula de sa plaie produisit la fleur qui porte son nom, et qui naît à la fin de l'hiver.

> Avant le retour de Flore,
> Elle s'empresse de fleurir,

Pour éviter encore
L'haleine de Zéphyr.

Dégoûté de l'amitié, Apollon revint à l'amour, et soupira pour la nymphe Perséis. Elle était fille de l'Océan, c'est-à-dire que l'on ne connaissait point son père. Les généalogistes de ce temps-là faisaient descendre de la mer ou des fleuves les héros et les nymphes dont l'origine paraissait équivoque. Si cette généalogie était admise de nos jours,

> Ah! que la Seine, dans ces lieux
> Où l'humaine engeance fourmille,
> De nymphes et de demi-dieux
> Aurait une belle famille!

La nymphe de l'Océan, comme celles de la Seine, ne fut pas long-temps cruelle, et devint mère de la célèbre Circé;

> Circé qui rendit des oracles,
> Et qui, par ses enchantemens,
> En bêtes changea bien des gens,
> Sans opérer de grands miracles.

Tous les soirs, en allant visiter son petit ménage, Apollon laissait au jeune Cyparis le soin de son troupeau. Cet aimable enfant occupait dans son cœur la place du malheureux Hyacinthe.

> Apollon lui parlait sans cesse
> De ses chagrins, de sa maîtresse;

De ces plaisirs qu'il est si doux de raconter,
De détailler, de répéter,
Quand nos amis ont, par délicatesse,
Le sang-froid de nous écouter.

Après ces longues confidences, il l'embrassait, et allait revoir Perséis; mais, par malheur, la nymphe Bolina se trouvait sur son passage; et le dieu n'était pas insensible au désir de lui plaire.

Il lui parlait le doux langage
Des yeux, des mines, du maintien,
Que nos dames savent si bien
Comprendre par le grand usage!

Mais la nymphe, innocente encore, quoiqu'elle eût quinze ans, n'entendait rien à ces discours muets. A la fin, Apollon, pour se faire entendre, se mit à la poursuivre jusqu'au bord de l'Océan, où l'infortunée se précipita pour lui échapper. Amphitrite, touchée de son malheur et de sa vertu, la reçut au nombre de ses nymphes et lui donna l'immortalité.

Apollon, désespéré de ce malheur, dont il avait été la cause et le témoin, rapportait à son ami sa douleur et ses remords, lorsqu'il le trouva lui-même expirant auprès de sa cabane.

Cyparis aimait tendrement un jeune cerf qu'il avait élevé. Vers le déclin du jour, voulant écarter du troupeau de son ami quelques bêtes sauvages, il prend son arc et ses flèches; le trait fatal part, et va frapper le jeune cerf errant dans la campagne. Cyparis, le voyant tomber, pousse un cri, et tombe lui-même accablé de douleur. Son âme, prête à s'envoler, errait sur ses lèvres décolorées.

> Il éprouvait les pénibles combats
> De la nature anéantie,
> Qui dispute encore au trépas
> Le dernier souffle de la vie.

Mais, au retour d'Apollon, ouvrant les yeux pour la dernière fois, d'une voix presque éteinte, il lui adresse cette triste prière :

> « Que l'amitié de mes maux me délivre :
> » Accorde-moi la faveur de mourir,
> » Puisqu'un mortel sans aimer ne peut vivre,
> » Et ne peut aimer sans souffrir. »

A ces mots, Apollon le serrant dans ses bras, recueillit son dernier soupir, et le changea en cyprès.

Dévoré de chagrins et d'ennuis, le fils de Latone invoquait la mort, et se plaignait aux dieux d'être immortel; mais l'amour lui offrit un nouveau consolateur. La Sibylle de Cumes vint le trouver dans sa retraite, et de ce ton de voix que les belles savent si bien prendre, elle lui dit :

> « De nos vergers, de nos prairies
> » Vous exilez-vous pour toujours?

» Ne chanterez-vous plus sur ces rives fleuries
    » Nos jeux, nos fêtes, nos amours?. »

« Non, répondit Apollon, je n'ai plus d'autre plai- » sir que celui de la solitude. » La Sibylle reprit tendrement :

« J'approuve vos douleurs, et mon cœur les partage;
» Mais de tous mes amis loin de me séparer,
« Si j'avais vos chagrins, j'irais souvent pleurer
    » A l'ombre de quelque bocage
    « Où je pourrais vous rencontrer. »

Elle se tut et baissa les yeux. La main du pasteur rencontra la sienne; elle continua :

    « Peut-on détester la lumière
    » Quand on a reçu de l'Amour
» Une âme pour aimer, et des grâces pour plaire ?
» Hélas! si nos bergers vous perdaient sans retour;
    » Si les nymphes de ce séjour,
    » Comme une fleur, vous voyaient disparaître,
        » Leurs soupirs... et les miens peut-être,
        » Vous feraient regretter le jour. »

Tandis qu'elle parlait ainsi, des pleurs sillonnaient ses joues; et le dieu, pour mêler ses larmes à celles de sa consolatrice, la tenait étroitement embrassée. Après un silence un peu long, mais expressif, la Sibylle lui dit avec une douce langueur :

    « Eh bien! renoncez-vous encore
    » Au bonheur de voir la clarté ?

LETTRE XIII.

» — Non, répondit le dieu, depuis que je t'adore,
» Je reconnais le prix de l'immortalité. »

Alors la Sibylle, ramassant une poignée de sable, continua, en lui laissant prendre un baiser :

« Je ne demande pas l'honneur d'être immortelle;
» Mais je voudrais pouvoir vous consoler toujours.
   » — Hélas! je ne puis de tes jours
   » Rendre la durée éternelle;
   » Mais je peux prolonger leur cours.
» — Eh bien! que votre cœur règle ma destinée.
   » Voyez ce sable dans ma main;
   » Prononcez, et que chaque grain
   » A mes jours ajoute une année. »
Son amant crut devoir y consentir,
   Convaincu, par expérience,
   Qu'un moment de vrai plaisir
   Vaut un siècle d'existence.

Mais, hélas! dans la suite, la Sibylle reconnut combien ce présent était funeste.

Sur les ailes du Temps ses amours s'envolèrent.
La vieillesse arriva, ses charmes s'éclipsèrent.
Sa génération passa les sombres bords;
Elle n'eut bientôt plus d'amis que chez les morts.
Enfin, après mille ans, souffrante, misérable,
Seule dans l'univers, elle disait aux dieux:
« Faites-moi grâce au moins du dernier grain de sable,
» Ou donnez-moi quelqu'un pour me fermer les yeux! »

Le premier de ses chagrins fut l'ingratitude d'Apollon, qui l'abandonna pour Cassandre, fille de Priam. Cette princesse, après une assez belle résistance, entra en accommodement, et promit à son amant de conclure un traité, s'il voulait lui communiquer le don de deviner. Le fils de Latone s'y engagea en jurant par le Styx. Mais à peine eut-il prononcé ce serment irrévocable, que Cassandre se moqua de sa crédulité. Le dieu, pour la punir, ajouta au don qu'il lui avait fait qu'on ne croirait jamais à ses prédictions. On assure que, depuis la mort de cette princesse, son esprit prophétique a parcouru les quatre parties du monde, et qu'il s'est depuis peu fixé dans la capitale du plus puissant empire de l'Europe.

  Tous les jours ce puissant génie
  S'introduit dans les cabinets
 Des gazetiers, des faiseurs de projets,
  Et des enfans de l'alchimie.
  Il voltige aussi quelquefois
Dans ce jardin jadis embelli par nos rois [1],
  Près de l'arbre de Cracovie.
C'est là qu'il nous prédit les grands évènemens,
Les siéges, les combats, la pluie et le beau temps,
  Par les oracles qu'il fait rendre.
  Mais ses prophètes bien souvent,
Plus malheureux encor que la pauvre Cassandre

---

[1] Le jardin des Tuileries.

Que l'on n'entendait pas, ont le désagrément
   Eux-mêmes de ne pas s'entendre.

Apollon, dupe de Cassandre, se consola bientôt avec la nymphe Clymène, dont il eut Phaéton et ses sœurs...

   Mais entre les bras de Clymène
   Laissons-le dormir jusqu'au jour.
   Bonsoir. Vous saurez qu'en amour
   Il est bon de reprendre haleine.

LETTRE XIV.

LES MUSES.

Un jeune époux qu'amour enflamme
A sa moitié jure à jamais
De lui rester fidèle; mais
Ariste est l'amant de sa femme;
Il n'ont qu'un cœur, ils n'ont qu'une âme,
Ariste l'idolâtre; mais
La jeune Annette est sa voisine;
Elle est folle, vive, mutine,
Du reste, assez maussade; mais
Madame Ariste a mille attraits,
Des yeux, une taille divine,
Que son époux admire; mais
La jeune Annette est sa voisine.

Clymène avait dans tous ses traits
Un charme, une grâce enfantine,
Avec mille trésors secrets
Qu'Apollon connaissait bien; mais
Castalie était sa voisine.

Cette nymphe plut à son voisin. Il soupira, elle
feignit de ne pas l'entendre : il supplia, elle fut

inexorable : il la pressa, elle s'enfuit jusqu'au pied du mont Parnasse, où les dieux la changèrent en fontaine.

Son amant, couché sur ses bords, mêlait ses larmes à son onde, lorsqu'il fut tiré de sa rêverie par une mélodie enchanteresse qui venait du haut de la montagne. Soudain il se lève, et monte par un sentier bordé de myrtes et de palmiers. Plus il approche, plus le charme de l'harmonie s'empare de ses sens. Il s'arrête enfin au coin d'un bois, à l'ombre duquel il aperçoit un groupe de nymphes assises sur un amphithéâtre de verdure.

C'étaient elles qui formaient ce divin concert par le doux accord de leurs voix et de leurs instrumens. Mais, à la vue d'Apollon armé de son arc et de ses traits, la troupe craintive se sauva dans l'épaisseur du bois. Aussitôt le pasteur accordant sa lyre, leur chanta ces couplets :

« Nymphes, pourquoi me fuyez-vous ?
» Regardez-moi, daignez m'entendre.
» La paix doit régner entre nous :
» Vous êtes belles, je suis tendre.
» Nymphes, pourquoi me fuyez-vous ?
» De l'Amour quand on a les armes,
» Craint-on les armes des mortels ?
» Laissez-nous adorer vos charmes :
» On doit partager les autels
» De l'Amour, quand on a ses armes. »

Vous jugez bien qu'Apollon était novice encore quand il composa ces couplets ; mais, outre le mérite de l'impromptu, ils avaient celui de louer la beauté ; et ce mérite-là fait passer tous les jours bien des platitudes : ainsi

> Ne demandez plus, Émilie,
> Pourquoi je peins souvent vos traits ;
> Car plus on vous trouve jolie,
> Et plus aisément on oublie
> Si mes vers sont bons ou mauvais.

Cependant les nymphes s'étaient arrêtées pour écouter Apollon. Celui-ci, à la fin de sa chanson, se trouvant près d'elles : « Je suis, leur dit-il, le fils » de Jupiter et de Latone. — Et nous, reprirent- » elles, filles de Jupiter et de Mnémosyne. — Je suis » donc votre frère !... m'est-il permis d'embrasser » mes sœurs ? » Les nymphes rougirent, et accordèrent le baiser fraternel. Apollon leur fit ensuite sur leur musique des complimens vrais ou faux, qu'elles lui rendirent au sujet de la sienne ; car vous savez qu'entre artistes,

> Tous ces éloges inouïs,
> Que l'un à l'autre on se renvoie,
> Sont bien souvent de faux louis
> Que l'on rend en fausse monnoie.

Quoi qu'il en soit, la fraternité des arts, jointe au lien du sang, fit naître entre le fils et les filles de

Jupiter une douce-intimité; et, malgré le sexe des neuf Sœurs, leur amitié fut toujours sincère. Ils résolurent de vivre ensemble, et de former une académie. Apollon en dressa le plan; il établit pour base la loi de la concorde, et fit porter à ses sœurs le nom de Muses[1], pour marquer leur égalité. Son plan étant achevé, le dieu du Parnasse partagea entre ses sœurs les sciences et les arts, suivant leur goût et leurs dispositions. Il indiqua peu de temps après la première séance de leur académie; et voici ce qui s'y passa :

>Par un discours semé de fleurs
>Calliope ouvrit l'assemblée.
>Melpomène, triste et voilée,
>Des héros plaignit les malheurs,
>De l'amour déplora les charmes,
>Et, par ses aimables douleurs,
>Fit éclore dans tous les cœurs
>Le plaisir, du sein des alarmes.
>Thalie, avec un air malin,
>Des traits aigus de la satire
>Cribla le pauvre genre humain,
>Mais, en le piquant, le fit rire.
>Polymnie ensuite étala
>Les faits, les vertus, la mémoire
>Des Turennes de ce temps-là.

---

[1] Suivant Cassiodore, le mot de *muses* dérive du mot grec ομοιουσαι, qui signifie *égales, pareilles*.

Clio, sur l'aile de la gloire,
Portant ces héros vers les cieux,
Les fit voler au rang des dieux.
Uranie ouvrit ses tablettes,
Et lut intelligiblement
Le système du mouvement
Des tourbillons et des planètes.
Enfin la champêtre Érato
Chanta les amours du hameau
Sur l'air plaintif de la romance.
Euterpe de son flageolet
L'accompagna; puis en cadence
Terpsichore, par un ballet,
Termina gaîment la séance.

En peu de temps ces assemblées devinrent célèbres; la réputation des Muses s'étendit au-delà des royaumes de la Grèce; et le fils de Latone, déchu du trône de la lumière, monta sur le trône du génie. Il n'était plus de fêtes brillantes dont ses sœurs et lui ne fissent l'ornement. Mais, pour s'y transporter d'une manière commode et décente,

Il eût fallu faire les frais
D'un char, de six coursiers, d'une suite complète;
Or personne ne fut jamais
Éclaboussé par les laquais
Ni la voiture d'un poète.
Les chars sont faits pour les Amours;
La fortune est le fruit de leurs aimables ruses;

LETTRE XIV.

> Aussi les Grâces toujours
> Ont éclaboussé les Muses.

Tandis que celles-ci délibéraient inutilement sur la manière de se mettre en voyage, elles aperçurent au milieu des airs un cheval ailé ; c'était le célèbre Pégase. Ce coursier fougueux, né du sang de Méduse, dirigea son vol vers le mont Parnasse. Là il s'abattit sur un rocher, et d'un coup de pied fit jaillir l'Hippocrène,

> Cette poétique fontaine,
> Dont quelques écrivains badauds
> Se vantent de boire les eaux
> En buvant les eaux de la Seine.

A la voix d'Apollon, Pégase s'arrête : le dieu, sautant sur lui, fait placer les Muses en croupe, et ordonne au coursier de les transporter à la cour de Bacchus. Pégase déploie ses ailes, et soudain

> On voit planer d'un vol agile,
> Par-delà le sommet des monts,
> Toutes les neuf Sœurs à la file,
> Comme les quatre fils Aymons.

Mais bientôt on les perd de vue, et le coursier, rapide comme la pensée, arrive à la cour de Bacchus.

> Déjà des courtisans la troupe se rassemble.
> On s'empresse, on admire, on dévore des yeux,

Chez les neuf Sœurs, les détails précieux
Dont vous nous présentez l'ensemble.

Adieu. Ceci a l'air d'un compliment, et je dois me les interdire avec vous :

Les complimens n'ont pas coutume
De passer pour des vérités;
Ceux que vous tracerait ma plume
Feraient tort aux réalités.

LETTRE XV.

MARSYAS.

Bacchus, chez lequel les Muses furent accueillies, était un prince illustre par ses victoires et par son amour pour les beaux-arts. Il régnait à Nyse avec Ariane, qu'il avait épousée dans l'île de Naxos, et rassemblait à sa cour les hommes les plus célèbres de son temps.

A l'arrivée des Muses, le bal s'ouvrit. Terpsichore y parut, et ravit tous les courtisans. C'est vous dire assez qu'elle désespéra toutes les femmes.

> Les Amours dessinaient ses pas,
> La Volupté suivait ses traces,
> Les Plaisirs animaient ses grâces,
> Et s'entrelaçaient dans ses bras.

Le bal fut suivi d'un concert. Euterpe et la jeune Érato s'y distinguèrent tour à tour; les applaudissemens redoublèrent quand on vit paraître Marsyas.

Cet habile musicien avait trouvé la flûte de Mi-

MARSYAS.

nerve dans une fontaine où cette déesse l'avait jetée autrefois; et, s'étant exercé sur cet instrument divin, il en tirait des sons mélodieux. Au bruit des acclamations, Apollon éprouva d'abord quelque inquiétude; mais bientôt après il se promit la victoire. En effet, la flûte de Marsyas avait charmé les auditeurs; la lyre d'Apollon les transporta.

Piqué de cette supériorité, le Phrygien se lève, et, d'un ton d'arrogance, défie son rival en présence de toute la cour. Le frère des Muses accepte le défi, et le vaincu se soumet d'avance à la discrétion du vainqueur. Alors Marsyas invoque Minerve, et, reprenant sa flûte,

> Il module la mélodie
> Des premiers concerts du printemps;
> Des premiers désirs des amans
> Soupire la mélancolie;
> Du gazouillement des oiseaux
> Il cadence le doux murmure;
> Puis, interrompant à propos,
> Ou précipitant la mesure,
> Du caprice de ses pipaux
> Semble lutiner les échos.
> Ensuite, au milieu de la plaine,
> Il égare parmi les fleurs
> Les bergères et les buveurs
> Dansant autour du vieux Silène...
> Mais tout-à-coup, au fond d'un bois,

> On croit ouïr la voix plaintive
> D'une Dryade fugitive,
> Qui, faible et réduite aux abois,
> Pousse un cri... La peur, l'espérance,
> Font palpiter et tressaillir!...
> Jusqu'au moment où le plaisir,
> Interrompu par un silence,
> Se réveille par un soupir.

Marsyas avait fini; on l'écoutait encore. Mais, lorsqu'il salua l'assemblée, les acclamations s'élevèrent avec la fureur de l'enthousiasme.

> C'était un bruit, un brouhaha!...
> On s'écriait : Bravo! merveilles!...
> Et jamais on n'a vu de cabales pareilles
> Au parterre de l'Opéra.

Durant tout ce vacarme, Apollon, ayant accordé sa voix et sa lyre, imposa silence par un prélude; et, se livrant ensuite au délire de son art, fit passer dans tous les cœurs l'ivresse de la volupté. Marsyas pâlit, et reconnut malgré lui la supériorité de la voix sur les instrumens. En effet,

> Un chalumeau peut quelquefois
> Amuser, intéresser même;
> Mais il ne peut jamais dire comme la voix :
> « Vous êtes belle, je vous aime. »

Lorsque Apollon eut disposé l'assemblée en sa faveur, il se tourna vers Ariane, et chanta les vers suivans[1] :

« O nymphes de Naxos! qu'elle vous parut belle,
» Lorsqu'au milieu de ses douleurs
» Son teint brillait comme la fleur nouvelle
» Que l'aube matinale arrose de ses pleurs!
» Aux accens de sa voix, sur les plaines humides,
» Amphitrite paraît avec les Néréides,
» Neptune et les Tritons sortent du sein des eaux,
» La mer blanchit d'écume; on s'empresse, on admire;
» Amphitrite tremblait de perdre son empire,
» En la voyant s'élancer vers les flots!...
» Mais un consolateur, conduit par la victoire,
» Par l'Hymen lui fut présenté;
» Et ce dieu rendit la Beauté
» Inséparable de la Gloire. »

Soit justice, soit cabale, soit plutôt pour flatter la reine, ces vers furent redemandés avec transport; et dès lors Marsyas prévit sa défaite. Mais, sur l'éloge d'une seule femme, Apollon, se fiant peu aux applaudissemens de toutes les autres, voulut les mettre de bonne foi dans son parti.

La Vénus de Praxitèle, que l'on adorait à Gnide, et la Galatée de Pygmalion, que l'Amour avait animée, étaient alors célèbres dans toute la Grèce. Apollon, faisant une double allusion à ces deux

---

[1] Voyez la Lettre XL.

chefs-d'œuvre, et promenant ses regards sur les femmes les plus aimables de la cour, chanta en s'accompagnant de sa lyre :

« Autrefois de chaque belle
» Empruntant le plus beau trait,
» De sa Vénus Praxitèle
» En composa le portrait.
» Si j'avais une étincelle
» De son talent précieux,
» Je ferais adorer celle
» Que je compose en ces lieux.

» Je prendrais de Polyxène
» Les yeux, la taille et le sein,
» Et la bouche d'Éroxène,
» Et l'albâtre de son teint ;
» De Chloé le front novice,
» La timide bonne foi ;
» Le sourire d'Eucharisse,
» Qui semble dire : Aimez-moi.

» Ah ! si mon ciseau fidèle
» Pouvait rendre les appas
» Qu'on voit sur chaque modèle,
» Et ceux que l'on ne voit pas ;
» Sans voile représentée
» Avec leurs proportions,
» Que bientôt ma Galatée
» Ferait de Pygmalions !

» Si, pour lui donner la vie,
» L'Amour consultait mes vœux,
» Ton enjoûment, Euphrosie,
» Petillerait dans ses yeux.
» Aglaé, de ta malice
» Je lui donnerais un grain ;
» Et ton cœur, tendre Eurydice,
» Palpiterait sous ma main.

» Mais pourquoi ma voix légère,
» Unissant tant de beautés,
» Me fait-elle une chimère
» D'aimables réalités?
» Tandis que je les rassemble,
» Amour rit de mon travail,
» Et j'abandonne l'ensemble
» Pour adorer le détail. »

Je ne vous peindrai point la fureur avec laquelle cet éloge fut applaudi. Il suffira, pour vous en donner une idée, de vous faire observer que chaque femme y était intéressée, car les yeux d'Apollon avaient désigné toutes celles que sa bouche n'avait pu nommer : aussi la victoire lui fut-elle décernée d'une voix unanime. Mais la barbarie avec laquelle il en usa ternit tout l'éclat de sa gloire. Ayant attaché contre un pin le pauvre Marsyas, il l'écorcha tout vif. Les pleurs et le sang de ce malheureux formèrent un fleuve auquel on donna son nom.

Vous voyez, Émilie, qu'il est souvent plus aisé

de vaincre que de pardonner. Souvenez-vous donc qu'il est encore plus glorieux de pardonner que de vaincre.

>Vous qui de l'enfant de Vénus
>Étendez chaque jour et l'empire et la gloire,
>Laissez-nous à vos pieds chérir votre victoire,
>Et lire dans vos yeux la grâce des vaincus.

LETTRE XVI.

MIDAS.

Vous connaissez, Émilie, l'espèce fertile de nos petits Midas, qui se vantent de posséder un esprit et des connaissances auxquels nous avons le malheur de ne pas ajouter foi. Ces messieurs pourraient se vanter, avec plus de raison, de la noblesse et de l'ancienneté de leur origine; car Midas, leur premier père, était roi de Lydie, et contemporain de Bacchus. C'est dommage, pour notre scène lyrique, que cet illustre amateur soit né quelques milliers d'années trop tôt :

> Car, à Paris, il eût fait des merveilles :
> Il eût été le chef de nos censeurs,
> Petits-maîtres, commis, et clercs de procureurs,
> Auxquels il a transmis son nom et ses oreilles.

Ce prince, ayant entendu parler du talent sublime d'Apollon, dit, en appuyant le poing sur la hanche : « Parbleu ! je serais curieux de juger cet » homme-là : qu'on me le fasse venir ! »

Apollon se présente, et Midas, bégayant et grasseyant tour à tour, du haut de sa grandeur laisse tomber ces paroles :

« Vous possédez l'art chromatique.
» Voyons un peu : je m'y connais ;
» Non que je sache la musique,
» Jupiter m'en préserve ! mais
» Je sais tout sans avoir jamais
» Rien appris. De plus, je me pique,
» Lorsque je prononce un arrêt,
» D'employer le terme technique ;
» Car, je suis, grâce à Richelet [1],
» Savant par ordre alphabétique.
» Au reste, je vous avertis,
» Mon cher, que, par tous mes amis,
» Dans notre comité lyrique,
» Vous serez loué comme un dieu,
» Ou sifflé comme un misérable :
» Car avec nous point de milieu,
» L'on est divin ou détestable. »

Tandis que Midas débitait ces impertinences préliminaires, Pan, son favori, vint assister à son lever.

Pan était un seigneur voisin
Tel qu'on en voit encor, qui, dans leur territoire,
Sont renommés pour leurs chansons à boire,
Et leur talent pour chanter au lutrin.

[1] Auteur d'un dictionnaire.

Le roi, le voyant entrer, courut à sa rencontre, et prenant Apollon par la main : « Vous voyez, » dit-il, un rival que je vous présente. C'est vous » proposer une victoire de plus. Allons, messieurs, » le moment est favorable : voici mon barbier; je » suis à vous, commencez. »

Pan chanta le premier, et Midas manqua vingt fois de pâmer en l'écoutant. Il levait les yeux au ciel, frappait des pieds et des mains, et criait aussi fort que le chanteur.

>Tel un âne, près d'un buisson,
>Écoutant la voix de son frère;
>Enchanté de l'entendre braire,
>Avec lui brait à l'unisson.

Pan ayant heureusement fini, Apollon commençait à peine, que Midas l'interrompit en s'écriant :

>« Vous chantez comme on parle! Air mesquin, mauvais choix,
>» Petit genre... Où sont donc ces cadences perlées,
>» Ces grands éclats, ces ports de voix,
>» Et ces roulades martelées ? »

Puis, se tournant vers son favori, il ajouta avec un sourire protecteur :

>« C'est un jeune homme encor; mais s'il veut quelque temps
>» Étudier votre méthode,
>» Et suivre mes leçons, avant peu je prétends
>» Lui faire un sort, et le mettre à la mode. »

LETTRE XVI.

Midas parlait encore, lorsqu'il sentit éclore sous sa chevelure une paire d'oreilles longues et velues. Effrayé de ce prodige, Pan prit la fuite, et ne s'en vanta pas. Apollon se retira vengé, et le prince demeura seul avec son barbier, dont le génie officieux enveloppa d'une perruque ses oreilles miraculeuses. Midas exigea de lui la promesse d'un secret inviolable : le barbier lui en fit le serment; mais par malheur,

> On tait le bien, même le mal;
> Plusieurs femmes, dit-on, s'en sont fait un scrupule
> Dans les siècles passés; mais, par un sort fatal,
> L'homme qui sait le mieux cacher le vice, brûle
> De dévoiler le ridicule.

Le barbier, chargé du secret de son maître, ne put long-temps soutenir ce fardeau. Il alla creuser la terre dans un endroit écarté, et prononça ces mots en s'inclinant : « Le roi Midas a des » d'âne. » Ayant ensuite enterré son secret, il s'éloigna. Mais, peu de temps après, la terre produisit en cet endroit des roseaux qui, étant agités par le vent, répétaient entre eux : « Le roi Midas a des » oreilles d'âne. » Vous voyez que dans ce temps-là les secrets enfouis germaient et croissaient avec les plantes.

> S'il en était encor de même,
> Les roses de votre jardin,

Sous l'aile du zéphyr badin,
Diraient en naissant : Je vous aime.

Midas, désespéré de ne pouvoir plus garder l'incognito, alla chercher un asile à la cour de Bacchus. Celui-ci, pour le consoler, offrit de lui accorder la première grâce qu'il paraîtrait désirer. Ce prince aux longues oreilles demanda le privilége de changer en or tout ce qu'il toucherait.

Des modernes Midas en France
Tel est encore le grand mot :
De l'or!... Messieurs, en conscience,
Avec de l'or est-on moins sot?
En a-t-on moins d'impertinence?
Est-on moins dupe tous les jours
De Cupidon et de sa mère?
A-t-on mieux l'heureux don de plaire?
Est-on mieux fait pour les amours?
A-t-on les grâces du bel âge?
A-t-on l'estime? a-t-on l'honneur?
A-t-on de l'esprit et du cœur,
La délicatesse en partage?
Et, lorsque d'un limon grossier
Le ciel nous a pétri le crâne,
Avec tout l'or d'un financier
A-t-on moins des oreilles d'âne?

Midas, avant la fin du jour, se repentit de sa demande indiscrète : les alimens, en approchant de ses lèvres, se changeaient en or; et ce riche indigent se trouva bientôt menacé de la famine.

> Tel un vieux sous-fermier, par la goutte écloppé,
> Devant lui voit servir un repas délectable
> Sans oser y toucher; puis, se levant de table,
> Boit un grand verre d'eau quand chacun a soupé.

Bacchus, satisfait de lui avoir donné cette leçon, et touché de son repentir, lui ordonna, pour se délivrer de cette vertu fatale, de se baigner dans les eaux du Pactole. Ce fleuve, qui traverse la Lydie, roule depuis ce temps un sable d'or avec ses flots.

> Au bord d'une fontaine arrivant l'autre jour,
> Je vis nager sur l'eau deux beaux boutons de rose,
> Quelques feuilles de lis, puis encore autre chose
> Ressemblant à deux fruits jumeaux; puis tour à tour
> Des plumes, que je pris pour celles de l'Amour.
>   Me rappelant alors, belle Émilie,
> Que cette onde souvent caressa vos trésors,
>   Dans une tendre rêverie,
>   Je m'agenouillai sur ses bords,
>   Songeant au fleuve de Lydie.

P.-S. J'espérais vous parler des autres exploits d'Apollon, de son rappel à la cour céleste, de son aventure dans l'île de Rhodes, de ses temples, de ses prêtresses, de ses oracles; mais la fin des vacances amène celle de nos entretiens, et le plaisir de vous revoir va succéder à celui de vous écrire.

Le Sagittaire me rappelle
Sous les étendards de Thémis [1].
Heureux si je puis être admis
Dans le temple de l'immortelle!
Heureux si je puis exhaler
L'ardeur divine qui m'enflamme,
Et du feu dont brûle mon âme
Voir tous mes auditeurs brûler,
Et tous les yeux étinceler!
Armé du poids de l'éloquence,
Qu'il est glorieux d'étouffer
Et l'imposture et la licence!
Et qu'il est doux de triompher
Quand on combat pour l'innocence!
Rempli de cet espoir flatteur,
Ambitieux admirateur
De Paris, de Rome et d'Athènes,
Je vais, orateur écolier,
Suivre, applaudir, étudier
Gerbier, Cicéron, Démosthènes.
Quand je confesse à vos genoux
Ma défaite et votre victoire,
Que n'ai-je leur talent, et vous
Le cœur de leur auditoire!

[1] L'auteur entrait dans la carrière du barreau.

A ÉMILIE.

Au château de Lassigny, le 1er septembre 1787.

Autrefois, dans ces prés fleuris,
J'écrivais à celle que j'aime.
J'y reviens, mon cœur est le même;
Je vous aime, et je vous écris.

Je reprends ces métamorphoses
Dont le récit m'était si doux :
J'abandonne Thémis pour vous,
Et les épines pour les roses [1].

Ne cherchez point dans ce récit
L'esprit, le brillant, l'éloquence :
Je sens bien plus que je ne pense;
Quand j'ai dit, j'aime, j'ai tout dit.

Aimer est toute ma science;
Je n'appris, en suivant mon goût,
Qu'amitié, qu'amour et constance;
On ne peut pas apprendre tout.

---

[1] Allusion à un ouvrage de jurisprudence que l'auteur essayait alors.

A ÉMILIE.

Vous qui, par un art adorable,
Unissez la grâce au savoir,
Hélas! consolez-vous d'avoir
Un ami plus aimant qu'aimable.

L'esprit fait tort au sentiment.
Si j'avais l'esprit, Émilie,
Je ne serais que votre amant,
Vous ne seriez pas mon amie.

Si je devais à la nature
La beauté, l'éclat, la fraîcheur,
Je passerais comme une fleur;
Ce ne serait plus ma figure,
Et ce sera toujours mon cœur.

LETTRE XVII.

LE SERPENT PYTHON.

Tandis qu'Apollon étendait au loin l'empire des beaux-arts, la terreur et la désolation régnaient au pied du mont Parnasse. Junon, furieuse d'avoir vu Jupiter enfanter Minerve sans son secours, avait frappé la terre avec le poing; et de ce coup terrible était né le serpent Python. Ce monstre, depuis le départ d'Apollon, s'était établi au pied du mont Parnasse, sur les rivages du fleuve Céphise, et ravageait ces aimables contrées.

A cette nouvelle, le frère des Muses, quittant ses sœurs et la cour de Bacchus, remonte sur son fidèle Pégase, vole, arrive, combat le monstre, et le fait expirer sous ses traits.

Cette victoire fut célébrée dans toute la Grèce, et mit le comble à la gloire d'Apollon. On institua en son honneur les jeux pythiens. Ils étaient à peu près semblables aux jeux olympiques; mais le génie y partageait les couronnes avec la force et l'adresse. Ces couronnes furent d'abord composées de branches de chêne; mais, depuis la métamorphose de

Daphné, elles furent faites de branches de laurier. Il y avait un concours de danse, de musique et de poésie. Ces paisibles combats se renouvelaient chaque jour. Le dieu des beaux-arts y présidait assis sur un trône de verdure. Il animait les accens des bergers et les grâces des bergères, et faisait renaître sous leurs pas les fleurs et les plaisirs de l'âge d'or.

En sortant de ces aimables assemblées, les couples heureux se dispersaient dans les bois voisins et sur le penchant des montagnes. L'Hymen les égarait dans ces doux labyrinthes; et, durant le calme de la nuit, on entendait les échos soupirer, et les antres murmurer tendrement.

Le bonheur n'est souvent durable qu'autant qu'il est ignoré. Bientôt la Renommée publia celui d'Apollon et de ses bergers. Les dieux mêmes en furent jaloux, et rappelèrent Apollon dans l'Olympe. Le fils de Latone regretta son exil comme on regrette sa patrie. Hélas! s'écriait-il en versant des larmes amères,

« Faut-il vous quitter pour toujours,
» Doux asile, aimable verdure,
» Où, loin du tumulte des cours,
» La liberté filait mes jours
» Entre les arts et la nature!
» Bois où j'aimais à respirer
» La paix et la fraîcheur de l'ombre :

LE SERPENT PYTHON.

» Antre mystérieux et sombre,
» Où mon cœur venait soupirer,
» Où je goûtais avec ivresse
» L'amertume de la tendresse,
» Et la volupté de pleurer.

» Nymphes de ces bois, de ces plaines,
» Oubliez mes jeunes erreurs;
» Vous, naïades de ces fontaines,
» Vous dont je fis couler les pleurs
» Sur les beautés du voisinage,
» Pardonnez-moi! je fus volage;
» Je maltraitai de tendres cœurs;
» La cour avait gâté mes mœurs;
» Mais, dans cet heureux coin du monde,
» Loin des intrigues de la cour,
» Belles naïades, mon amour
» Devenait pur comme votre onde;
» Et je vous dois la volupté
» D'avoir goûté le bien suprême
» Au sein de la fidélité
» Dont je ne m'étais pas douté.

» Pasteurs que je quitte et que j'aime,
» En voyant mon char radieux
» Ouvrir ou finir sa carrière,
» Songez que j'ai sur vous les yeux,
» Et que votre ami vous éclaire.
» Oui, plus que tous les autres lieux,
» Ces lieux sauront toujours me plaire;

» J'y prodiguerai ma lumière
» Et mes dons les plus précieux.
» J'y ferai germer le génie :
» Des sages et des demi-dieux
» La Grèce sera la patrie.
» Adieu, mes amis, je vous prie
» De veiller sur mes pauvres sœurs [1].
» Toujours plus jeunes et plus belles,
» L'essaim de leurs adorateurs
» Fourmillera toujours près d'elles.
» Qu'elles essuîront de fadeurs,
» De dégoûts, d'ennuis, de froideurs!
» Que je les plains d'être immortelles!...
» Adieu; de l'empire du jour
» Sur vous je veillerai sans cesse;
» N'oubliez jamais ma tendresse,
» Et conservez-moi votre amour. »

A ces mots, le fils de Latone s'éleva sur un nuage, et disparut.

Les pasteurs, qui avaient goûté les charmes de sa société, en sentirent mieux tout le prix après l'avoir perdue, et leurs regrets furent encore plus tendres que n'avait été leur amitié. Bientôt ils adressèrent leurs hommages à l'ami qu'ils avaient dans l'Olympe. Ils lui élevèrent des temples, et s'y assemblèrent pour chanter ses louanges. Apollon n'était plus sur la terre, mais il était dans le cœur de tous

[1] Les Muses.

LE SERPENT PYTHON.

ceux qui l'avaient habitée avec lui. Cette idée est douce pour les vrais amis. Ne vous serait-elle pas venue quelquefois, Émilie? et même, en ce moment,

> Exilée au sein de Paris,
> Loin du riant séjour de Pomone et de Flore,
> Ne songeriez-vous pas qu'avec le plus soumis,
> Le plus tendre de vos amis,
> Secrètement vous habitez encore
> La retraite où je vous écris?

LETTRE XVIII.

ORACLES D'APOLLON.

De tous les dieux de l'antiquité, Apollon est peut-être celui dont le culte a été le plus étendu. On appelait *pæans* les hymnes que l'on chantait en son honneur, parce qu'ils commençaient ordinairement par ces deux mots : *Io Pæan*[1]. Ces paroles étaient consacrées pour rappeler la victoire qu'Apollon avait remportée sur le monstre Python. Les témoins de ce terrible combat lui criaient sans cesse : *Allons, frappe ! lance tes traits !* Et dans la suite, après chaque victoire, ce refrain devint un cri d'allégresse. On immolait ordinairement sur les autels d'Apollon un taureau blanc ou un agneau. On ajoutait à ces sacrifices des libations d'huile et de lait : celles-ci, en mémoire du temps où il gardait les troupeaux ; celles-là, parce que l'olivier, fidèle au dieu du jour, ne se plaît que dans les lieux vivifiés par sa présence.

On présentait encore sur ses autels le corbeau,

---

[1] Ou ἰὼ Παιάν.

qui, comme Apollon, lisant dans l'avenir, nous annonce, dit-on, les arrêts des Destinées; l'aigle, qui d'un œil audacieux fixe le soleil dans tout son éclat; le coq, dont le cri matinal célèbre son retour; et la cigale, qui chante les beaux jours de son empire.

Le dieu était représenté sous la figure d'un jeune homme sans barbe, les cheveux blonds et flottans, et le front ceint de laurier. Il tenait de la main droite un arc et des traits; de la gauche, une lyre à sept cordes, emblème des sept planètes dont il entretient la céleste harmonie. Quelquefois il portait un bouclier, comme protecteur des humains, et présentait les trois Grâces, qui animent le Génie et les Beaux-Arts. On mettait un cygne à ses pieds. Cet oiseau lui était consacré à cause de la manière tendre et mélodieuse dont il chante sa mort prochaine, comme si le terme de l'existence était l'époque du bonheur.

Ainsi que lui, belle Émilie,
Quand la fièvre brûlait la fleur de mes beaux jours,
Loin de vous, je chantais d'une voix affaiblie
Le moment où j'allais épuiser pour toujours
  La coupe amère de la vie.
Mais quand je vous revis, quand, près des sombres bords,
  Aux charmes de votre présence,
A vos doux entretiens, à vos tendres accords,
  Même aux tourmens de votre absence,
  Je comparai le froid silence,

LETTRE XVIII.

> Et l'éternelle indifférence,
> Et le bonheur glacé de l'empire des morts,
> L'Amour sait avec quels transports
> Je chantai ma convalescence !

Je ne vous parlerai point du nombre infini des temples d'Apollon, et des fêtes multipliées qu'on célébrait en son honneur. Remerciez-moi de vous sauver ces détails ; car vous savez mieux qu'une autre,

> Que d'un peuple d'adorateurs
> Si les hommages sont flatteurs,
> En revanche rien n'est plus triste
> Que la lecture de la liste.

Les temples les plus célèbres d'Apollon furent celui de Délos, lieu de sa naissance, où Thésée établit dans la suite les jeux pythiens ; celui du mont Soracte, dont les prêtres traversaient nu-pieds des brasiers ardens ; et celui de Delphes, où les adolescens lui offraient leur chevelure. C'était là surtout qu'Apollon rendait ses oracles par l'organe de la Sibylle.

Beaucoup de philosophes se sont creusé inutilement le cerveau pour expliquer les convulsions et les prétendues inspirations de cette prêtresse. Ils ont épuisé à ce sujet toutes les conjectures physiques et morales. Quelques uns même, témoins de l'accomplissement de ses prédictions, ont prétendu que le diable était de la partie, qu'il s'introduisait dans le corps de la devineresse, et qu'après l'avoir fait tomber en syncope, il lui dévoilait l'avenir. Vous voyez, Émilie, que ces messieurs ont fait de la Sibylle une possédée.

Sans prétendre attaquer des opinions aussi respectables, voici la mienne en peu de mots : ceux qui étaient intéressés dans le produit des offrandes avaient prudemment choisi une femme pour prononcer les oracles. Deux motifs avaient déterminé ce choix : le double sens nécessaire aux prédictions, et les convulsions dont il fallait les accompagner. Cette espèce d'extase, qui figurait aux spectateurs l'inspiration du dieu, était essentielle pour fortifier la crédulité. Or,

> Qui sait mourir mieux qu'une belle ?
> Qui sait ressusciter mieux qu'elle ?
> Qui sait mieux suffoquer, pâlir,
> Baisser sa mourante prunelle,
> Palpiter, chanceler, faiblir,
> Tomber, enfin s'évanouir ?

Le sexe de l'oracle explique donc suffisamment les prétendus symptômes de ces inspirations.

Quant aux prédictions, le merveilleux consistait à leur donner toujours un sens équivoque, en sorte que l'évènement favorable ou contraire se trouvât nécessairement d'accord avec la prophétie.

Or qui jamais posséda mieux
Les équivoques, la magie,
Et le dédale insidieux
De l'adroite amphibologie?
Qui jamais sut avec plus d'art
Peser la crainte et l'espérance,
Donner double face au hasard,
Déguiser même l'évidence,
Et surtout sauver l'apparence?
Qui sut mieux, en dépit du sort,
Avoir raison et donner tort,
Que ces tendres enchanteresses
Qu'Amour fit pour nous obéir,
Nous ensorceler, nous trahir,
Nous enivrer par leurs caresses;
Nous tromper au sein du bonheur,
En prolonger la douce erreur
Jusques au terme de la vie,
Et, pour finir la comédie,
En sanglotant, fermer les yeux
De l'homme abusé, mais heureux?

D'après ce raisonnement fondé sur l'expérience, il est aisé de se convaincre que toute la sorcellerie de la Sibylle se réduisait au talent naturel de jouer les convulsions et de modifier la vérité.

Je pourrais, à ce propos, vous détailler les superstitions de la crédule antiquité.

Je vous y tracerais de la bonne aventure,
Chez nos premiers aïeux, le règne florissant;

Et vous ririez de voir que la mère Nature
A radoté presque en naissant.

On devinait alors par le feu, l'eau, les simples, les entrailles des victimes, les cercles, les calculs, les lignes de la main, et par la physionomie. Cette dernière science nous est parvenue, et s'est perfectionnée de nos jours. On a cessé de lire dans les traits du visage les évènemens futurs, mais on s'est appliqué à y démêler les nuances du caractère. Cette étude est souvent attachante; et j'ai remarqué qu'il y a des physionomies qu'on ne se lasse point d'étudier; aussi la vôtre m'a-t-elle rendu physionomiste; et tous les jours, en la détaillant, je me dis, à peu près dans le style de Lavater [1] :

Je vois dans ce regard timide
Un cœur qui voudrait, en aimant,
Que son ami fût son amant,
Et que son amant fût son guide.

[1] Auteur célèbre qui a écrit sur les physionomies [*]. La sienne, qui est gravée dans son recueil, porte l'empreinte de l'esprit et de la finesse que l'on trouve à chaque ligne de l'ouvrage. Cet argument est, je crois, le plus favorable au système de l'auteur.

[*] Voici une anecdote très peu connue sur ce fameux physionomiste. Durant les succès militaires du général Moreau, il voulut voir Lavater, et l'admit à un dîner qu'il donnait à ses principaux officiers; Moreau montrait quelque scepticisme touchant la science de son convive, et, se proposant de l'embarrasser, il lui demanda brusquement, au dessert, ce qu'il

Sur ce front siège la candeur.
Quand il rougit, la modestie
Cache le trône du génie
Sous les roses de la pudeur.

Cette bouche où l'Amour se joue,
Et semble appeler le baiser,
Lui défend de s'y reposer,
Et l'exile sur chaque joue,
Sans qu'il ose même approcher
Des fossettes que le sourire
Creuse en jouant, pour se nicher
Sur les confins de son empire.

Ce nez, qui ressemble si bien
Au nez divin de la sultane
Qui donna, quoiqu'il fût chrétien
Des lois à la cour ottomane,
Fait redire à plus d'un amant :
« Elle aurait été Roxelane,
» Si j'avais été Soliman. »

Revenons à la Sibylle : on l'appelait souvent la Pythonisse, parce qu'elle s'asseyait, pour rendre

pensait de sa physionomie. Le docteur de Zurich hésitait à répondre, le général insista ; Lavater se défendit encore. Enfin, interpellé d'un ton impérieux, il répondit : « Vous le voulez ; j'obéis : Eh bien ! général, je » pense que, depuis le front jusqu'à la lèvre supérieure, vos traits sont » ceux d'un grand homme; mais que vous avez le bas du visage d'une » commère. » Toutes les personnes qui ont connu le vainqueur de Hohenlinden conviendront que ce peu de mots peignait admirablement son caractère. *Note de l'Éditeur.*

ses oracles, sur la peau du serpent Python. Cette peau couvrait un trépied d'or massif qui avait été trouvé dans la mer par des pêcheurs. Ceux-ci, après s'en être disputé la possession, convinrent de consulter l'oracle, qui leur ordonna d'offrir le trépied à l'homme le plus sage de toute la Grèce. Les pêcheurs le présentèrent à Thalès. Ce philosophe joignait aux sciences de la géométrie, de la physique et de l'astronomie, une étude profonde de la morale, et disait que, de toutes les connaissances humaines, la plus difficile était celle de soi-même. Thalès envoya le trépied à Bias, qu'il regardait comme plus sage que lui. Bias était en effet un trésor de sciences et de vertus. Ce fut lui qui, dans l'instant où les ennemis emportaient d'assaut Priène, sa patrie, averti de sauver promptement ses richesses, répondit en s'éloignant : *J'emporte tout avec moi.* Malgré la vanité que vous trouverez peut-être dans cette réponse, Bias eut la modestie d'envoyer le trépied à Pittacus, qui le fit passer à Cléobule, et celui-ci à Périandre. Je ne vous dirai rien de particulier sur ces trois philosophes ; ils furent sages ; voilà leur histoire. Périandre offrit le trépied à Solon, qui faisait consister la vraie richesse dans la vertu, seul trésor que le temps ni la fortune ne peuvent altérer. Solon refusa le trépied, le fit offrir à Chilon, dont la philosophie se bornait au simple nécessaire, et dont la maxime était : *Rien de trop*. Le trépied, après avoir ainsi passé par les mains des sept Sages, revint à Thalès, qui le déposa dans le temple d'Apollon, où il fut consacré au service de la Sibylle.

Telles étaient les mœurs des sages de la Grèce. Quand on se rappelle les beaux siècles où florissait cette heureuse contrée, l'attendrissement et l'admiration se partagent entre les vertus et les grâces qui germaient dans son sein, et que la barbarie en a depuis si long-temps exilées !

On rapporte à ce sujet, Émilie, un procès depuis long-temps indécis, et qu'il ne tiendrait qu'à vous de terminer.

Minerve, au divin comité,
Plaide avec la reine des belles;
Car la Sagesse et la Beauté
Sont rarement d'accord entre elles.

Comme elles sont femmes, je crois
Pouvoir me passer de vous dire
Qu'il s'agit entre elles des droits
Et des bornes de leur empire.

Minerve présente à la fois
Sept sages que la Grèce encense;
Et Vénus met pour contre-poids
Les trois Grâces dans la balance.

Ce nombre étant fort inégal,
L'Amour, dit-on, craint pour sa mère.

Qu'il vous présente au tribunal,
Et je réponds de son affaire.

Près d'un si séduisant minois,
Vénus va dans son apanage
Avoir mille Grâces pour trois ;
Minerve n'aura plus un sage.

LETTRE XIX.

PHILOSOPHIE.

Je vous ai parlé, belle Émilie, des philosophes de l'antiquité; et comme vous ne voulez rien apprendre à demi, vous me demandez ce que c'est que la philosophie. La réponse à cette question n'est pas aussi facile que vous pouvez l'imaginer;

> Et mon esprit en ce moment,
> Aussi-bien que mon cœur, sent, par expérience,
> Qu'avec vous un engagement
> Mène plus loin que l'on ne pense.

La philosophie était autrefois l'art de bien vivre, et le titre de philosophe était le synonyme de sage et d'heureux. Cette philosophie était générale et constante. Elle variait souvent dans sa marche; mais elle marchait toujours au but où la sagesse et le bonheur l'attendaient.

Aujourd'hui nous avons changé tout cela: la philosophie à la mode est fondée sur des principes particuliers que chacun se forge à son gré, avec la liberté d'en changer au moindre revers d'amour ou de fortune, ou du moins au premier accès de vapeurs (car plus de philosophes sans vapeurs); de manière qu'il existe autant de philosophies diverses que de philosophes du bon ton, et que souvent chacun de ceux-ci adopte, réforme et rétablit la sienne deux ou trois fois par jour; ce qui naturellement nous fait tomber dans l'infini. Telle est parmi nous la philosophie pratique.

Quant à la philosophie élémentaire, habitante du pays latin [1], depuis long-temps elle n'a pas changé; et c'est tant pis pour elle. Ses noirs sectateurs la nourrissent de subtilités et d'hypothèses, alimens peu substantiels à tous égards : aussi devient-elle insensiblement pareille à la nymphe Écho, dont il ne nous reste plus que la voix.

> C'est une femme à face blême,
> Qui, plus maigre qu'un pénitent
> Vers les derniers jours de carême,
> S'en va nuit et jour ergotant,
> Et fagotant quelque système
> Qu'on n'entend pas, et que souvent
> Elle n'entend pas elle-même.
>
> L'aîné de ses tristes enfans,
> Le symétrique syllogisme,

[1] Heureusement ce monstre pédantesque est, depuis quelques années, exilé des rives de la Seine, et son portrait n'est ici conservé que pour en donner le signalement à la jeunesse, intéressée à perpétuer son exil.

LETTRE XIX.

Est suivi, la plupart du temps,
De l'indéchiffrable sophisme.
Ces deux monstres argumentans
Traînent longuement à leur suite
Les éternels raisonnemens,
Et la kirielle maudite
Des axiomes des pédans,
Capables seuls de mettre en fuite
Ceux qui du goût et du bon sens
Sont un tant soit peu partisans.

Vous connaissez, belle Émilie,
Ces grilles, ces sombres réduits [1]
Où l'on sacrifie aux ennuis
Les plus beaux jours de notre vie;
Où l'art rétrécit notre esprit,
Où l'on martyrise l'enfance,
Où la servitude flétrit
Les roses de l'adolescence.
Là, dans un temple ténébreux,
Tapissé de lambeaux poudreux
De longs argumens et de thèses,
Dès que l'aube blanchit les cieux,
Siège un pontife radieux,
Fourré d'hermine et d'hypothèses.
Il parle... Il se tait... Qu'a-t-il dit?
On l'ignore, et l'on applaudit.
Soudain la voûte retentit
Des pointilleuses périphrases

---

[1] Les colléges.

PHILOSOPHIE.

De tous nos jeunes prestolets,
Et de tous nos petits-collets
Entortillés de grandes phrases;
De tous nos fades damerets,
Fabricateurs à peu de frais
De calembourgs et d'épigrammes;
De nos importans freluquets,
Confidens musqués de nos dames,
Leurs écuyers et leurs valets;
Souvent aussi de ces vieux crânes,
Qui, toujours parmi les tombeaux
Des auteurs anciens et nouveaux,
Dont ils vont évoquer les mânes,
Ont embarrassé leurs cerveaux
De l'immense et sombre chaos
Des écrits sacrés et profanes;
Enfin de mille sots divers,
Qui, portant sur tout leur sentence,
D'un air bouffi de suffisance,
Jugent doctement de travers,
Et, prenant un ton d'empirique,
Avec leur grec et leur latin,
Prétendent prouver sans réplique
Qu'il est soir quand il est matin.
Si l'un de ces jours où vos charmes,
Après une douce langueur,
Brillent comme la tendre fleur
Qu'Aurore baigne de ses larmes,
Je disais en vous présentant
A cette honorable assistance :

LETTRE XIX.

« Messieurs, parmi vous l'on prétend
» Qu'ici-bas tout n'est qu'apparence[1],
» *Doncques* la beauté purement
» Est un songe, une bagatelle :
» Eh bien ! je soutiens hardiment
» Qu'elle existe réellement ;
» Et vous voyez mon argument. »
A ces mots, la docte séquelle
Viendrait avec sa kyrielle
D'*atqui*, d'*ergo*, d'*et cœtera*,
Argumenter *in barbara* [2]
Contre l'*existence reelle*
Et l'éclat de votre beauté.
En vain leur sophisme effronté
N'en soutiendrait pas la présence ;
Tout en se jetant à vos pieds,
Ils en niraient la conséquence.
Mais, d'après cette expérience,
Les argumens estropiés
Tomberaient fort en décadence ;
Et vos prosélytes, vainqueurs
Par la raison démonstrative,
Craindraient peu que ces noirs ligueurs
Se tinssent sur la défensive ;
Car l'Amour, de ses traits charmans,
Criblerait les raisonnemens

---

[1] Les pyrrhoniens, dont on discutait encore ici les rêveries à la fin de notre siècle, doutaient de tout, même de leur existence.

[2] Formule d'argument ridicule et pédantesque.

PHILOSOPHIE.

Et les cœurs de nos philosophes,
Qui, bientôt terrassés, vaincus,
Et de sophisme convaincus
Par leurs fréquentes catastrophes,
Viendraient tous, en moins de deux jours,
Prendre l'écharpe des Amours¹.
Ah! que notre secte, Émilie,
L'emporterait en peu d'instans!
Qu'elle brillerait aux dépens
De l'antique philosophie!
Fleurs d'amour et fruit du génie
S'y cueilleraient en même temps.
Ah! de cette secte chérie
Je voudrais être le Platon,
Et l'Aristote et le Solon.
Vous seriez ma philosophie;
Et bientôt j'aurais surpassé
Les Socrate, les Aristippe,
Et les Bias, et les Xantippe,
Si célèbres au temps passé.

Nous dicterions une morale
Que les cœurs suivraient aisément.
Nous poserions pour fondement
Concorde, humeur toujours égale;
Proscrivant éternellement
Tout système, toute cabale;
Permettant sans difficulté,

---

¹ On sait que les ligueurs et les royalistes se distinguaient par des écharpes de différentes couleurs.

LETTRE XIX.

Comme ne pouvant la défendre
Sans offenser notre équité,
Cette voix timide et si tendre,
Qui, ne s'élevant qu'à moitié,
Se fait pourtant bien mieux entendre
Que les discours de l'amitié...
Vous le voyez, belle Émilie,
Mes principes sont assez doux;
Adoptez-les : que risquez-vous
D'essayer ma philosophie?

LETTRE XX.

LES PIÉRIDES, DEUCALION ET PYRRHA.

Nous avons laissé les Muses à la cour de Bacchus : leur sort vous inquiète sans doute :

Votre crainte est bien naturelle.
Je soupçonne entre vous un peu d'affinité,
Et même de fraternité :
Je vais donc rassurer l'amitié fraternelle.

A peine Apollon avait-il quitté la cour de Bacchus, que l'on y vit arriver, au milieu d'un brillant cortége, les neuf filles de Piérus, roi de Macédoine. Elles avaient traversé toute la Thessalie et une partie de la Grèce pour venir disputer aux Muses le prix du chant. Si vous êtes vaincues, leur dirent-elles, vous nous céderez le mont Parnasse et les bords fleuris de l'Hippocrène ; si la victoire est à vous, nous vous abandonnerons les riantes vallées de la Thessalie, et nous fuirons sur les montagnes de la Thrace. Les Muses, indignées, acceptèrent le défi, et leurs rivales commencèrent.

Elles chantèrent d'abord le combat des dieux

contre les Titans, et attribuèrent à ceux-ci la victoire; puis elles célébrèrent en équivoques la chronique galante des aventures du jour, et finirent par des pastorales en vaudevilles.

 Ce n'était point cette mâle harmonie,
Ni ces nobles élans, ni cette majesté,
  Qui transportent l'âme ravie
  Au sein de la Divinité.
 Ce n'était point cette vive gaîté,
Qui sème en voltigeant le sel de la satire;
 Ce n'était point cette ingénuité
  D'une bergère qui soupire,
  Et dont les pleurs nous font sourire
  De tendresse et de volupté.
C'étaient, comme aujourd'hui, des morceaux d'épinette,
  Découpés, brodés, précieux,
  Des calembours délicieux;
 Et le combat des dieux était une ariette.

Aussi les femmes à la mode trouvèrent-elles tout cela d'un goût exquis, et eurent-elles un plaisir inimaginable à l'entendre.

Lorsque les filles de Piérus eurent fini leurs chants, Calliope se chargea seule de leur répondre. Elle célébra d'abord la puissance féconde du maître de l'univers, qui d'un souffle anime tous les êtres, et d'un regard les plonge dans le néant: puis elle chanta l'aventure de Deucalion et de Pyrrha.

« Jupiter, indigné des crimes des hommes, avait
» changé la terre en une mer immense, et le genre
» humain n'était plus. Les plus hautes montagnes
» avaient caché leur cime. Une seule élevait encore
» sa tête au-dessus des flots; c'était le mont Par-
» nasse, situé entre l'Attique et la Béotie.

» Sur cette plaine vaste et liquide, parmi les
» hommes, les arbres et les animaux flottans, vo-
» guait une frêle barque, jouet des aquilons et des
» ondes. Elle portait un couple heureux et respec-
» table, et la Vertu se sauvait du naufrage avec
» Deucalion et Pyrrha. Le souffle des vents, ou
» plutôt celui de l'Éternel, les porta vers le som-
» met du mont Parnasse. Ce fut là qu'ils abordèrent
» en tremblant, et que, promenant au loin la vue,
» ils considérèrent avec effroi le vaste tombeau du
» genre humain.

» Cependant les eaux décroissaient, et l'on dé-
» couvrait déjà les montagnes, les collines et les
» plaines élevées; mais partout la nature était morte,
» et le silence habitait seul dans l'univers.

» Deucalion, tendant les bras à son épouse : O
» ma bien-aimée, lui dit-il, qu'allons-nous devenir?
» Nous voilà seuls au monde! Hélas! si le flambeau
» de l'amour brûlait encore pour nous, ce désert
» verrait un jour de nouveaux habitans; et nous
» aurions quelqu'un pour nous fermer les yeux.
» Mais la vieillesse a glacé nos sens, et je ne prévois

» plus que la solitude et la mort. En parlant ainsi,
» les époux s'approchaient lentement d'un temple
» où Thémis rendait ses oracles : là, s'appuyant sur
» les bras l'un de l'autre, ils se prosternent ensem-
» ble, et courbent leurs têtes blanchies au pied du
» sanctuaire. Tout-à-coup la voûte s'ébranle, et le
» couple vénérable frémit en entendant ces pa-
» roles : *Sortez du temple, voilez-vous le visage, et
» jetez derrière vous les os de votre mère.* A ces
» mots, Deucalion, l'ami des dieux, interprétant
» leur volonté, couvre d'un voile sa tête et celle de
» son épouse. Ils traversent ensemble de vastes dé-
» serts, et jettent derrière eux les pierres qui sor-
» tent du sein de la terre, notre mère commune.
» Soudain ces pierres, semblables au marbre que
» l'artiste a dégrossi, prennent par degrés une figure
» humaine. Bientôt leurs traits se perfectionnent,
» leurs yeux brillent, leur teint s'anime, leurs mem-
» bres s'agitent, ils vont marcher... ils marchent!
» Jupiter leur dit *vivez*, et ils vivent. »

Calliope eut à peine fini, que la victoire lui fut décernée d'une voix unanime. Les filles de Piérus éclatèrent alors en murmures : mais tout-à-coup leur corps se couvrit de plumes noires et blanches, et elles furent changées en pies. Ce châtiment ne réprima ni leurs plaintes ni leur babil;

Car, depuis leur métamorphose,
Elles ont conservé leur volubilité,

Et le talent, si cher à la beauté,
De dire en bien des mots rien ou très peu de chose.

Les Muses, après cette victoire, retournèrent sur le mont Parnasse, et vécurent long-temps dans une paisible intimité. Souvent elles parcouraient ensemble le sacré vallon où serpentent les eaux d'Hippocrène. Là elles rencontraient leurs jeunes élèves cueillant des fleurs, et les encourageaient à gravir la double colline.

Un jour, s'étant éloignées de leur demeure, la pluie les surprit, et elles cherchèrent un asile. Le tyran Pyrénée, établi depuis peu dans la Phocide, vint à leur rencontre, et leur offrit une retraite dans son palais. Les Muses l'acceptèrent; mais à peine y furent-elles entrées, que le tyran fit fermer les portes, et voulut leur faire violence. Aussitôt les neuf Sœurs prirent des ailes et s'envolèrent. Pyrénée, pour les atteindre, monta sur une tour élevée; mais, en s'élançant après elles, il tomba, et fut brisé dans sa chute. La fable ne nous dit pas ce que devinrent alors les Muses fugitives. On présume qu'elles ont parcouru depuis ce temps les plus belles contrées de l'univers, et j'adopte volontiers cette opinion; car j'ai toujours soupçonné que nous en avions plusieurs sur les rives de la Seine.

Il serait même assez plaisant
Que, vous parlant de ces doctes pucelles,

Je racontasse innocemment
Leur histoire à l'une d'entre elles.

Malgré la vie errante des Muses, on assure qu'elles conservèrent précieusement leur virginité. Quelques détracteurs ont écrit, à la vérité, que plusieurs avaient été mères. Ils ont avancé hardiment que Rhésus était fils de Terpsichore; Linus, de Clio; et le divin Orphée, de Calliope. Ils ont aussi ajouté qu'Arion et Pindare étaient aussi enfans des Muses. Mais ces prétendues filiations sont purement morales. Un poète était-il inspiré par une Muse; on disait d'abord qu'elle l'avait adopté; puis on répétait qu'il était son fils; puis les femmes charitables soupçonnaient que cela pouvait être; puis les femmes discrètes publiaient que cela était : elles le tenaient de bonne part, elles en avaient des preuves; elles l'avaient vu, elles l'auraient juré!... elles le juraient, et l'on écrivait sur leur parole.

Au reste, ces faux bruits portèrent si peu d'atteinte à la réputation des Muses, qu'elles eurent toujours une foule d'adorateurs. Plusieurs passèrent leur vie entière à les chercher inutilement, et moururent d'amour pour ces *dames invisibles*[1]. D'autres, sans les connaître, affrontèrent, pour leur plaire, les plus grands périls, et poussèrent l'héroïsme jusqu'à la témérité.

[1] *Voyez* l'ingénieux roman de Don Quichotte.

Plus d'un preux chevalier, sans casque, sans armure,
　　Mais d'un triple orgueil cuirassé,
　　Et d'un noble amour embrasé,
Sur leur coursier fougueux, tenta mainte aventure;
　　Et, depuis sa déconfiture,
　　Mérita d'être baptisé
Le *chevalier de la triste figure*[1].

Les convives recherchaient aussi les faveurs et la société des neuf Sœurs. Ils commençaient leurs festins par une libation en l'honneur des Grâces, et les finissaient en buvant aux Muses. Partout on leur élevait des autels et des statues. Elles étaient représentées assises à l'ombre d'un laurier, et se tenant toutes par la main. Leur front était couronné de palmes, et chacune d'elles portait les attributs de l'art auquel elle présidait.

Les Romains leur avaient élevé un temple où les poètes lisaient publiquement leurs ouvrages. Ils leur avaient aussi consacré un autre monument; c'était la fontaine des Muses. Mais ce qui vous étonnera sans doute, cette fontaine était auprès du temple de la Fortune. Quel contraste dans ce voisinage! les voisins furent long-temps sans se connaître. Enfin, sous le règne d'Auguste[2], les prêtres

---

[1] *Voyez* Don Quichotte.

[2] Auguste et Mécène protégèrent et enrichirent Horace et Virgile. Cependant les protecteurs y gagnèrent plus que les protégés.

du temple en ouvrirent les portes aux gardiens de la fontaine, et ceux-ci permirent aux prêtres d'y venir puiser quelquefois.

Depuis ce temps les sœurs d'Apollon furent accueillies à la cour, et leurs favoris devinrent les amis des rois. Mais, tandis que les Muses brillaient auprès du trône, souvent elles s'échappaient pour aller dans la retraite consoler les affligés. Là elles gémissaient avec Ovide, et soupiraient avec Tibulle, comme autrefois elles avaient pleuré avec Sapho. Elles ont conservé jusqu'à nos jours cette sensibilité secourable, et quelquefois j'en fais moi-même la douce expérience.

Dans ces momens où la mélancolie
 Étend son voile sur les jours.
 Que je passe loin d'Émilie;
Quand j'aime à m'égarer dans les sombres détours
 Des bois où gémit Philomèle;
 Quand mon cœur gémit avec elle,
 Ma Muse vient à mon secours.
 « Vous êtes loin de votre amie,
» Me dit-elle; je viens soupirer vos douleurs.
 » Il est doux de verser des pleurs
 » Quand on pleure par sympathie. »
Ah! si je l'en croyais!... Mais souvent l'amitié,
 Pour nous consoler, nous abuse.
A qui donc se fier? Dites-moi, par pitié,
 Dois-je me fier à ma Muse?

LETTRE XXI.

PHAÉTON.

Adoré des hommes, chéri des dieux, favorisé des déesses, Apollon se voyait au comble de la gloire et de la félicité; mais il était père, et les alarmes ne sont jamais loin d'un cœur paternel.

Au milieu de son brillant palais, entouré des Saisons et des Heures, il voit d'un pas tremblant approcher un jeune mortel qui détourne ses regards éblouis, et baisse à son aspect un front respectueux. Tandis que le dieu du jour admire avec une émotion secrète ces traits charmans qui ne lui sont pas inconnus, l'adolescent se prosterne au pied du trône; et, d'une voix entrecoupée de sanglots, il s'écrie : O mon père!...

A ce mot, Phœbus se troubla;
Mais il se trouvait fort en peine :
A qui dois-je cet enfant-là ?
Est-ce à Leucothoé, Clytie, ou bien Clymène,
Ou tant d'autres? Quel embarras!
Je sens bien que je suis son père;

Mais décemment je ne puis pas
Lui demander quelle est sa mère.

« Souffriras-tu, poursuivit le fils inconnu, qu'un
» jeune audacieux outrage impunément ton épouse
» chérie?... — Laquelle? se disait Apollon. — Et
» fidèle, ajoutait le suppliant. » Le dieu du jour n'y
était plus.

Cependant le jeune homme, essuyant ses larmes,
continua d'un voix plus assurée : « Épaphus, né de
» la nymphe Io, se prétend fils de Jupiter. Je ne lui
» conteste point cette illustre origine; et le témé-
» raire nie insolemment que je te doive le jour, et
» qu'Apollon soit l'époux de Clymène...

» — De Clymène! Oui, mon fils, je les ai reconnus,
» Ces traits dont la douceur me rappelle ta mère.
» — Si sa mémoire vous est chère,
» Sa prière et mes vœux seront-ils entendus?
» — Ah! parle; et, quel que soit le sujet qui t'amène,
» Je jure par le Styx, mon fils, de t'accorder
» Ce que tu vas me demander.
» Apollon ne sait rien refuser à Clymène.
» — Pour convaincre à jamais les mortels envieux
» Que du maître du jour j'ai reçu la lumière,
» Mon père, sur ton char laisse-moi dans les cieux
» Parcourir ton immense et brillante carrière.
» — Eh! qui vous a donné ce conseil téméraire?
» — Clymène. — Écoutez-vous les vœux ambitieux
» Qu'enfante l'orgueil d'une mère?

» Et l'amour maternel n'a-t-il pas sur les yeux
» Un bandeau plus épais que celui de son frère?
» Faible mortel, des cieux connais-tu le chemin?
» Pourras-tu diriger d'une main intrépide
» Mes coursiers gravissant le sentier du matin,
» Et descendant le soir, d'une course rapide,
» Cette vallée immense où, dans le sein des mers,
» Amphitrite m'attend au bout de l'univers?

» Ouvre les yeux; renonce à ce projet funeste;
» Vois les monstres épars sous la voûte céleste.
» Comment braveras-tu le Lion rugissant,
   » Et l'Écrevisse aux serres menaçantes,
    » Et l'Hydre aux têtes renaissantes?
» Le Taureau furieux, le Bélier bondissant,
» Le Sagittaire armé d'un trait inévitable,
» Le Scorpion livide et gonflé de poison,
» Le Verseau de son urne inondant l'horizon,
   » Le Capricorne épouvantable,
» Dont le front surmonté d'un sinistre croissant
» Fait frémir des époux le peuple pâlissant! »

Ces raisons, jointes à la persuasion paternelle, auraient sans doute détourné Phaéton de son projet, si Clymène, en élevant son fils, ne lui eût transmis une certaine ténacité que les hommes appellent de l'entêtement, et les femmes du caractère.

Le caractère du fils triompha de la raison du père. Le dieu du jour appelle en soupirant les Heures matinales. Elles volent, précédées de l'Aurore, et attèlent au char du Soleil le rapide Éoüs, l'ardent Phlégon, le fougueux Éthon et le léger Piroïs. Phaéton s'élance sur le char radieux, saisit avec assurance les rênes étincelantes, et reçoit à peine en partant les derniers avis de son père.

» « Dans ton vol trop timide ou trop ambitieux,
» Évite également et la terre et les cieux.
» Suis le milieu ; c'est là le chemin qu'il faut prendre.
» Il y va de tes jours à le bien observer :
   » On tombe pour trop s'élever,
   » Et l'on se perd pour trop descendre. »

Apollon parlait encore, et déjà son fils planait au loin sous la voûte azurée. Soudain les coursiers impétueux, se sentant pressés ou retenus au hasard par une main novice, s'échappent en bondissant dans les plaines de l'air. Tantôt s'élançant vers la demeure des Immortels, tantôt se précipitant vers le globe terrestre, et menaçant tour à tour d'embraser la terre et les cieux, ils font pâlir Jupiter dans l'Olympe, Neptune au sein des ondes, et Pluton même au fond des enfers.

Cybèle, dévorée d'une ardeur inconnue, gémit, s'agite, se tourmente, et, levant vers le ciel sa tête brûlante et ses yeux desséchés, adresse d'une voix presque éteinte cette prière au souverain des dieux :

   Si j'ai mérité ta colère,
   Si les humains sont innocens,

Tonne sur leur coupable mère,
Mais épargne au moins ses enfans.
Termine, par pitié, les tourmens que j'endure;
De mon sein entr'ouvert vois la stérilité.
Phœbus a desséché ma brillante ceinture,
Ridé mon front noirci, brûlé ma chevelure,
Et tari ma fécondité.
Malheureuse d'être immortelle,
Quand la douleur toujours nouvelle
Des maux toujours naissans m'offre une éternité!
Rendez à la Terre embrasée,
Rendez la nuit et la rosée,
Ou reprenez, grands dieux, son immortalité.

A ces mots, le roi des cieux, touché du malheur de Cybèle, parce qu'il en était lui-même menacé, se lève, saisit sa foudre, et, d'un bras formidable, frappe le téméraire enfant de Clymène. Tandis que les coursiers achèvent au hasard la carrière du jour, Phaéton, jouet des vents et de la foudre, tourbillonne et tombe dans l'Éridan[1], dont les ondes brûlantes roulent vers l'Océan son corps à demi consumé.

Voyez-vous sur le rivage Cycnus, jeune roi des Liguriens[2]? Jeune, mais fidèle; monarque, mais sensible, il tend les bras au corps inanimé de son

---

[1] Aujourd'hui le Pô, fleuve de l'Italie.
[2] Il y a eu plusieurs Cycnus; celui-ci, fils de Sthénélus, est le plus célèbre et le seul intéressant.

cher Phaéton. Oh! s'il pouvait s'élancer vers lui, et l'embrasser encore pour la dernière fois! Le ciel seconde les vœux de l'amitié. Soudain Cycnus se couvre d'un plumage dont la blancheur annonce la pureté de son âme. Il nage majestueusement vers le corps de son ami, s'incline vers lui, le couvre de ses ailes étendues. Sa douleur long-temps muette s'exhale en un chant tendre et plaintif, dont l'écho répète et prolonge les accens mélodieux..

Moins heureuses que Cycnus, les sœurs de Phaéton, en pleurant leur frère, sentent leurs pieds s'attacher au rivage. Leurs bras s'alongent en rameaux flexibles, sur lesquels Zéphyre agite la feuille argentée du peuplier; et leurs larmes, distillées en perles jaunissantes, forment cet ambre précieux que les Grâces viennent recueillir pour la toilette de Vénus.

    Ces pleurs, aux rives de la Seine,
De la Beauté souvent embaument les appas,
Et, parfumant au loin la trace de ses pas,
Annoncent aux amans leur jeune souveraine.
Mais ils n'exhalent point cette suavité,
Ce nectar enivrant, cette pure ambroisie
Des timides soupirs que la mélancolie,
    La tendresse et la volupté
Font éclore, au matin, des lèvres d'Émilie.

NAISSANCE DE VÉNUS.

LETTRE XXII.

NAISSANCE DE VÉNUS.

Le printemps renaissait pour la première fois,
    Tout souriait dans la nature.
    Zéphyre couronnait les bois
    Des prémices de la verdure;
    Tout fleurissait, tout languissait;
    Le cœur étonné balançait
    Dans une douce incertitude,
    Et lui-même s'interrogeait
    Sur la tendre sollicitude
    Dont il cherchait en vain l'objet.
    Le feu d'amour couvait encore,
Nul désir jusque là ne l'avait excité;
    Il fallait, pour le faire éclore,
    Un sourire de la Beauté.

Tout-à-coup la terre frémit de plaisir, l'air fermente et s'embrase, la mer bouillonne, blanchit d'écume, et Vénus s'élève du sein des flots.

Vierge tendre et modeste alors, qu'elle était belle!
L'onde sur ses replis mollement la berçait,

D'un regard caressant l'œil du jour la fixait;
Autour de ses trésors Zéphyr s'arrondissait,
Et les flots amoureux murmuraient auprès d'elle.
La jeune déité, levant enfin les yeux,
Promène ses regards craintifs et curieux.
Elle admire le ciel et l'onde, et la lumière,
Dont l'éclat blesse encor sa timide paupière.
 Sa bouche s'ouvre, et son premier soupir,
 Son premier mot, est l'accent du plaisir :
« Où suis-je? quel réveil! quelle volupté pure!
» Oh! que cet air est doux! que ce jour est serein!
  » Que tout est beau dans la nature!
» Quelle douce chaleur circule dans mon sein?...
  » Que sens-je battre sous ma main?... »
Vers son cœur palpitant alors baissant la vue,
Elle admire, sourit, et rougit d'être nue.
Ses mains volent... Malgré ces mobiles remparts,
Ses trésors innocens percent de toutes parts.
Quelle confusion!... Suspendant ses caresses,
  Zéphyr, de la vapeur des cieux,
  Forme un nuage officieux,
Et sauve à sa pudeur l'embarras des richesses.

Ce jeune dieu, la posant ensuite sur une conque marine, la conduisit dans l'île de Chypre. Ce fut là que les Heures se chargèrent de son éducation.

Les Heures étaient filles de Jupiter et de Thémis; mais, malgré leur fraternité, il y avait aussi peu de ressemblance dans leurs caractères que dans leurs figures. Elles avaient toutes des ailes, et parcouraient successivement le même espace. Cependant,

> Leur course était plus rapide ou plus lente.
> L'heure pénible de l'attente
> Longuement semblait parcourir
> Un siècle entier. Mais du plaisir
> L'heure, toujours trop diligente,
> Disparaissait comme un éclair.
> L'heure du repentir, le front d'ennuis couvert,
> En poussant des plaintes amères,
> Des espaces imaginaires
> La rappelait en vain. Pour calmer sa douleur,
> L'heure du souvenir, lui retraçant les charmes
> De cette aimable et fugitive sœur,
> Avec plus de douceur faisait couler ses larmes.
> Ainsi, quand loin de vous il faut porter mes pas,
> D'un tendre souvenir mon âme encore émue,
> Se rappelant l'heure où je vous ai vue,
> Charme l'ennui de celle où je ne vous vois pas.

Les Heures présidaient alors, comme aujourd'hui, aux plaisirs, aux peines, aux espérances, aux rendez-vous, à l'étude, aux arts naissans, et surtout aux quatre saisons de l'année. Vous voyez que rien ne se faisait sans elles. Mais aussitôt que Vénus eut vu le jour, elles laissèrent aller le monde comme il put, volèrent à l'île de Chypre, y reçurent la beauté, et s'y fixèrent pour son éducation. Il paraît qu'alors ces divinités légères étaient capables de constance; mais aujourd'hui leur caractère a bien changé!

> Le temps n'est plus où près des belles
> Les Heures fixaient leur séjour;
> Aujourd'hui, près de vous, l'Amour
> Semble multiplier leurs ailes.

LETTRE XXIII.

ÉDUCATION DE VÉNUS.

Vous jugez bien, Émilie, que l'éducation de Vénus ne ressembla point à celle de nos Parisiennes. Être belle sans orgueil, aimable sans coquetterie, instruite sans prétentions, amie discrète, amante fidèle, épouse vertueuse et bonne mère, ce fut là tout ce que l'on exigea d'elle. Sur ces principes, qui valaient bien les nôtres, ses institutrices établirent leur plan d'instruction, et l'exécutèrent à peu près de la manière suivante :

> La première Heure l'appelait
> Quand Phœbus ouvrait sa carrière,
> Et la beauté se réveillait
> Avec le dieu de la lumière.

> La deuxième Heure entrelaçait
> Quelques fleurs, un peu de verdure
> Dans ses cheveux, et lui disait :
> « Méprisez l'art de la parure ;
> » Il n'est fait que pour la laideur.
> » Soyez modeste ; la pudeur

» Est le fard qui sied à votre âge.
» Que le trésor de vos attraits
» Soit toujours voilé d'un nuage ;
» Que ce voile soit fort épais,
» Et qu'il tienne, s'il est possible :
» Pour être respecté toujours,
» Le sanctuaire des Amours
» Doit toujours être inaccessible.

La troisième lui présentait
Des fruits nouveaux et du laitage.

La quatrième lui dictait
L'art de parler sans verbiage :
« Ne prétendez point à l'esprit,
» Et surtout gardez-vous d'en faire.
» Parlez peu, mais bien ; ce qu'on dit
» Jamais ne peut manquer de plaire,
» Quand la raison, quand la gaîté,
» Quand le sentiment assaisonne
» Un mot dont la simplicité
» N'offense l'orgueil de personne. »

La cinquième formait son cœur,
Le disposait à la tendresse,
Et, chassant la feinte et l'adresse,
Y faisait germer la candeur.
« Aimez un jour, lui disait-elle,
» Aimez ; gardez-vous d'abuser
» De l'avantage d'être belle.
» Choisissez bien, et sachez vous fixer.

» Vive et tendre comme vous l'êtes,
» Ne préférez jamais le plaisir dangereux
   » De multiplier vos conquêtes
   » Au bonheur de faire un heureux. »

La sixième ajoutait : « Préférez la tendresse
» D'un ami véritable aux vœux de mille amans ;
   » L'amour est fait pour la jeunesse,
   » Et l'amitié pour tous les temps.
   » Quoique femme, soyez discrète ;
» Songez qu'il est cruel d'oser sacrifier
   » Un jeune cœur qui vient nous confier
» Son espoir, son bonheur, ou sa peine secrète ;
   » Et qu'un secret dont on prend la moitié
» Est un dépôt sacré qu'on ne peut se permettre
      » D'aller divulguer, sans commettre
      » Un sacrilége en amitié. »

Les trois Heures suivantes lui enseignaient les devoirs de l'humanité, de la foi conjugale, de la maternité, et lui répétaient tour à tour :

   « A peine l'univers commence,
   » Il est déjà des malheureux.
   » Ne dédaignez point l'indigence ;
   » Le plus noble attribut des dieux,
   » Ma fille, c'est la bienfaisance.
   » Si vous saviez comme il est doux
   » De visiter sous leur chaumière
   » Les mortels que le sort jaloux
   » A condamnés à la misère !

» De compatir à leurs malheurs,
» De mêler nos soupirs aux leurs,
» D'entrer dans leur douleur profonde ;
» De leur prouver, par nos soins réunis,
» Qu'ils ne sont pas seuls dans le monde,
» Et que les malheureux ont encor des amis !
» O que la main d'une belle a de grâce
» Lorsqu'elle répand les bienfaits !
» Au lieu de mille amans vaincus par vos attraits,
» Qu'il sera bien plus beau d'attirer sur vos traces
» Les heureux que vous aurez faits !

» Quand vous aurez prononcé le serment
» De rendre heureux l'époux qui vous aura choisie,
» Semez de fleurs tous les jours de sa vie,
» Aimez en lui votre ami, votre amant.
» Que dans vos bras paisiblement
» Il repose ; soyez son ange tutélaire ;
» Veillez ; loin de son cœur chassez les noirs chagrins ;
» Qu'il trouve auprès de vous plus purs et plus sereins
» L'air qu'il respire, et le jour qui l'éclaire.
» C'est ainsi qu'en vos fers vous saurez l'arrêter.
» Si, malgré tant de soins, il devient infidèle,
» En reproches amers gardez-vous d'éclater ;
» Mais offrez-lui des mœurs un si parfait modèle,
» Qu'il soit forcé de l'imiter ;
» Et si votre exemple le touche,
» S'il revient à vos pieds abjurer son erreur,
» Qu'il trouve en arrivant l'amour sur votre bouche,
» Et le pardon dans votre cœur.

ÉDUCATION DE VÉNUS.

» L'homme ne sait aimer qu'autant qu'on sait lui plaire :
   » Étudiez son caractère,
» Ménagez-lui le prix de la moindre faveur ;
» A l'orgueil, à l'humeur opposez le sourire,
» L'innocence au soupçon, le calme à la fureur ;
» Régnez en suppliant, et fondez votre empire
   » Sur l'amour et sur la douceur.
   » Un jour, Cypris, vous serez mère ;
» N'abandonnez jamais le fruit de vos amours
   » Aux mains d'une mère étrangère.
» Nourrissez votre fils ; remplissez vos beaux jours
» Des soins intéressans de ce saint ministère.
» Ces jours pour le plaisir ne seront point perdus.
» La nature aux bons cœurs donne pour récompenses
   » Des devoirs les plus assidus
   » Les plus douces des jouissances.
» Vous les mériterez : de votre nourrisson
» Une autre n'aura pas la première caresse :
   » Vous jouirez avec ivresse
   » Des prémices de sa tendresse
   » Et des éclairs de sa raison.
   » Souvent, tandis que de sa mère
   » Ses lèvres presseront le sein,
   » En admirant son minois enfantin,
» Vous croirez démêler quelques traits de son père.
» Alors vous sentirez palpiter votre cœur
» Du plaisir de trouver l'auteur dans son ouvrage,
» Et de l'espoir de voir croître sous votre ombrage
» Le fruit dont vous aurez alimenté la fleur. »

C'était ainsi que ces sages institutrices formaient

le cœur et l'esprit de leur jeune élève, jusqu'au moment où l'Heure du sacrifice la conduisait au temple :

> Cypris, les yeux baissés, le front ceint de guirlandes,
> Portait aux pieds des dieux d'innocentes offrandes ;
> Et, tandis que l'encens fumait sur leurs autels,
> Offrait son jeune cœur au roi des Immortels.

L'Heure suivante la ramenait sous un berceau de myrtes. Là,

> Un repas préparé des mains de la Nature
> Se présentait à l'ombre, au bord d'une onde pure.
> Les fleurs sur les rameaux serpentaient en festons,
> Et la prairie offrait des siéges de gazons.
> A ces heureux festins présidaient l'Innocence,
> La folâtre Gaîté, la douce Tempérance,
> Et l'aimable Franchise, et la Frugalité,
> Fille de la Raison, mère de la Santé.

Bientôt l'Heure de la promenade et celle du travail s'emparaient successivement de Vénus.

> Quelquefois, au milieu de ses jeunes compagnes,
> Elle allait butiner sur les fleurs des campagnes ;
> Et les fleurs aussitôt renaissaient sous ses pas.
> A son retour, prenant l'aiguille de Pallas,
> Son adresse en faisait un instrument docile,
> Et mêlait avec art l'agréable à l'utile.

Les Heures suivantes donnaient le signal des

danses et des concerts. Tandis que Cypris dansait, on lui répétait souvent :

> Que vos grâces soient naturelles ;
> Ne les contrefaites jamais :
> Dès que l'on veut courir après,
> On commence à s'éloigner d'elles.

Quand la déesse se reposait, quelquefois une de ses institutrices venait s'asseoir auprès d'elle ; et, lui faisant remarquer la joie qui animait l'assemblée, elle lui disait en l'embrassant :

« Sous les lambris dorés des célestes portiques,
» Vous regretterez quelquefois
» Nos danses, nos concerts rustiques.
» Ah ! revenez alors habiter dans nos bois ;
» Vous y retrouverez la paix de l'innocence.
» Venez cueillir des fleurs au bord de ce ruisseau,
» Venez vous reposer sous ce même berceau
» Témoin des jeux de votre enfance.
» Là vous rappellerez le songe du bonheur ;
» Là vous sentirez votre cœur
» Respirer avec plus d'aisance ;
» Là vos regards charmés croiront, autour de vous,
» Voir se multiplier les fleurs sur la verdure ;
» Le ciel sera plus beau, la naïade plus pure,
» L'ombrage plus épais, et le zéphyr plus doux.
» Là vous retrouverez la source de ces larmes
» Qu'on ne verse plus chez les dieux ;

» Et vous éprouverez ce qu'on goûte de charmes
» A regretter le temps où l'on était heureux. »

L'Heure du concert interrompait ces entretiens. Il est probable que l'art du chant était encore loin de sa perfection ; car Vénus se contentait d'exprimer avec âme l'amour, le plaisir ou la tristesse ; elle ne joignait à cette expression ni roulement d'yeux, ni contorsions, ni coups de gosier, ni tours de force ; et, ce qui paraîtra sans doute incroyable, elle prononçait avec soin, et daignait chanter pour ceux qui l'écoutaient. Vous présumez bien, d'après ces petits ridicules antiques, que ses chansons étaient fort simples, et qu'elles ne valaient pas à beaucoup près le moindre des chefs-d'œuvre de nos modernes Anacréons. En voici quelques fragmens que j'ai hasardé de vous traduire pour vous en donner une légère idée :

>Nymphes, que l'amour dans vos yeux
>Brille et s'aperçoive sans peine,
>Comme l'on voit l'azur des cieux,
>Dans le cristal d'une fontaine.

>Ne trompez jamais ; le serment
>Qui sort de vos lèvres vermeilles
>Est aussi doux pour votre amant
>Que le miel des jeunes abeilles.

>Mais la séduisante douceur
>D'un aveu dicté par la feinte,

Pour un crédule et tendre cœur,
Est plus amère que l'absinthe.

Recevez les pleurs de l'Amour
Que vos charmes ont fait éclore,
Comme la fleur, au point du jour,
Reçoit les larmes de l'Aurore.

Cédez, mais à ses vœux ardens
N'accordez pas tout ce qu'il ose;
Des plaisirs de votre printemps
Craignez d'éparpiller la rose.

Le concert était suivi d'un repas frugal et champêtre, après lequel la dernière Heure du jour conduisait Vénus dans une grotte tapissée de verdure, où Morphée lui fermait la paupière.

Les Heures de la nuit rassemblaient tour à tour
    Les songes légers auprès d'elle:
Cypris, au milieu de sa cour,
Jeune, sensible, femme, et belle,
Songeait alors innocemment
Qu'elle n'avait qu'un seul amant,
Et rêvait qu'elle était fidelle.

Après quelques années de cette éducation suivie, l'élève des Heures se trouva si accomplie en tous points, que les dieux voulurent la voir pour s'assurer eux-mêmes de tout ce que la Renommée en publiait. Les envieux assurèrent bientôt qu'il y avait plusieurs Vénus, dont on attribuait les grâces et le mérite à une seule ; et cette erreur s'accrédita tellement alors, que, cinq à six mille ans après, Cicéron nous l'a transmise. Il faut la lui pardonner : les femmes parfaites font, de nos jours, autant d'incrédules qu'elles en faisaient de son temps ;

<blockquote>
Et je vois, lorsque l'on raisonne
Sur vos attraits, vos talens réunis,
Leur nombre à tout moment partager les avis
Sur l'unité de la personne.
</blockquote>

LETTRE XXIV.

CEINTURE DE VÉNUS.

Vénus avait à peine atteint sa quatorzième année lorsqu'elle fut demandée à la cour céleste. Sa présentation ne ressembla point à celle de nos duchesses, et les préparatifs en furent bien différens: la Nature seule y présida; chez nous l'art seul y préside.

A quatorze ans Églé, déjà coquette,
A pris le rouge en sortant du couvent.
Son jeune front, qui rougissait souvent,
Ne rougit plus, grâces à sa toilette.
Son œil, hagard en sa vivacité,
Ressemble à l'œil de la duplicité,
De ses sourcils l'art a tracé l'ébène;
Et d'un bleu tendre imbibant son pinceau,
A, d'une main sagement incertaine,
Fait sur le blanc circuler quelque veine,
Pour animer ce visage nouveau.
Des jeux, des ris voici l'aimable reine;
Volez, Zéphyrs; mais ne l'approchez pas.
Discrètement retenez votre haleine,

Sinon, craignez de souffler ses appas.
Pour ménager cette Vénus nouvelle,
Divin Soleil, tempère ton ardeur :
Voile ton front ; sinon, je crains pour elle
Le triste sort des attraits de Sémèle [1].
Quand tes rayons nous dardent ta chaleur,
Souvent j'ai vu (quelle métamorphose!)
Sur la pâleur se dissoudre les roses,
Et la beauté fondre sur la laideur.

Cet art imposteur n'existait pas encore au premier siècle du monde.

On se présentait à la cour
Avec ses traits et son visage ;
On ne changeait point, en un jour,
De teint, de cheveux, de corsage.
L'art de plaire rajeunissait ;
C'était le seul fard en usage.
Il ne déguisait aucun âge ;
A tout âge il embellissait ;
Et, dès qu'à la cour de Cybèle
Une déesse paraissait,
On était sûr que c'était elle.

L'Aurore ayant ouvert le jour où Vénus devait être présentée, la déesse s'éveilla paisiblement, s'assit au bord d'une onde pure : et, devant ce miroir tranquille, elle ceignit d'une couronne de myrte

---

[1] Consumée par Jupiter.

CEINTURE DE VÉNUS.

les boucles flottantes de sa chevelure. Plusieurs assurent qu'elle était blonde; d'autres prétendent qu'elle était brune. Pour moi, je suis tenté de croire que ces deux couleurs, mélangées sur son front, y formaient une nuance qui réunissait ce que les brunes ont de plus piquant, les blondes de plus voluptueux,

> Et qu'elle inspirait tour à tour,
> Ainsi que vous, belle Émilie,
> Les transports brûlans de l'amour,
> Et sa tendre mélancolie.

Ce fut en ce moment que la Nature lui fit présent de cette ceinture divine et mystérieuse, qui bientôt tourna la tête à tous les dieux, et qui depuis a rendu tant de grands hommes si petits!

> On y voyait l'Amour conduit par l'Espérance,
> Les timides Aveux, la molle Résistance;
> La Pudeur enfantine, et les jeunes Plaisirs,
> Qui fuyaient, agaçaient, caressaient les Désirs;
> La tendre Volupté, ses transports et ses charmes;
> L'Ivresse, la Langueur, les yeux baignés de larmes;
> La douce Intimité, les Soupirs, les Sermens;
> Les Caprices, suivis des Raccommodemens.

Tel était le dessus de ce tissu mystérieux; mais sur le revers,

> La main des tristes Euménides
> Avait tracé les noirs Soupçons,

LETTRE XXIV.

> La Haine, les Baisers perfides,
> Les Vengeances, les Trahisons.
> Par de sombres détours, la pâle Jalousie,
> Se traînant d'un pas chancelant,
> A l'Amour infidèle arrachait, en tremblant,
> Le masque de l'Hypocrisie.

Je ne vous dirai pas, Émilie, si ce dangereux talisman existe encore aujourd'hui ; cependant, comme la plupart des hommes se plaignent de ses effets, il faut bien que, par une tradition fatale, il nous soit parvenu.

> Mais, entre nous, je conjecture
> Que l'Amour, de l'Hymen jaloux,
> Ne fait plus connaître aux époux
> Que le revers de la ceinture.

Quoi qu'il en soit, lorsque Vénus eut revêtu ce divin ornement, les Grâces n'y voulurent plus rien ajouter, persuadées qu'à l'âge de la déesse la parure la plus séduisante était toujours la plus simple. En effet,

> S'il est un âge où la simplicité
> Donne surtout un prix à la beauté,
> C'est ce moment qui, n'étant plus l'enfance,
> N'est pourtant pas encor l'adolescence.
> Ce ton naïf de l'ingénuité,
> Cette pudeur si rare et si touchante,
> Ces yeux baissés, cette bouche riante,

CEINTURE DE VÉNUS.

Qui ne sait point trahir la vérité;
Ce coloris de la rose naissante,
Cette blancheur et ce doux velouté;
Tout nous séduit, nous ravit, nous enchante.
Telle, à vingt ans bien moins à redouter,
Prenait alors les cœurs sans s'en douter.
Vous qui sortez à peine de cet âge,
Dans ce tableau voyez-vous votre image?
Peintre novice, en traçant vos attraits,
Tantôt je crains d'altérer quelques traits,
Tantôt je crains, retouchant mon ouvrage,
D'être accusé de flatter mes portraits...
De les flatter!... Pardonnez à ma Muse
Ce mouvement de pure vanité.
A ce tableau depuis qu'elle s'amuse,
S'il lui paraît que sa main l'a flatté,
L'original doit lui servir d'excuse.

LETTRE XXV.

VÉNUS PRÉSENTÉE A LA COUR CÉLESTE.

La cour céleste était assemblée pour recevoir la fille de l'Océan. Les déesses, avec un sourire mêlé d'inquiétude, murmuraient entre elles tout bas :

« C'est une enfant, à ce qu'on dit :
» Est-elle bien ? — Bien pour son âge :
» Des yeux... bleus, un teint de village,
» Le cœur neuf autant que l'esprit,
» L'air agreste, le ton champêtre,
» Le sourire plus qu'innocent.
» Mais avec nous, en grandissant,
» Cela se formera peut-être. »

Elles parlaient encore, lorsque Vénus se présenta. Sa taille divine, son maintien noble et décent, ses grands yeux bleus, ornés de sourcils d'ébène; ses blonds cheveux flottant sur l'albâtre; ses contours arrondis, chefs-d'œuvre de la Nature; ces lis couverts des roses de la pudeur; ce modeste embarras, ces grâces naïves, cet abandon voluptueux, enchantèrent tous les dieux et déconcertèrent toutes les déesses. Comment donc! disaient-elles en se mordant les lèvres,

« Malgré son air provincial,
» C'est une très jolie ébauche.
» Elle a le maintien un peu gauche,
» Mais elle n'est point du tout mal. »

Jupiter, souriant avec tendresse, lui dit en l'embrassant : « Venez, ma chère fille, venez ceindre la
» couronne qui vous est destinée. Junon partage
» avec moi le trône du ciel; Pallas occupe celui de
» la sagesse; celui de la beauté vous attend. »

A ces mots, vous eussiez vu le rouge monter au visage de toutes les déesses. Elles se regardaient avec un sourire amer, levant à moitié l'épaule, et se tordant les doigts. Si l'on eût alors porté des éventails, pas un seul n'en fût réchappé. Elles se coudoyaient furtivement, et se disaient entre les dents :

« Que notre chère favorite
» Doit avoir le cœur gros de son petit mérite!
» Jupin radote, en vérité!
» Car, si la pauvre enfant a quelque connaissance
» Des grâces et de la beauté,
» Ce n'est point par expérience. »

Cependant Jupiter posa sur la tête de Vénus une couronne de myrte; et alors, bon gré mal gré, il fallut bien applaudir. Il fallut même jouer l'intérêt et la satisfaction. Les déesses s'en acquittèrent à merveille; car, dès ce temps-là, il y avait à la cour des visages très savans. Cypris, confuse, se voyait environnée de femmes qui lui souriaient et s'écriaient en lui tendant les bras :

« Venez, mon cœur, venez, ma reine :
» Comme elle est belle! quel maintien!
» Quelle fraîcheur! Vous rougissez?... Eh bien!
» La vérité vous fait donc de la peine?
» Qu'elle est modeste! que d'attraits!
» Que de noblesse! La friponne
» Semble avoir le front tout exprès
» Fait pour porter une couronne. »

Puis elles ajoutaient à l'oreille :

« Eh! mais, en vérité, malgré son air discret,
» L'orgueil se met de la partie.
» L'innocente sourit; sauvons-lui l'ironie;
» La petite sotte y croirait. »

Vénus, alarmée de ces confidences suspectes, les suivait d'un regard inquiet; mais aussitôt les déesses lui donnaient le change, et lui disaient en la caressant :

« Ah! vous nous écoutez? Pour une bagatelle,
» N'allez pas vous mettre en courroux :
» On ne peut vous souffrir! Embrassez-nous, ma belle.
» Nous disons bien du mal de vous. »

D'après le dépit marqué des immortelles, vous devinez sans doute, Émilie, que bientôt Cypris leur enleva la conquête de tous les dieux. En effet, elle devint en peu de temps l'unique objet de leurs amours et de leurs rivalités. Mars et Vulcain se mirent sur les rangs. Ce dernier n'était pas le plus aimable; mais il fut le plus heureux... Heureux! je m'abuse; car qu'est-ce que la main sans le cœur de ce qu'on aime?

LETTRE XXVI.

VULCAIN.

Vulcain, seul enfant légitime de Jupiter et de Junon, naquit si difforme, que son père, indigné de sa laideur, le précipita du ciel. L'avorton céleste roula un jour entier dans le vague des airs; et, de tourbillons en tourbillons, il arriva le soir dans l'île de Lemnos, dont les habitans le reçurent si à propos qu'il ne se cassa qu'une cuisse. Les nymphes de la mer prirent soin de lui, et l'élevèrent; mais il resta boiteux de sa chute.

La nature, qui lui avait refusé les grâces extérieures, lui prodigua les dons du génie. Dès sa première jeunesse, il établit dans les montagnes de Lemnos des forges immenses. Ce fut là que l'or, le fer, l'airain, se polirent pour la première fois. Bientôt il construisit de nouveaux ateliers dans les cavernes du mont Etna; il y travaillait sans relâche avec ses noirs Cyclopes[1]. Les principaux étaient

---

[1] L'allégorie est ici fort claire : ces géans, fils de la Terre, selon d'autres de la Mer, n'ayant qu'un seul œil au milieu du

VULCAIN.

à Paris, chez Ant. Aug. Renouard.

VULCAIN.

Brontès, Stéropès, Pyracmon et Polyphème. Ces géans, fils du Ciel et de la Terre, et, selon d'autres, de Neptune et d'Amphitrite, n'avaient qu'un œil percé au milieu du front. Leurs bras nerveux soulevaient sans cesse de lourds marteaux; l'Etna retentissait de leurs coups redoublés, et vomissait par ses vastes soupiraux une fumée noire et brûlante. Enfin le fils de Jupiter parvint à forger la foudre, et l'on prétend que son antre est encore l'arsenal du tonnerre.

Aussi j'ai quelquefois rendu grâce à Vulcain :
Quand votre cœur refuse de m'entendre,
Qu'un éclair brille, alors la peur vous rend plus tendre,
Et vous baissez les yeux en me serrant la main.
Votre amour croît avec l'orage :
Si la foudre pouvait éclater à vos yeux,
Je ne changerais pas mon sort avec les dieux ;
Mais à peine Zéphyre a chassé le nuage,

---

front, et travaillant, dans le sein des montagnes, à fondre, à combiner les métaux, ne sont-ils pas évidemment les agens ignés qui circulent en fleuve de feu dans ces profondeurs, et de temps en temps, se font jour par le cratère des volcans, ouverture à laquelle l'œil unique des Cyclopes fait allusion ? Les physiciens comprennent parfaitement ces prétendus forgerons originaires de la terre et des eaux : ils y reconnaissent les principes chimiques que la nature met en rapport, et les forges du fabuleux Vulcain sont le vaste laboratoire où les minéraux se forment.   *Note de l'Éditeur.*

LETTRE XXVI.

Que mon bonheur s'évanouit
Comme l'éclair qui l'a produit.

Les talens de Vulcain étaient déjà célèbres lorsque les Titans entreprirent d'escalader le ciel. Jupiter, abandonné de tous les dieux, eut alors recours à son fils. Celui-ci, oubliant la façon peu civile dont son père l'avait congédié, lui forgea des foudres, et les Titans furent terrassés. En reconnaissance de cet important service, Jupiter accueillit Vulcain dans son palais, et le rétablit dans tous ses droits. Mais le dieu boiteux, voulant se venger de Junon, qui l'avait fait un peu trop laid, lui fit présent d'un trône d'or, sur lequel la déesse, en s'asseyant, se trouva prise par des ressorts invisibles. Elle se plaignit vivement de cette injustice, et s'écria :

« Vous êtes laid, mon fils, et je suis votre mère ;
» J'en porte la peine ; mais quoi !
» Si vous fûtes doué d'une laideur amère,
» Est-ce plutôt ma faute, à moi,
» Que la faute de votre père ? »

Vulcain, frappé de la force de cette remontrance, délivra Junon, et alla trouver Jupiter, auquel il demanda Minerve en mariage. Aussitôt le roi du ciel appela Minerve ; et, lui présentant son héritier présomptif :

« Il est temps, lui dit-il, déesse,
» De subir les lois de l'Hymen ;
» Il est temps de donner enfin
» Des héritiers à la Sagesse.
» Voici mon fils ; vous connaissez
» Et ses chefs-d'œuvre et son génie ;
» Cédez à ses vœux ; unissez
» Les arts et la philosophie. »

A la vue du prétendant, Minerve, qui jusqu'alors s'était promis de garder sa virginité, se sentit plus que jamais résolue de tenir sa promesse : elle rappela donc à Jupiter le serment irrévocable qu'il lui avait fait de ne jamais disposer de sa main. Jupiter lui répondit :

» J'ai juré par le Styx de ne pas vous contraindre
　» A former un engagement,
» Mais je n'ai répondu d'aucun évènement :
　» J'aurais tremblé de voir enfreindre
　» Dix fois par heure mon serment.
　» Je sais qu'une vierge discrète,
　» Qui sent faiblir son jeune cœur,
　» Pour autoriser sa défaite,
　» Donne la main à son vainqueur.
» L'occasion vous est offerte,
» Vous, ma fille, de résister,
» Et vous, mon fils, de l'emporter :
» Ainsi, mes enfans, guerre ouverte. »

Vulcain, pour triompher de Minerve, au lieu d'intéresser et de gagner son cœur, s'y prit comme un forgeron. Mais la déesse se défendit courageusement de ses violences; et de cet amour infructueux naquit Érichthon, qui, pour cacher ses jambes de serpent, inventa les chars, dont l'usage s'est renouvelé de nos jours.

Pour dédommager son fils des disgrâces de l'amour, le roi du ciel le combla d'honneurs, et le fit dieu du feu. On lui bâtit plusieurs temples, où il était représenté appuyé sur une enclume, et ayant à ses pieds l'aigle de Jupiter, prêt à porter la foudre. Le plus célèbre de ces temples était élevé sur le mont Etna. Il fallait, pour en approcher, être chaste et pur. La garde du sanctuaire était confiée à des chiens, qui, par un instinct miraculeux, caressaient les gens de bien et dévoraient les hypocrites. Si ces gardiens fidèles veillaient encore à la porte des temples,

> Après nos longs pèlerinages,
> Et nos longues processions,
> Combien de dévots personnages
> Auxquels ils mordraient les talons!

Dans la suite, on institua des fêtes en l'honneur de Vulcain. Les Athéniens les célébrèrent avec beaucoup de pompe; ils établirent des courses appelées *Lampadophories*[1], et proposèrent des prix aux

---

[1] *Lampadophore* signifie porte-flambeau.

vainqueurs. Les concurrens portaient des flambeaux allumés. Celui qui laissait éteindre le sien avant d'arriver au but le cédait à son émule et se retirait.

> Même accident chez nous arrive d'ordinaire,
> Quand l'Hymen et l'Amour courent même carrière :
> Le flambeau de l'Amour à quelques pas s'éteint ;
> Alors ce dieu s'envole, et le cède à l'Hymen.

Le culte de Vulcain s'étendait sur toute la terre, et les chefs-d'œuvre se multipliaient sous ses mains. La vanité et l'amour des beaux-arts l'avaient enfin délivré des inquiétudes d'un sentiment plus tendre. Il se promettait bien de ne plus écouter son cœur ; mais Vénus parut, et ses résolutions s'évanouirent. Tel est, Émilie, le sort des hommes et des dieux, et tel est le vôtre peut-être :

> Malgré l'apparente froideur
> Qui sur votre visage est peinte,
> La nature dans votre cœur
> De l'amour a gravé l'empreinte ;
> Vos yeux nageant dans la langueur,
> Votre abandon, vos rêveries,
> Vos soupirs, vos regards baissés,
> Vos grâces à demi flétries,
> Tout parle quand vous vous taisez.
> Vous cachez vos larmes furtives,
> Vous vous penchez comme une fleur,

LETTRE XXVI.

Du jasmin la tendre pâleur
Chasse vos roses fugitives.
Ah! croyez-moi, les arts charmans
Que vous cultivez, Émilie,
Ne peuvent remplir les momens
Des plus beaux jours de votre vie.
Votre cœur, privé d'aliment,
Soupire après un sentiment
Que votre sagesse appréhende ;
Vous essayez de le nourrir
D'encens, de gloire, de plaisir...
Ce n'est pas là ce qu'il demande.

LETTRE XXVII.

MARS ET VÉNUS.

Mars, alarmé des dispositions favorables de Jupiter pour Vulcain, chercha du moins à gagner par adresse le cœur de celle qu'il ne pouvait obtenir par son crédit. Persuadé que la vanité est souvent le chemin du cœur d'une femme, et que l'éclat flatte toujours la vanité, il s'offrit à Vénus dans l'appareil formidable de toute sa puissance. Il était sur un char d'airain traîné par deux chevaux fougueux. Leurs crins hérissés, leurs yeux ardens, leur bouche écumante de sang, leurs narines soufflant et respirant la vengeance, les avaient fait nommer la Terreur et la Crainte. Debout sur le devant du char, Bellone, le regard furieux, les cheveux épars, tenait les rênes d'une main, de l'autre un fouet ensanglanté. Le dieu, le front couvert d'un casque d'or surmonté d'un panache, s'appuyait fièrement sur sa lance. Ses membres nerveux étaient revêtus d'une armure d'acier étincelant. Son bras gauche tombait sur la poignée d'un glaive, et présentait un vaste bouclier. La férocité, l'orgueil, l'impatience et la rage, se peignaient tour à tour sur son visage rude et basané, et faisaient froncer ses noirs sourcils. La Discorde et la Fureur, l'œil en feu, le front pâle et livide, armées d'un poignard et d'une torche brûlante, accompagnaient le char, et traînaient après elles l'Innocence et la Faiblesse chargées de chaînes. Le Désespoir, les Plaintes et la Misère, les yeux baignés de larmes, les membres déchirés et couverts de tristes lambeaux, suivaient d'un pas chancelant, et fermaient la marche. Vénus, plus effrayée que flattée de cet appareil, prit la fuite; mais son amant la suivit; et, déposant à ses pieds son orgueil et ses armes, il s'écria :

« Eh quoi ! vous détournez les yeux
» D'un dieu qui, pour vous seule est fier de sa puissance !
» Hélas ! s'il vous est odieux,
» La haine de l'amour est donc la récompense ?...
» Mais, par un sentiment plus noble que l'amour,
  » Vous devez m'être toujours chère.
  » Une fleur [1] m'a donné le jour,
  » Et vous ressemblez à ma mère... »

Vous voyez, Émilie, que les héros amoureux faisaient alors des madrigaux tout aussi bien que les Roland et les Amadis. Vénus, enchantée de ces jolies choses, prêta l'oreille et sourit. Mars soutint

---

[1] *Voyez* la Lettre VI.

quelque temps son style doucereux, et fut payé d'un regard tendre : alors, sûr de sa victoire, il reprit le ton militaire :

« On m'a rapporté que Vulcain
» Osait marcher sur mes brisées,
» Et même aspirait à la main
» De la dame de mes pensées ;
» Qu'il se présente, je l'attends,
» Et le mène tambour battant [1].
» Seul, je veux et je dois vous plaire...
» Mais pourquoi ce regard sévère ?
» Je m'attends bien, le premier jour,
» A quelque escarmouche légère.
» Êtes-vous de la vieille cour ?
» Voulez-vous faire mon martyre ?
» Soit ; je meurs !... Cela va sans dire.
» Allons, payez-moi de retour :
» Le printemps ramène la guerre ;
» Je n'ai pas le temps nécessaire
» Pour filer le parfait amour.
» Nous nous convenons l'un et l'autre ;
» Je vous aime, vous m'adorez ;
» Vous avez ma foi, j'ai la vôtre ;
» Nous finirons quand vous voudrez. »

Vénus, déconcertée par le ton d'assurance et par

---

[1] Quelques critiques judicieux trouvent dans cette expression un anachronisme, parce que, disent-ils, il n'y avait point alors de *tambours*. Je m'en rapporte, sur ce point capital, à la décision du docteur *Mathanasius*.

la volubilité de son amant, se trouvait dans un état de crainte et d'incertitude inexprimables. Elle dégageait avec peine ses mains tremblantes que Mars couvrait de baisers, et elle rattachait en rougissant ses cheveux et son voile en désordre. Enfin elle le conjura de la laisser seule pour réfléchir. Mars, tombant à ses pieds, lui répondit :

« Je le vois trop, vous voulez que je meure.
» Eh bien ! je me résigne, et vais subir mon sort :
» Pour me donner ou la vie ou la mort,
» Je vous laisse un demi-quart d'heure. »

A ces mots, il sortit brusquement ; et Vénus, s'enfermant dans son boudoir, se rassura peu à peu, et reprit ses sens.

Cependant Jupiter, instruit des poursuites de Mars, pressait le mariage de Vulcain, et dépêchait secrètement Mercure au temple de l'Hymen, dont la présence était nécessaire... Mais, avant de vous raconter comment se passa la fête, il faut que je vous parle de ce dieu et de son temple. Ces détails vous plairont sans doute :

Car le dieu d'Hymen est un maître
Dont on se plaint depuis long-temps ;
C'est un perfide, c'est un traître ;
C'est un monstre qu'à dix-huit ans
On n'est pas fâché de connaître.

LETTRE XXVIII.

L'HYMEN.

Vous vous attendez peut-être, Émilie, à la généalogie de l'Hymen? Votre attente sera trompée : je n'ai rien à vous dire sur la famille de ce dieu. La plupart des auteurs le font fils de Vénus et de Bacchus, et par conséquent frère utérin de l'Amour. Si cette opinion était fondée, elle prouverait plus que jamais l'ancien proverbe, *Rara concordia fratrum.* Vous allez me demander le sens de cette maxime, vous n'en avez pas besoin ;

> Avec un cœur fidèle et tendre,
> Vous y répondrez sans l'entendre.

Ce qu'il y a de constant, c'est que l'Hymen existait long-temps avant le fils de Vénus, puisqu'il unit cette déesse à Vulcain. En général, il est bien difficile d'établir la fraternité de l'Amour et de l'Hymen, sans se trouver en contradiction avec l'expérience. Ce qu'on peut dire de plus certain à ce sujet,

> C'est que l'Amour, pour l'ordinaire,
> En étranger traite son frère ;

Et que souvent l'Hymen, sur le retour,
Est un faux frère de l'Amour.

Passons au caractère et à la figure de l'Hymen.
Il est sérieux naturellement. Cependant le personnage varie suivant le costume dont il se trouve revêtu.

En robe de palais, c'est la gravité même.
En costume de cour, un sourire apprêté
 Déride son visage blême,
 Qui s'alonge avec dignité.
En habit de traitant, d'abord il se recueille;
Puis, ayant bien compté, nombré, multiplié,
Il prend en souriant la main de sa moitié
 Comme l'on prend un portefeuille.
En seigneur campagnard, il est fort chatouilleux
 Sur le point d'honneur, et se pique
De conserver intact le sang de ses aïeux ;
Il joue en cheveux gris la pastorale antique.
 Sur ses tours et sur ses créneaux
Il enlace les noms de sa douairière étique,
Et fait, à soixante ans, l'amour en madrigaux ;
En perruque bourgeoise, il est fort débonnaire ;
Brusque chez le marchand, froid chez le financier,
Grave chez le docteur, fier chez le marguillier,
 Et souple chez l'apothicaire.
Actif ou nonchalant, il se plaît à jouir
 Ou du repos, ou du plaisir;
Près des vieux il s'endort, près des jeunes il veille;

L'HYMEN.

Près de vous il attend, comme au matin l'abeille
    Guette la fleur qui va s'épanouir.

L'Hymen a eu de tout temps accès dans tous les temples ; cependant il avait lui-même un temple particulier où on l'adorait avec l'Amour. Ce temple, qui existait jadis à Cythère, est tellement détruit, qu'il n'en reste plus de vestige ; mais la confrérie des époux l'a fait, depuis peu, relever à ses frais vers le dernier degré du pôle.

Là, dans un sombre labyrinthe,
Après mille et mille détours,
Tantôt égaré par la crainte,
Tantôt séduit par les Amours,
Souvent attiré par la feinte,
Vendeur, vendu, trompé toujours,
On arrive à la noire enceinte
Où l'Hymen et le dieu Plutus,
Calculant, au taux de la place,
L'esprit, la jeunesse, la grâce,
Le sentiment et la vertu,
Font jurer, par-devant notaire,
Sans s'être ni vu ni connu,
De s'adorer et de se plaire,
Moyennant tel prix convenu.

Sous la voûte du vestibule,
On entrevoit les noirs Soucis,
Les Dégoûts, frères des Ennuis,
Voltigeant dans le crépuscule

LETTRE XXVIII.

Et fuyant la clarté du jour.
Plus près, sous les traits de l'Amour,
Paraît la triste Indifférence,
Soufflant au cœur son froid mortel,
Et, plus loin, la fausse Espérance,
Qui conduit au pied de l'autel.
C'est là que la foule égarée
Des deux moitiés du genre humain,
Du portique assiégeant l'entrée,
Implore le joug de l'Hymen.
Le dieu, les prenant par la main,
Sous le voile du sanctuaire,
D'un fer doré forge les nœuds
Qui les enchaîne deux à deux,
Pour ramer sur cette galère
Où princes, robins, financiers,
Sont conduits par la convenance,
Les vrais amans par la constance,
Les marquis par leurs créanciers.
Sur le serment qu'ils doivent suivre
Les époux sont toujours d'accord,
Pourvu qu'il soit dans le grand-livre
Écrit en grosses lettres d'or.

D'amour, d'estime, on se dispense;
A l'autel on fait connaissance,
Et tout-à-coup on se promet
D'avoir le même caractère,
D'être bon époux, bonne mère,
Fidèle amie, amant discret,

L'HYMEN.

De n'avoir qu'un cœur et qu'une âme,
De nourrir mutuellement,
Jusqu'au trépas, la même flamme
Qu'on allume dans le moment,
Et qui brûle à commandement.
Des Regrets la noire cohorte
Sur le passage vous attend,
S'empare de vous en sortant,
Et jusqu'au logis vous escorte.

Jamais dans ce temple, dit-on,
L'on ne voit entrer Cupidon,
Sinon par une fausse porte.
Quand le Plaisir l'ouvre en secret
Aux amans pressés et fidèles,
L'Hymen, secourable et discret,
Les unit, et coupe les ailes
Du Plaisir, qui pourrait s'enfuir
Avec le temps et la jeunesse;
Et, pour remplacer la tendresse,
Ne laisser que le repentir.

Il est plus d'un heureux ménage,
Qu'ici je pourrais vous nommer.
Notre siècle en a vu former
Trois, et peut-être davantage.
Il a vu des époux s'aimer
Le lendemain du mariage,
Et huit jours après s'estimer.
Ces couples qui du premier âge
Nous retracent l'heureux tableau,

Sans cortége, sans équipage,
Arrivent à pied du hameau.
Dans leur retraite fortunée
L'Amour les reconduit le soir,
Et pose, en riant, l'éteignoir
Sur le flambeau de l'Hyménée.
Mais, à la ville, ce bonheur
Ne se voit que par intervalle;
Qui sait trouver la paix du cœur
Au sein de la foi conjugale,
Passe pour être possesseur
De la pierre philosophale.

Côte à côte paisiblement
Il est rare que l'on chemine;
Le pèlerin, malaisément,
S'accorde avec sa pèlerine,
Et jure bien entre ses dents
De ne plus se remettre en route,
Depuis qu'il sait, à ses dépens,
Le quart des faux frais qu'il en coûte.
Quoi qu'il en soit, je me résous
A partir pour ce long voyage,
Si je puis courir avec vous
Les hasards du pèlerinage.

LE MARIAGE DE VENUS.

à Paris, chez Ant. Aug. Renouard.

LETTRE XXIX.

MARIAGE DE VÉNUS.

Il y a, dans l'ordre des destinées, des circonstances décisives, où, pour réussir, il faut absolument brusquer les aventures. Telle était l'alternative pressante où se trouvait Jupiter : Vulcain avait déplu, Mars commençait à plaire; Vénus était femme, c'est-à-dire faible contre l'amour, et forte contre la tyrannie. Elle pouvait donc résister à Jupiter, céder à Mars; et Vulcain eût alors trouvé qu'il était un peu tard pour conclure.

Aussitôt que l'Hymen fut arrivé, le roi du ciel congédia Morphée pour cette nuit, et lui ordonna de prodiguer ses pavots à Vénus et à son amant. Il profita de ces heures paisibles pour régler avec l'Hymen les conditions de l'alliance projetée. Vulcain s'obligea de fournir et d'entretenir l'artillerie céleste, et Jupiter lui donna Vénus en échange. L'Hymen conclut lui-même ce marché ; ce qui me prouve que dès lors,

Non content d'asservir l'univers sous les lois
    Du despotisme qu'il exerce,

En contrebande quelquefois
Ce dieu se mêlait du commerce.

La nuit arrivait à peine aux deux tiers de son cours, lorsque Jupiter chargea Mercure d'éveiller Vénus. En même temps il lui dicta pour Mars un ordre de partir dès le matin, sans prendre congé, sous prétexte d'aller combattre quelques partis que les Titans essayaient de rassembler.

Vénus était alors troublée par un songe cruel : elle croyait voir autour d'elle la cour céleste assemblée. Jupiter lui présentait le dieu de Lemnos, et lui ordonnait de le prendre pour époux. Elle repoussait en tremblant la main de Vulcain, et se jetait aux pieds de Jupiter, qu'elle arrosait de ses larmes. Elle l'appelait son protecteur, son père, et le conjurait de ne pas la sacrifier, ou de différer au moins son sacrifice. Jupiter, attendri, écoutait sa prière; mais le Destin, plus puissant que les dieux, prononçait l'arrêt de Vénus. Mercure la conduisait à Vulcain, et l'Hymen l'enchaînait au pied de l'autel.

Tel était le songe de Cypris, lorsque Mercure l'éveilla. L'infortunée entr'ouvrit ses yeux baignés de pleurs et chargés de pavots; et confondant l'illusion avec la réalité de son malheur : « Allons, » s'écria-t-elle, puisque l'inflexible Destin l'or- » donne, j'obéis. » A ces mots elle suivit Mercure étonné de sa résignation. « Ma fille, lui dit Jupiter,

» vous savez... — Oui, reprit-elle, je sais ce qu'on
» exige de moi. Je ne vous accuse pas de mon mal-
» heur, je n'en accuse que le Destin. Mais, puis-
» qu'il le faut!... » Elle laissa tomber sa main,
Vulcain la saisit; et le serment fatal fut prononcé.

Cependant Mars, à son réveil, désespéré de
l'exil imprévu qui rompait ses amoureux projets,
vole chez Vénus pour prendre au moins congé
d'elle. Mais Vénus est absente... absente avant l'aurore! Mars s'alarme; il soupçonne, il court, il s'in-
forme, et parvient enfin à découvrir ce qu'il ne
cherchait pas.

Et voilà ce qu'on gagne à percer un secret.
Amans, fermez les yeux; qui n'est assez discret
   Pour s'en tenir à l'apparence,
   Quand il sait ce qu'il ignorait,
   Regrette bien son ignorance.

Mars, trop instruit pour son malheur, maudit les
Destinées. Il maudit Jupiter et Vulcain, et Vénus
et lui-même;

Puis il partit, et je crois qu'il fit bien;
Car un amant qui voit épouser sa conquête,
   Doit se trouver, s'il assiste à la fête,
   Un peu gêné dans son maintien.

L'Aurore venait de s'éveiller, et regardait avec
compassion Vénus, qu'elle voyait pleurer pour la

première fois; les autres déesses sommeillaient encore.

> La Mollesse et la Volupté
> De pavots chargeaient leurs paupières,
> Et semaient de roses légères
> Leurs charmes brillans de santé,
> Et couverts d'un doux velouté.
> Les Plaisirs, amis du Silence,
> Près d'elles foulaient le duvet,
> Et caressaient leur nonchalance.
> Leurs lèvres avaient la fraîcheur
> D'une fleur qui s'entr'ouvre à peine;
> Et l'on eût dit, à leur haleine,
> Qu'un zéphyr sortait de la fleur.

A leur réveil, les Immortelles apprirent deux nouvelles qui leur furent également agréables, le mariage de Vénus, et le rappel d'Apollon. Ces deux évènemens occupèrent les heures rapides de la toilette, et firent éclore un double projet. Vénus s'était levée avant l'Aurore; elle avait pleuré, elle devait avoir les yeux gonflés, et beaucoup de pâleur: avec un peu d'art on pouvait l'effacer. Apollon était aimable; c'était une conquête à faire. Il arrivait de la campagne; la conquête était facile: mais d'autres pourraient la disputer; il fallait donc se mettre sous les armes. L'occasion était belle; le roi du ciel avait ordonné les préparatifs d'un bal. A ce mot, Émilie, ne prévoyez-vous pas des attaques, des surprises, des conquêtes rapides? et ne vous rappelez-vous pas la nuit brillante où je vous vis pour la première fois?

> Le lendemain, au point du jour,
> Ma main sur mes yeux, Émilie,
> Trouva le bandeau de l'Amour
> Sous le masque de la Folie.
> Je voulus l'arracher en vain;
> Cupidon, par un nœud divin,
> L'avait serré, comme Nature,
> En naissant, a sur votre sein
> De Vénus noué la ceinture.
> Sur mon front ce bandeau charmant
> N'est point un vain déguisement;
> Je suis aveugle, je vous jure:
> Eh! qui n'est aveugle en aimant?
> Cependant sur votre figure
> J'entrevois encor deux beaux yeux,
> Des traits nobles et gracieux,
> Une candeur naïve et pure,
> Un esprit, un charme attrayant,
> Une tendre mélancolie...
> Je suis un aveugle, Émilie,
> Mais un aveugle clairvoyant.

LETTRE XXX.

VÉNUS AIMÉE D'APOLLON.

La famille céleste, dans toute sa magnificence, était assise au divin banquet. Vulcain buvait à longs traits le nectar, et dévorait des yeux sa conquête. Vénus, pâle et languissante, effaçait encore toutes les déesses; celles-ci concentraient leur dépit, et gardaient le silence. Jupiter, près de Junon, observait sa dignité conjugale; et l'Ennui, sous le masque de la Cérémonie, présidait gravement à la fête.

Apollon égayait seul cette monotonie. Il racontait sa vie pastorale; il parlait de ses amours, de ses erreurs, des malheurs de l'inconstance, et du bonheur qu'il goûterait désormais dans la fidélité. Ses regards semblaient adresser cette promesse à Vénus. Vénus l'écoutait avec cet intérêt qu'excite la bonne foi d'un jeune homme faible, mais moins aimable peut-être s'il avait moins de torts. Elle eût voulu les lui faire réparer. Elle était muette, attentive, immobile, et ne s'apercevait point que la Nuit donnait le signal des plaisirs et des fêtes.

>Déjà la Folie et Momus
En triomphe amenaient la Danse,
Les Grâces marquaient la cadence,
Et suivaient les pas de Vénus.
L'Amour embrasait l'atmosphère :
Sous une figure étrangère
On se fuyait, on s'agaçait ;
Et le monarque s'éclipsait
Sur les traces de la bergère.
Les traits de l'Amour se croisaient,
Volaient à travers l'assemblée,
Se renvoyaient, se repoussaient,
Et se perdaient dans la mêlée.
Les soupirs, les vives ardeurs
Suivaient les nymphes fugitives,
Qui, plus adroites que craintives,
Au piége attiraient les vainqueurs ;
Et les criblant des étincelles
Que lançait le feu de leurs yeux,
Mille fois par heure infidèles,
Trompaient à la fois mille heureux.
Un regard, un geste, un sourire,
Un mot, un rien voulait tout dire ;
Tout parlait : l'espoir, le désir,
L'ardeur, la crainte, la tendresse,
Redoublaient la fièvre, l'ivresse,
Et le délire du plaisir.

Mais, tandis que vous suivez ce brillant tourbillon, l'heure fatale est arrivée : Vulcain s'éloigne, et Vénus disparaît...

> Ici ma muse va taire
> Ce qu'elle n'a jamais vu ;
> Je respecte le mystère
> En faveur de la vertu.

Passons au lendemain; il est déjà grand jour, et Vénus ouvre les yeux.

> Une lumière plus pure
> Semble éclairer la beauté.
> Son désordre est sa parure,
> Son fard sa timidité.
> Un doux vermillon colore
> Son teint brûlant de plaisir,
> Et son cœur, novice encore,
> Palpite de souvenir.

La toilette fut brillante : tous les dieux y assistèrent. Apollon y fut aimable, vif et séduisant. Il plut. On l'invita pour le lendemain, et le lendemain pour les jours suivans. Sa conversation était enjouée, spirituelle et tendre. Vulcain aimait Vénus, mais son amour était peu délicat ; et, quand l'époux avait régné, l'amant disparaissait. Apollon remplissait ces interrègnes que le sentiment et l'esprit rendent si intéressans. Cette intimité devenait tous les jours plus tendre. Vénus commençait à

VÉNUS AIMÉE D'APOLLON.

s'en alarmer; elle avouait même ses scrupules à son ami. Mais celui-ci se jetant à ses pieds : « Hélas! lui » disait-il, que vous êtes injuste! et que vous con- » naissez peu mon cœur!

 « Sans rien oser, sans rien prétendre,
 » Près de vous je me trouve heureux :
 » Un mot, un regard un peu tendre,
 » Un sourire comble mes vœux.
 » L'Amour exige qu'on le flatte,
 » Les faveurs sont ses alimens ;
 » Mais l'Amitié, plus délicate,
 » Vit de la fleur des sentimens. »

Cette tendresse métaphysique rassurait Vénus; mais le piége n'en était que plus adroit. L'Amour, caché sous le voile de l'Amitié, est un bouton de rose renfermé dans son enveloppe : il perce peu à peu ce tissu léger. On l'entrevoit avec plaisir. Ses progrès sont rapides, mais ils paraissent insensibles à l'œil qui les suit et qui les désire. Apollon, par une nuance délicate, faisait ainsi passer Vénus de l'inquiétude à la confiance, et de la confiance au désir. Ses regards devenaient encore plus expressifs, sa voix plus tendre, son chant plus affectueux; et Cypris ne se lassait pas de l'entendre chanter. Un jour enfin il hésita quelques instans; Vénus insista; alors, baissant les yeux, il chanta d'une voix tremblante :

LETTRE XXX.

Depuis qu'aux genoux de Cyprine
Je passe mes plus doux momens,
C'est en vain que je m'examine
Pour démêler mes sentimens.
Je sais fort bien que je soupire,
Que je suis fou plus qu'à moitié;
Mais je ne saurais trop lui dire
Si c'est d'amour ou d'amitié.

Je crois qu'ils sont d'intelligence
Pour me tourmenter tour-à-tour.
Dans les regards qu'elle me lance
L'Amitié contrefait l'Amour.
Mon cœur alors, plein d'espérance,
Palpite plus fort de moitié,
Mais, près d'elle si je m'avance,
L'Amour contrefait l'Amitié.

Par une erreur involontaire,
Craignant sans cesse que mon cœur
Ne vole la sœur pour le frère,
Ou bien le frère pour la sœur,
Je tranche, de peur d'injustices,
Le différend par la moitié,
Et je confonds les sacrifices
De l'Amour et de l'Amitié.

Vénus ayant une fois agréé ce mélange, l'Amitié ne fut pas long-temps de la partie; et bientôt nos tendres amis devinrent amans passionnés. Mais les yeux de Vulcain, mais les regards de tout l'Olympe, interceptaient leurs moindres coups d'œil : un tête-à-tête eût été si doux! Mais ils n'avaient ni l'un ni l'autre aucun prétexte pour s'absenter. Vénus, soumise encore aux bienséances, n'osait abandonner son époux. Apollon, nouvellement rappelé, ne pouvait quitter le roi du ciel. Enfin les circonstances changèrent; Vulcain devait s'absenter pour Lemnos. Vénus, durant ce voyage, avait obtenu la permission de visiter sa planète[1]. Apollon supplia Jupiter de lui accorder de nouveau le char de la lumière. Jupiter y consentit... Nos amans se rencontreront sans doute, et vous prévoyez l'infidélité de Vénus. Mais ces jouissances seront passagères, et l'Hymen sera vengé.

Depuis cette époque, Apollon ne quitta plus le trône du jour. On assure même que c'est encore lui qui règle l'ordre des saisons, qui fait éclore les fruits et les fleurs, et qui, dans sa course rapide, voit à chaque pas tout changer, excepté mon cœur, et le vôtre peut-être.

>Phœbus tous les ans, sur vos traces,
>Trouve, en recommençant son cours,
>Nouveaux talens, nouvelles grâces,
>Mais toujours les mêmes amours.
>Tandis que la folle jeunesse
>Court après la diversité,

[1] L'étoile de Vénus.

Que je trouve dans ma tendresse
Une douce uniformité !
Eh ! comment loin de ce qu'il aime
Mon cœur irait-il s'engager ?
Mon amour est comme vous-même,
Il ne peut que perdre à changer.

LETTRE XXXI.

VÉNUS DANS L'ILE DE RHODES. LES SEPT MERVEILLES DU MONDE.

Au moment paisible où Vesper[1] attelait le char de la Nuit, le char du Soleil s'arrêta sur l'horizon. Il était environné de nuages d'or et de pourpre qui formaient dans le ciel un chaos radieux. Les astronomes de ce temps-là prirent ce phénomène pour un météore, et passèrent la nuit à l'admirer. Mais les mortels ignorent les secrets des dieux. Le phénomène était un voile brillant, sous lequel le roi du jour attendait la reine de la beauté. Elle arrivait au rendez-vous, portée sur l'étoile du berger. Les amans descendirent secrètement dans l'île de Rhodes; et, à la faveur du météore, ils échappèrent aux lorgnettes des curieux.

Seuls dans cette île couverte de bosquets et de collines, ils ne tardèrent pas à s'égarer. Heureusement ils s'égaraient ensemble ; et le Mystère, qui

---

[1] Ce dieu présidait au matin sous le nom de Lucifer, et au soir sous le nom de Vesper.

les guidait, connaissait le labyrinthe. Apollon, pour assurer la marche de Vénus, la soutenait doucement dans ses bras. De temps en temps le gazon les invitait à se reposer; mais la prudence leur défendait de dormir. « Mon ami, disait Vénus, que
» cette nuit est belle! Votre règne ne vaut pas celui
» de votre sœur. Ah! pourquoi ferme-t-on les yeux
» quand il est si doux de veiller! Non, jamais les
» pavots de Morphée n'eurent pour moi la dou-
» ceur des roses qui peuplent ce séjour. Je ne sais
» quelle douce amertume j'y goûte à soupirer avec
» vous. Je ne connaissais pas le prix des larmes,
» et j'ignorais encore qu'il y eût une tristesse pré-
» férable à tous les plaisirs. Ne vous semble-t-il
» pas, mon ami, que ce vallon est enchanté, que
» les oiseaux y redoublent leurs caresses, que les
» hommes y doivent respirer l'amour... et qu'ici les
» dieux sont des hommes? »

Je n'ose vous retracer, Emilie, ce qu'Apollon lui répondait. Le langage des amans heureux est pour moi un langage étranger; cependant,

> Depuis long-temps je pourrais le comprendre
> Et le parler, si vous l'aviez voulu;
>   Car vous savez qu'il n'eût fallu
>   Qu'une leçon pour me l'apprendre.

Vous aurez donc la complaisance de suppléer ce que vous ne m'avez pas mis en état de vous écrire.

Cette nuit trop courte fut une heureuse alternative de doux propos, et de silences peut-être plus doux encore. En effet,

> Dans ces momens délicieux,
> Cupidon lui-même balance
> Pour décider lequel vaut mieux,
> Ou du parler, ou du silence.

Phœbé, qui souvent marche avec tant de lenteur, eut alors, en peu d'heures, parcouru sa carrière; et l'Aurore importune rappela Phœbus dans les cieux. Il fallut déjà se quitter! Vénus, en soupirant, remonta sur sa planète, Apollon sur son char, et les astronomes allèrent se coucher.

Cependant l'île heureuse se ressentait encore de la présence des dieux. Une odeur d'ambrosie parfumait ses bosquets et ses vallées. On apercevait çà et là des touffes de roses qui fleurissaient les trônes de verdure où la déesse s'était reposée; l'île était devenue un jardin enchanté. Bientôt elle prit le nom des fleurs[1] qui la couvraient; et, comme les poètes enrichissent toujours la vérité, ils publièrent qu'il y avait plu des roses. Vinrent ensuite les commentateurs, qui en conclurent, on ne sait pourquoi, que Vénus, quoique mariée à Vulcain, était vierge encore. Mais quels rapports y a-t-il

---

[1] Rhodes dérive d'un mot grec qui signifie rose.

entre les roses et la virginité, si ce n'est la blancheur de l'innocence ou le coloris de la pudeur? C'est là sans doute ce que ces messieurs ont voulu dire.

Quoi qu'il en soit, Apollon fut, depuis ce temps, adoré dans l'île de Rhodes; on lui érigea une statue colossale, haute de soixante-dix coudées. Chacun de ses pieds posait sur un des deux rochers écartés qui formaient l'entrée du port, de sorte que les vaisseaux passaient, sans baisser leurs mâts, entre les jambes du colosse. Cette masse énorme fut construite en douze années par Charès, Lindien [1], et coûta trois cents talens : elle semblait braver les siècles, et ne devait finir qu'avec le globe qui la portait; mais, cinquante-six années après, elle fut renversée par un tremblement de terre; et enfin, après neuf cents autres années, en 672, elle fut enlevée après avoir été mise en pièces, et on chargea neuf cents chameaux de ses débris.

Le colosse de Rhodes était la première des sept merveilles du monde.

La seconde était le temple de Diane à Éphèse. Cet édifice, soutenu sur cent vingt-sept colonnes, élevées par autant de rois, durant l'espace de deux cent vingt ans, et enrichi des trésors de toute l'Asie,

---

[1] C'est-à-dire, natif de Lindos, ancienne ville de Rhodes, sur les ruines de laquelle il existe maintenant un bourg qui se nomme Lindo.

fut brûlé le jour même de la naissance d'Alexandre, par un certain Érostrate, qui prétendait aussi se rendre immortel. Les Éphésiens, pour le punir, défendirent, sous des peines capitales, de jamais prononcer son nom.

On comptait aussi parmi les merveilles du monde la statue de Jupiter Olympien, ouvrage du célèbre Phidias; les jardins et les murs de Babylone, construits par Sémiramis; le palais de Cyrus, dont les pierres étaient cimentées avec de l'or; les fameuses pyramides d'Égypte, qui servaient de tombeaux aux rois de cette fertile contrée; enfin le tombeau qu'Artémise éleva au roi Mausole son époux. Ce monument prit le nom du prince qu'il renfermait; nom que nous donnons encore à nos *mausolées*. Il était environné de trente-six colonnes, et avait quatre-vingts pas de circuit. Que cette étendue ne vous étonne pas, Émilie;

> Quand un cœur fidèle soupire
> Près du tombeau de son amant,
> En étendant ce monument,
> Il croit étendre son empire.

La plupart de ces antiques merveilles ont été détruites par le temps; mais l'art en a réparé les outrages en multipliant ses chefs-d'œuvre. Je pourrais, Émilie, faire avec vous de savantes recherches sur cette matière, et vous parler des nouvelles merveilles qui embellissent aujourd'hui l'univers ; mais

> Les merveilles de l'art n'ont plus, en vérité,
>   Rien qui me charme; et je vous jure
> Que vous avez borné ma curiosité
>   Aux merveilles de la nature.

LETTRE XXXII.

NAISSANCE D'ADONIS.

Vénus, enivrée d'un sentiment nouveau, se croyait heureuse; mais son bonheur ne dépendait pas d'elle; Apollon en était devenu l'arbitre et le dépositaire.

> Hélas! que je plains une belle
> Qui confie à l'objet de ses jeunes amours
> Le gage précieux du bonheur de ses jours!
> Elle trouve presque toujours
> Un dépositaire infidèle.

Tel fut le sort de Vénus. La Médisance, qui dès lors présidait au comité des déesses, lui rapporta en confidence que Phœbus descendait tous les soirs au palais d'Amphitrite, et qu'il n'en sortait qu'au lever de l'Aurore. A cette nouvelle, la triste Jalousie, quittant le temple de l'Hymen, son séjour ordinaire, vint déchirer le cœur de Vénus, et le remplit de fiel et d'amertume. La malheureuse déesse, l'œil égaré, le teint pâle, et les cheveux en désordre, vole au sommet du mont Ida. Là, ses regards inquiets fixent tour à tour le char de son amant et le séjour d'Amphitrite. Bientôt elle voit les coursiers du Soleil toucher au terme de leur carrière, et descendre vers la plaine liquide. L'Océan étincelle, les chevaux précipitent leur course, le char entre dans l'onde, ses feux s'amortissent, et Phœbus disparaît.

Cypris, à cette vue, était restée muette, immobile. Ses yeux, fixés vers le sombre horizon, semblaient y suivre encore le char de son amant. L'ingrat! s'écriait-elle, après tout ce que... Elle n'en pouvait dire davantage. Sa bouche demeurait entr'ouverte, ses sanglots s'arrêtaient au passage. Elle cherchait des larmes, et n'en trouvait plus. Enfin d'une voix tremblante elle appelle ses colombes, saisit les rênes, et va dans l'île de Chypre ensevelir sa honte et ses remords.

Là le souvenir de ses beaux jours l'attendrit et fit couler des pleurs qu'elle avait besoin de répandre. Il lui semblait que ces arbres, que ces fontaines, répondaient à ses soupirs; et l'infortunée soulageait son cœur en leur adressant ces plaintes:

« Doux asile de l'innocence,
» Bocages, témoins du bonheur
» Et des plaisirs de mon enfance,
» Soyez témoins de ma douleur.
» Myrtes, sous votre ombre paisible
» Cachez mes larmes, ma rougeur;

NAISSANCE D'ADONIS.

» J'ignorais, avant mon malheur,
» Qu'on dût rougir d'être sensible;
» Pauvre Amphitrite, ainsi que moi,
» Tu perds en ce moment le repos de ta vie.
» Que je te plains!... Mais il est près de toi...
» Hélas! que je te porte envie! »

En parlant ainsi elle errait à travers les bois et les vallées; ses lèvres étaient livides, ses paupières gonflées, ses yeux éteints, ses joues pâles et brûlantes. Ce n'était plus Vénus; et, lorsque son amant vint éclairer les ravages qu'il avait faits, l'infidèle ne reconnut plus sa victime.

Les jours de Cypris se consumaient ainsi dans les regrets et dans les larmes. Souvent même elle y consacrait les nuits, et les comparait douloureusement avec celle qu'elle avait passée dans l'île de Rhodes. Alors elle se levait avec agitation, et précédait l'Aurore dans les bois et sur les montagnes.

Là un jeune favori de Diane faisait depuis quelque temps ses premières armes; il avait les grâces de Diane elle-même. On l'eût pris pour son frère. Il n'était pas immortel; mais il entrait dans cet âge brillant où la vie ressemble à l'immortalité. En poursuivant les monstres des forêts il aperçut Vénus, et s'arrêta. Cypris étonnée leva les yeux et ne les baissa plus.

Le chasseur oublia son arc et son carquois.
Vénus du sein des pleurs sentit naître un sourire.

Ils se voyaient alors pour la première fois ;
Et pourtant ils avaient quelque chose à se dire.

Enfin, après avoir hésité long-temps, le timide chasseur rompit ainsi le silence :

« Vénus vient quelquefois visiter ces beaux lieux;
» En vous voyant j'ai cru...; mais sans doute mes yeux
   Ont été trompés par vos charmes :
» Si vous étiez Vénus, verseriez-vous des larmes ? »

« Hélas ! répondit-elle, vous ignorez donc que » les déesses sont sensibles, et les dieux infidèles? » Mais vous, aimable mortel, qui êtes-vous? Quels » sont les auteurs de vos jours? » A ces mots l'adolescent rougit, et lui dit, en baissant ses longues paupières : « Ma naissance est un secret, et mon » existence est un crime. Cyniras, mon père, ré- » gnait dans cette île heureuse. Il n'avait alors » qu'une fille, qu'il chérissait tendrement. Myrrha » le payait de retour; mais son cœur aveuglé s'é- » gara, et la piété filiale fit bientôt place à l'amour. » L'infortunée, pour éteindre cette flamme inces- » tueuse, essaya de terminer ses jours. Elle détacha » sa ceinture, et voulut s'étrangler. Mais sa nour- » rice accourut, coupa le nœud fatal, la rendit à la » vie, et favorisa son crime. L'épouse de mon père » célébrait alors durant la nuit les mystères de » Cérès. Myrrha, conduite par sa nourrice, prend » sa place dans le lit nuptial. Mais bientôt Cyniras

» s'aperçoit de cette horrible méprise. Il allait ven-
» ger la nature; sa fille échappe à sa vengeance.
» Durant huit mois entiers, elle erra jusque dans
» le pays des Sabéens, portant avec elle le remords
» et le fruit de son crime. Enfin les dieux, à sa
» prière, la changèrent en cet arbre d'où découle
» la myrrhe. Hélas! ces larmes précieuses sont les
» pleurs de ma mère. Sous cette forme nouvelle
» elle me nourrissait encore dans son sein. Enfin
» le terme marqué par Lucine arriva; l'écorce de
» l'arbre s'ouvrit, et je vis le jour. Les nymphes,
» touchées de mon sort, me reçurent dans leurs
» bras, et prirent soin de mes plus tendres années...
» Tant que vécut mon père, je n'osai paraître dans
» le séjour qu'il habitait; mais il n'est plus, et j'ai
» cru qu'il m'était du moins permis de venir pleu-
» rer sur sa cendre. Hélas! je méritais peut-être
» une autre origine. Le cœur d'Adonis est pur;
» plaignez-le, mais ne le haïssez pas. » A ces mots,
les soupirs étouffèrent sa voix, et deux ruisseaux
de larmes sillonnèrent ses joues vermeilles. Vénus
attendrie les essuyait en soupirant. « Consolez-
» vous, lui disait-elle, tous les cœurs ne vous sont
» pas fermés. Ne vous accusez point du crime de
» votre mère, car je ne voudrais pas aimer un
» coupable.—Eh! qui m'aimera? s'écriait-il. Je n'ai
» plus de sœur.—C'est moi qui la serai.—Je n'ai
» plus de mère.—Eh bien! je vous en servirai. »

Et elle appliqua sur le front de l'orphelin un baiser. Je ne vous dirai pas, Émilie, si ce fut un baiser fraternel ou maternel. Vous en jugerez bientôt vous-même. Pour moi j'imagine que l'émotion de Vénus ressemblait alors à celle que mon cœur éprouve auprès de vous :

> Le doux sentiment que je goûte
> En vous revoyant chaque jour
> Est plus que l'amitié sans doute,
> Mais n'oserait être l'amour.
> Il est de le faire connaître
> Plus malaisé que d'en jouir ;
> Je le sentirais moins peut-être,
> Si je pouvais le définir.

VÉNUS ET ADONIS.

J. M. Moreau le j.e inv. E. De Ghendt. sculp.

LETTRE XXXIII.

VÉNUS ET ADONIS.

Vous attendez impatiemment, Émilie, la seconde entrevue de Vénus et d'Adonis : vous allez être satisfaite. L'Aurore entr'ouvre les portes du jour : voici les amans. Au bas de cette colline n'apercevez-vous pas Adonis, les yeux baissés, la tête penchée et la démarche incertaine, accourant, et craignant d'arriver au rendez-vous ? Au détour de ce bosquet, ne découvrez-vous pas Vénus qui se cache derrière un buisson de myrtes ? A travers les branches qu'elle écarte, elle aperçoit Adonis; elle jouit de son embarras; elle l'attend, et lui pardonne de se faire attendre. Il arrive enfin. Vénus paraît... Voyez comme il est confus de son bonheur, et comme elle est heureuse de sa confusion ! Il se tait; elle regarde : il lève les yeux. Les voilà tous deux immobiles; ils se sont tout dit, et le silence dure encore. Enfin Cypris dépose un baiser sur sa main, et la lui abandonne; Adonis recueille le baiser, en donne mille en échange, et Vénus retire sa main pour les recueillir à son tour. Alors l'amant timide, un peu rassuré, lui dit à demi-voix :

« Cette belle main doit vous dire
» De quels feux je me sens brûler.
» Mais, hélas! pourquoi s'écrire
» Tandis qu'on peut se parler? »

A ces mots, Vénus lui sourit, lui tend les bras, et ils se parlent. Après cet entretien muet, mais délicieux, Vénus remarque que son bien-aimé rêve et soupire. Elle veut en savoir la cause. « Hélas!
» répondit-il en rougissant, depuis un instant je
» crains d'avoir un lustre de plus. Jusqu'ici je n'ai
» point compté mes jours; mais pardonnez-moi
» d'en devenir avare depuis que je vous les ai con-
» sacrés. Si ce qu'on m'a raconté est véritable, je
» ne jouirai pas long-temps de mon bonheur.

» Au printemps dernier, la jeune Aurore, fille
» de Titan et de Cybèle, aperçut Tithon, frère de
» Priam : il était beau, pour son malheur; la déesse
» l'aima. Elle descendit de son char de rose, prit
» Tithon par la main, et le conduisit dans l'île de
» Délos. Là l'Hymen les unit secrètement; et l'Au-
» rore obtint des Parques l'immortalité pour son
» époux. Mais l'immortalité n'éloigne pas la vieil-
» lesse; et les mortels vieillissent bientôt auprès des
» divinités. Chaque faveur que Tithon obtenait de

» son épouse le vieillissait d'un lustre; et, avant que
» l'Aurore eût douze fois éclairé l'Orient, elle vit
» son époux se courber sous le poids de la cadu-
» cité. Tithon supplia les dieux d'abréger cette
» vieillesse éternelle; et les dieux, touchés de son
» sort, le changèrent en cigale. Sous cette forme
» nouvelle il chante encore d'une voix affaiblie les
» plaisirs de sa jeunesse fugitive; et, dans peu de
» jours peut-être, je chanterai, comme lui, le songe
» rapide de mon bonheur. »

Adonis se tut, et soupira. Vénus, l'embrassant avec tendresse, lui répondit :

« Ah! ne crains point cette métamorphose :
» Adonis dans mon sein jamais ne vieillira;
   » Mon Adonis est une rose
   » Que mon souffle rajeunira. »

Ces paroles et quelques caresses le rassurèrent. Bientôt les alarmes s'éloignèrent, et les plaisirs prirent leur place. Vénus ne quittait plus Adonis. Armée comme lui d'un arc et d'un carquois, elle le suivait à travers les bois et les précipices. La reine de Gnide et de Paphos se soumettait aux lois de Diane, qui bravait sa puissance; et l'amour étouffait la vanité dans le cœur d'une déesse! Si quelquefois l'ardeur de la chasse séparait les amans, ils se rapprochaient aussitôt, ne fût-ce que pour se répéter : *Je t'aime;* car *je vous aime* n'était pas en usage alors pour une seule personne. Il était réservé à notre langue de distinguer par *vous* et *tu* le respect et la tendresse. Cependant elle n'a pas tout prévu; car, lorsque ces deux sentimens sont réunis, quel mot faut-il employer? Je n'en sais rien; et je vous avouerai même, Émilie, que souvent, tandis que ma bouche dit *vous*, mon cœur vous tutoie *in petto*. Que cette liberté tacite ne vous alarme pas!

> *Tu* ne peut vous être suspect,
> *Tu* s'adresse à l'Être-Suprême :
> Il peut donc, sans nuire au respect,
> S'adresser à l'être qu'on aime.

MORT D'ADONIS.

LETTRE XXXIV.

MORT D'ADONIS.

Unis par l'âge et par les sentimens,
Quelle douceur, quelle volupté pure,
Doivent goûter deux fidèles amans!
Leurs soupirs sont la voix de la nature.
Tout leur sourit; les feux de leur amour
Sont aussi doux que les rayons du jour.
D'un seul regard, le couple aimable et tendre
Sait se parler, se répondre et s'entendre.
Sont-ils heureux, l'Amour à leur bonheur,
Par ses faveurs, prête de nouveaux charmes.
Dans leurs chagrins, l'Amour consolateur
A vingt secrets pour essuyer leurs larmes.
C'est un sourire, un mot, un geste, un rien;
C'est un propos dicté par la tendresse;
C'est un baiser, une main que l'on presse,
Un cœur qu'on sent battre contre le sien.
Dans ces momens où soi-même on s'oublie,
Se souvient-on des peines de la vie?
Non, croyez-moi; de son enchantement
Lorsque le cœur enivré se réveille,

LETTRE XXXIV.

>Tout est passé : les plaisirs du moment
>Ont effacé les chagrins de la veille.

Vénus éprouvait depuis quelques jours cette douce consolation ; Apollon était oublié ; Adonis aimait pour la première fois : c'étaient la candeur et l'amour même. Cypris connaissait à ses dépens tout le prix de ce trésor. Elle en jouissait avec délices, et ne concevait pas au monde un état plus heureux que le sien. Mais s'il est un bonheur passager, c'est celui qui naît de l'amour.

Déjà le Printemps s'était réfugié dans l'île de Chypre, et l'Automne cédait à l'Hiver l'empire du reste de la terre. Mars revenait couvert de lauriers, et se flattait de retrouver Cypris en quartier d'hiver. En arrivant il apprit la mésintelligence qui régnait entre Vulcain et son épouse; cette nouvelle lui parut d'un favorable augure. Mais l'accueil glacé qu'il reçut de Vénus fit évanouir ses espérances et naître ses soupçons.

>Ce dieu savait qu'une belle
>Qui nous enlève son cœur,
>Le reprend bien moins pour elle
>Que pour notre successeur.

Il en résultait, selon lui, que Cypris avait une inclination secrète; et comme elle passait une partie de l'hiver dans l'île de Chypre, il y avait là quelque mystère, ou bien Mars ne connaissait pas les femmes. Or il se piquait de les connaître, et de n'être jamais dupe de leur dissimulation. Il épia donc Vénus dans ses fuites champêtres, et reconnut avec dépit qu'il l'avait jugée d'après les vrais principes.

Aussitôt le dieu jaloux jure la perte d'Adonis; il lui souffle la fureur des combats et allume dans son cœur la soif du danger. Adonis ne respire plus que la guerre; il brûle d'affronter les bêtes féroces. Cette belliqueuse audace brille dans ses yeux, anime son teint, et lui donne une grâce nouvelle. Jamais Vénus ne l'a tant aimé; jamais elle n'a tant craint pour ses jours. « Mon cher Adonis, lui dit-
» elle, d'où vous vient cette folle témérité? Préférez-
» vous Diane à Vénus qui vous chérit? Cessez de
» combattre les monstres, vous êtes fait pour de plus
» douces victoires. Hélas! mon rang m'appelle au-
» jourd'hui à la cour de Jupiter. Je reviendrai dans
» peu d'instans; mais je ne vous quitte qu'en trem-
» blant. Ah! si je vous suis chère, ménagez vos
» jours, et vivez pour celle qui n'aurait pas même
» la consolation de mourir pour vous. » A ces mots, elle l'embrasse avec tendresse.

Mais à peine son char s'envole vers l'Olympe, que Mars lui-même se présente sous la forme d'un sanglier. Ses crins hérissés, sa gueule menaçante, ses yeux étincelans, réveillent l'ardeur impétueuse d'Adonis; il oublie Vénus, s'oublie lui-même, part comme la foudre, atteint le monstre, le perce d'un trait. Le monstre furieux se retourne, fond sur le jeune chasseur, le terrasse, et lui enfonce dans l'aine sa dent meurtrière. Adonis tombe baigné dans son sang. Zéphyre porte à Vénus le dernier cri de son cher Adonis. Vénus y répond; et soudain ses colombes, d'un vol précipité, redescendent. La déesse éperdue court à travers les rochers et les ronces, déchire son sein d'albâtre et sa belle ceinture, et ses pieds délicats. Elle se jette sur son bien-aimé, referme sa blessure entr'ouverte, arrache son voile, bande sa plaie profonde, et s'efforce d'arrêter le sang qui s'échappe à gros bouillons et ruisselle entre ses doigts. Soins inutiles et tardifs ! Adonis n'est plus. Ses yeux brillans s'éteignent, son front pâlit, ses lèvres vermeilles se décolorent, et ressemblent à la violette flétrie. En vain sa malheureuse amante soulève avec effort ce corps immobile, le serre dans ses bras, appuie son cœur contre le sien, presse de sa bouche de feu cette bouche expirante, et cherche à la ranimer du souffle de sa chaleur divine : son cher Adonis ne la sent plus, et se glace contre son sein. Tout-à-coup ce froid mortel la saisit. La déesse frissonne, recule et tombe en invoquant la Mort. Mais la Mort, avare et sourde, emporte sa proie sans l'entendre. Hélas !...

> En respirant la vie et le dernier soupir
>   Du mortel chéri qui nous aime,

MORT D'ADONIS. 217

Qu'il est cruel de ne pouvoir mourir,
Et de se survivre soi-même!

La malheureuse Cypris, détestant l'immortalité, qu'elle ne pouvait partager avec son amant, chercha du moins à ranimer de lui quelque étincelle. Elle recueillit le sang qui coulait encore de sa blessure; et du reste de sa tiédeur fit éclore l'anémone.

Emblème de la vie, aimable et tendre fleur,
Qui brille le matin, le soir perd sa couleur;
Et, passant de nos prés sur l'infernale rive,
Nous présente en un jour l'image fugitive
De la jeunesse et du bonheur.

Après cette métamorphose, Vénus fit élever dans cet endroit même un temple à son cher Adonis. Là se renouvelait tous les ans la pompe de ses funérailles. Les habitans de la Syrie et ceux de la Grèce adoptèrent dans la suite cette fête annuelle. Le premier jour, ils se couvraient de vêtemens lugubres, s'arrachaient les cheveux et se frappaient la poitrine en pleurant la mort d'Adonis. Le lendemain, ils célébraient avec allégresse sa résurrection et son apothéose : ainsi, dès ce temps-là, comme aujourd'hui, l'on voyait toutes les femmes,

Du soir au lendemain, changeant de ton, d'humeur,
Comme d'habit et de couleur,
Et, retournant leur physionomie,

Pleurer de joie et de douleur,
Suivant la circonstance et la cérémonie.

Mais la vérité m'éloigne de la fable; j'y reviens. Cypris, après avoir rendu les derniers devoirs à son bien-aimé, songea elle-même à soigner ses blessures. En volant au secours d'Adonis, elle n'avait senti ni les rochers, ni les ronces qui l'avaient déchirée. Les rosiers épineux étaient teints de son sang. Plusieurs gouttes jaillirent sur les roses; et ces fleurs, qui jusqu'alors avaient été blanches, conservèrent, depuis cet évènement, la couleur du sang de Vénus.

Aussi moi, qui jamais n'obtins d'autre faveur,
Qui jamais n'eus d'autre ressource,
Que de vous présenter quelquefois cette fleur,
Je crois, en la voyant briller sur votre cœur,
Voir le sang de Vénus retourner à sa source.

LETTRE XXXV.

MARS ET VÉNUS SURPRIS PAR VULCAIN.

Vous savez, Émilie, ou vous saurez un jour, que ce qui désole une femme en console souvent une autre. La mort d'Adonis fit le désespoir de Cypris et la consolation de Proserpine. Cette reine, qui s'ennuyait beaucoup dans son empire, fut enchantée d'y recevoir le favori de Vénus; et ce qui la charmait encore plus, c'est que la déesse ne pouvait suivre son amant dans l'Élysée. Proserpine se flattait donc de posséder seule l'ombre d'Adonis.

> Ce bonheur vous paraît sans doute imaginaire :
> Qu'est-ce qu'une ombre pour un cœur?
> Mais apprenez qu'Amour, pour l'ordinaire,
> Court après l'ombre du bonheur.

Vénus, qui pleurait encore son cher Adonis, instruite des projets de Proserpine, en conçut une douleur amère. Mais bientôt le dépit succède à la douleur, et la rage au dépit. Ses sanglots s'arrêtent, ses larmes se sèchent sur ses joues brûlantes. La fille de l'Océan vole à l'Olympe, traverse la foule des dieux, se jette aux pieds de Jupiter, les presse de ses mains tremblantes, et ne dissimulant plus rien : « Oui, mon père, s'écrie-t-elle, oui, j'aimais » Adonis. Je l'aimais, je l'ai perdu ! J'ai perdu la » jeunesse, les charmes, la tendresse de mon amant. » Son âme encore me restait fidèle, et Proserpine » prétend me la ravir. La cruelle veut m'enlever » jusqu'à l'ombre de ce que j'aimais. O Jupiter! » venge-moi. Rends-moi mon Adonis. Qu'il vive, » pour que Proserpine ne triomphe pas de ta fille, » et que l'immortalité ne me soit plus insuppor- » table! »

Jupiter, attendri, mais n'osant décider une querelle dont le motif compromettait les droits de l'Hyménée, ordonna aux deux rivales de s'en rapporter au jugement de Thémis.

Cette vierge immortelle, fille du Ciel et de la Terre, et sœur de l'aimable Astrée, portait un bandeau sur les yeux. D'une main elle tenait un glaive, de l'autre une balance et le miroir de la vérité.

> Son temple était ouvert. Pour avoir audience
> On ne parcourait point le dédale éternel
> Tracé par la chicane et la jurisprudence;
> L'encre ne coulait pas encor sur son autel,
> Et l'or ne faisait point trébucher sa balance.

Thémis, après avoir entendu Vénus et Proserpine, partagea leur différend par la moitié, et prononça qu'Adonis passerait six mois sur la terre, et six mois dans l'Élysée. Cet expédient mit les rivales à peu près d'accord. Restait à décider laquelle des deux jouirait la première de la présence de son amant; et comme Proserpine, depuis quelque temps, était en possession, elle obtint pour elle la continuation du premier semestre. Quel siècle pour Vénus! mais Mars en adoucit la durée. Après une légère résistance,

> Elle souffrit qu'il lui parlât,
> Qu'il partageât sa peine et plaignît ses alarmes;
> Puis, qu'il essuyât quelques larmes,
> Puis enfin qu'il la consolât.
> Et lorsqu'après six mois, encor tendre et fidèle,
> Adonis pour Vénus quitta le sombre bord,
> L'innocent reconnut près d'elle,
> Que les absens ont toujours tort.

Le pauvre Adonis pleura long-temps cette étrange perfidie. Il gémissait la nuit, il se plaignait à l'Aurore; et l'Aurore, touchée de ses plaintes, les répétait au lever d'Apollon. Ce dieu n'apprit qu'avec un dépit secret les amours et les infidélités de Vénus. Il se rappelait des temps plus heureux, et bientôt ces souvenirs enfantèrent la jalousie. Caché derrière un nuage, il épia les amans, et trompa la vigilance de Gallus, gardien de leurs plaisirs. Aussitôt il en avertit Vulcain, qui, durant leur sommeil voluptueux, enveloppa Mars et Vénus de filets imperceptibles. L'Olympe assemblé fut témoin de leur réveil et de leur confusion.

> J'ignore si, dans cet instant,
> Vulcain fit bonne contenance;
> Mais je sais bien qu'en éclatant
> Un époux doit toujours rougir de sa vengeance.
> Quand l'Hymen fait un quiproquo,
> Le sage se résigne, il cède à son étoile,
> Et sait, le front couvert d'un voile,
> Jouer son rôle incognito.

Mars, furieux, changea Gallus en coq, pour le punir de sa négligence. Il paraît que, sous cette forme nouvelle, Gallus devint plus vigilant; car, tous les jours encore, avec la même exactitude,

> Il annonce aux amans le lever de Phœbus,
> Et Mars, en l'écoutant, sort des bras de Vénus.

Vulcain, à la prière des dieux, ayant levé ses filets, Mars se sauva dans les montagnes de la Thrace, où il fut depuis adoré; et Vénus se réfugia dans l'île de Chypre. Là, par un prodige nouveau pour elle, elle crut voir de jour en jour décroître sa ceinture; peu à peu cette parure divine refusait d'environner son sein. Enfin elle fut obligée d'y renoncer jusqu'à la naissance de l'Amour.

Que de bien, que de mal j'aurais à vous dire de

ce dieu! Mais je m'impose silence. Il est trop cruel pour en dire du bien, et trop puissant pour en médire. D'ailleurs, quelle serait l'utilité, quel serait le prix de mes leçons?

> Si votre cœur daignait m'entendre,
> Je vous parlerais de l'Amour;
> Mais que puis-je vous en apprendre?
> Je ne l'ai vu qu'à votre cour.
> Mieux que moi dès long-temps vous devez le connaître,
> Et sur ce chapitre, à son tour,
> L'écolière pourrait en remontrer au maître.

A ÉMILIE.

Au château de L...

Je vous écris dans ce cabinet tranquille où vous aimez si souvent à vous recueillir.

Cet asile devient pour vous
Le temple des vertus, des talens, de la gloire.
Ah! que j'y tombe à vos genoux,
Il deviendra mon oratoire.

Quoi qu'il en soit, votre goût pour cette aimable cellule est bien selon mon cœur.

J'aime un simple réduit qu'un demi-jour éclaire;
Là mon cœur est chez lui. Le premier demi-jour
Fut, par la volupté, ménagé pour l'amour.
La discrète amitié veut aussi du mystère.
Quand de nos bons amis, dans un lieu limité,
Le cercle peu nombreux près de nous se rassemble,
Le sentiment, la paix, la franche liberté,
Président en commun au petit comité.
On est là. Qu'y fait-on ? rien; mais on est ensemble.

Dans un salon froidement spacieux,
Que le luxe à grands frais décore,
Rien ne parle à mon cœur, quand tout parle à mes yeux.

A EMILIE.

Il semble, dans ces vastes lieux,
Que le sentiment s'évapore.
Dans un boudoir on s'aime mieux,
Plus intimement on s'accueille;
Rien ne se perd, tout devient précieux :
Un geste, un mot, un rien, tout se recueille.
Là, vers la fin du jour, la simple vérité,
Honteuse de paraître nue,
Pour cacher sa rougeur, cherche l'obscurité.
Là la confidence ingénue
Rapproche deux amis; et si quelque soupir
A l'un des deux se laisse entendre,
Sentez-vous avec quel plaisir
Il devine les pleurs qu'à l'autre il fait répandre.

Heureux, Émilie, celui qui, près de vous, en ferait la douce expérience! Ah! si les dieux m'avaient réservé ce bonheur, quel temple, quel séjour enchanté vaudrait pour moi votre aimable asile!

Là je voudrais passer ma vie;
Là je voudrais un jour mourir
Les yeux fixés sur mon amie;
Là le nom chéri d'Émilie
Se mêlerait encore à mon dernier soupir;
Là, s'échappant de l'infernale rive,
Au retour du printemps, mon âme fugitive
Reviendrait soupirer. Ainsi, dans les beaux jours,
L'hirondelle franchit le vaste sein de l'onde
Et, fidèle à son nid, revient, d'un autre monde,
Visiter le berceau de ses jeunes amours.

LETTRE XXXVI.

NAISSANCE DE L'AMOUR.

Si l'on vous racontait, Émilie, qu'il existe un aveugle armé de traits empoisonnés, qui, par un instinct cruel, choisit à son gré ses victimes, et les frappe toujours droit au cœur; que cet aveugle porte sur les yeux un bandeau, lequel, se multipliant à l'infini, va couvrir la vue de tous ceux que le trait fatal a blessés, vous traiteriez sans doute ce récit de fable et de mensonge. Mais si l'on ajoutait que l'aveugle est de votre connaissance; que souvent même vous lui prêtez vos yeux, et qu'en récompense il vous prête son bandeau, votre incrédulité ferait place à l'étonnement. Enfin, si l'on vous assurait que, dès l'âge de quinze ans, vous avez conduit l'aveugle par la main, et lancé vous-même un de ses traits les plus ardens; alors, avec un sourire, tendre peut-être, vous vous rappelleriez l'ami d'Émilie, et vous diriez : Cet aveugle est l'Amour.

Chaque jour proscrivant le dieu de la tendresse,
Vous me faites jurer de n'en parler jamais;

LETTRE XXXVI.

Chaque jour, je vous le promets,
C'est ainsi que tous deux nous en parlons sans cesse.

A peine Vénus eut-elle enfanté Cupidon, que Jupiter, lisant sur sa physionomie douce et perfide tout le mal qu'il ferait un jour, le proscrivit dès le berceau. Vénus, pour le soustraire au courroux de Jupiter, prit son fils dans ses bras; et, faible encore, elle se traîna avec ce doux fardeau dans les forêts de l'île de Chypre. Là elle oublia les plaisirs brillans de la cour céleste, et s'enivra des délices de l'amour maternel.

Elle éprouvait, cent fois le jour,
Ce mélange d'inquiétudes,
D'ivresses, de sollicitudes,
Inséparables de l'amour;
Ses soins étaient plaisirs pour elle:
Les soins de mère sont si doux!
Son fils jouait sur ses genoux,
Ou bien pendait à sa mamelle.
Reposait-il : « Vents, taisez-vous;
» Zéphyr, flattez-le, disait-elle;
» Embaumez-le, rose nouvelle;
» Sommeil, verse-lui les pavots
» Que tu me destinais : je veille
» Si doucement quand il sommeille!
» Comme il sourit! Que le repos
» Donne de grâce à l'innocence!

» Du vainqueur des rois, des héros,
» Voilà donc la frêle espérance !
» Voilà celui dont la puissance,
» Égale aux arrêts du Destin,
» Donnera des lois à la terre,
» Enchaînera le genre humain,
» Les dieux même ! Et je suis sa mère !...
» Mais ses traits semblent s'altérer ;
» Il souffre ! s'il allait pleurer !...
» Non, ses yeux s'ouvrent ; il soupire,
» Et s'éveille pour me sourire. »

Malgré sa tendresse pour son fils, Vénus ne fut pas sa seule nourrice. Si l'Amour n'eût sucé que le lait de la beauté, son caractère en eût pris seulement une teinte de coquetterie, ce qui, de nos jours, ne tire plus à conséquence ; mais aussitôt qu'il put marcher, il parcourut les bois, suça le lait des bêtes sauvages, et, avec leur substance, il prit leur férocité. Bientôt il se façonna un arc de frêne, des flèches de cyprès, et les essaya contre les animaux qui l'avaient nourri. Sûr de son adresse, il l'exerça contre les hommes, et Vénus elle-même ne fut pas épargnée.

Quelques uns de ses traits, légèrement dorés, blessaient les amans heureux. D'autres, armés d'une pointe de plomb, portaient au fond du cœur la froideur et l'ingratitude. Mais la plupart, trempés dans un poison subtil, frappaient et frappent encore les amans infortunés. Leur atteinte est souvent inévitable :

>Mais, en se tenant à l'écart,
>Le sage de leurs coups n'a, dit-on, rien à craindre ;
>Car ils ne portent pas plus loin que le regard
>D'une belle ne peut atteindre.

Cependant l'Amour cache partout ses traits avec tant d'adresse, la Nature et les Arts conspirent tellement avec lui, que la défiance elle-même est quelquefois prise en défaut.

>Sous le verre d'une tablette,
>Où l'art aura représenté
>En raccourci les traits de la beauté,
>Que l'œil du sage innocemment s'arrête ;
>Le trait part, le coup est porté ;
>L'illusion commence la défaite
>Qu'achève la réalité.
>Souvent dans un bois solitaire,
>Où le sage respire en paix,
>L'écho des prés et des forêts
>Lui redit les accens d'une jeune bergère.
>S'il y prête l'oreille, aussitôt dans son cœur
>Le trait s'insinue ; et le sage,
>Attiré pas à pas vers ce chant séducteur,
>Court au-devant de l'esclavage.
>Quelquefois, au bord d'un ruisseau,
>Étendu sur l'herbe fleurie,
>Du souvenir des fêtes du hameau

Il entretient sa tendre rêverie.
　'Le souvenir embellit tout.
« Qu'aux fêtes de Cérès Clymène était jolie !
» Oh ! que ses grands yeux bleus avaient de modestie !
» Que sa parure avait de noblesse et de goût !
» Ce temple de verdure est digne de Clymène.
» Viens, Clymène, en ces lieux reposer tes appas ;
　» Viens baigner tes pieds délicats
　　» Au cristal de cette fontaine ;
» Ces bois t'ombrageront de leur feuillage épais,
» Mes soins écarteront les regards indiscrets.
» Ah ! ne crains pas les miens : je devine tes charmes ;
» Mais j'aime la vertu, j'adore la pudeur... »
Le rêveur, à ces mots, dans ses yeux sent des larmes,
　Et le trait d'Amour dans son cœur.

Vous le voyez ; les traits de l'Amour se rencontrent partout : dans le monde, dans la solitude, dans les fleurs d'un bouquet, dans les plis d'une gaze, dans les reflets d'une glace, dans les romans ; dans les lettres, même de l'amitié, excepté dans les miennes peut-être.

Quoique ces traits pénètrent jusqu'au fond de l'âme, c'est presque toujours par les yeux qu'ils s'insinuent. Il faut qu'il existe, des yeux au cœur, quelque fibre délicate qui serve de conducteur à cette flamme électrique ; et, dans ce siècle éclairé, où l'on a porté si loin la connaissance des nerfs, je voudrais bien qu'un subtil anatomiste pût découvrir cette fibre conductrice ; car, dès qu'il serait démontré que le pouvoir de l'Amour ne tient qu'à un fil, ce fil une fois coupé,

Adieu tous les secrets de la coquetterie,
Soupirs, larmes, coups d'œil, sourires, trahisons ;
Adieu fureurs, craintes, soupçons,
Noirs enfans de la Jalousie...
Oui, mais adieu doux sentimens,
Si précieux aux belles âmes !
Adieu soupirs, baisers de flammes,
Ivresses, larmes et sermens ;
Adieu le bonheur des amans !
Le repos de l'indifférence
Pourrait-il compenser la perte du plaisir ?
Non ; aimer, jouir et souffrir,
De l'homme voilà l'existence.
Mais en amour surtout, par un secret lien,
Tout s'enchaîne, l'ardeur, la crainte, l'espérance,
Peines, plaisirs, tout se balance ;
On souffre, on jouit : tout est bien.

Ainsi laissons-là le projet de notre découverte. Aussi bien, fussions-nous à l'abri des traits de l'Amour, il nous subjuguerait encore par les charmes de la persuasion. Aucun dieu ne possède, comme lui, le talent de s'insinuer dans un cœur, d'égayer la morale, d'aplanir les scrupules, et de donner aux faiblesses humaines le coloris de la vertu. On assure même que ses argumens sont sans réplique : je le crois volontiers.

Mais, sur le chapitre des mœurs,
De sophisme je le soupçonne;
Car de la sagesse il raisonne
Comme un aveugle des couleurs.

Au reste, si ses raisonnemens ne sont pas toujours justes, au moins doivent-ils être amusans, car ils lui sont inspirés par la Folie, que Jupiter lui a donnée pour conductrice. Cette déesse agile le conduit sans cesse aux assemblées, aux spectacles, aux bals, aux rendez-vous. Chez nous, elle l'affuble tour à tour d'un uniforme, d'un petit manteau, d'un grand chapeau, d'une robe à longs plis, d'un bonnet carré, d'une perruque à circonstances, d'un habit de cour, d'une petite coiffe de dévote, et même d'un capuchon. La plupart de ces costumes lui vont très mal; mais, lorsqu'il n'emprunte point cette garde-robe étrangère, le pauvre malheureux est réduit à marcher tout nu. L'on a beau lui en vouloir, ce dénuement excite la compassion; il se joint même à ce tendre intérêt un souvenir encore plus tendre, quand on se rappelle que sa nudité est aujourd'hui l'emblème de ce qu'il fut dans l'âge d'or.

Comme il était sans voile, il était sans détours.
Dès qu'il aimait, il disait: Je vous aime;
Et cet aveu n'était point un problème
Qu'un amant pût résoudre à peine en quinze jours.

Il n'étudiait point ses timides discours,
        Comme une certaine Émilie
        Qui prétend sauver sa pudeur
Sous le voile douteux de l'amphibologie;
Tandis que ses regards, ses soupirs, sa langueur,
        Nous font du secret de son cœur
        Le secret de la comédie.

ENFANCE DE L'AMOUR.

LETTRE XXXVII.

ENFANCE DE L'AMOUR.

On se plaint depuis long-temps des traits de l'Amour; cependant ils ont fait verser moins de pleurs que ses ailes. Elles sont teintes de pourpre, d'or et d'azur. Ces nuances variées offrent l'emblème de l'inconstance sur le plumage qui en est le mobile.

Je ne vous dirai pas, Émilie, à quel âge l'Amour sentit croître ses ailes. Un petit-maître vous protesterait que ce fut le jour même, ou au plus tard le lendemain de sa naissance. Pour moi, voici mon opinion à ce sujet :

> Il n'eut point d'ailes en naissant,
> L'innocence est toujours fidèle ;
> Il n'en eut point en grandissant,
> L'enfance n'est jamais cruelle.
> Dans l'âge où naissent les soupirs,
> Il ne voltigea point encore ;
> La constance est sœur des désirs
> Que ce bel âge voit éclore.

LETTRE XXXVII.

> Mais dès le premier baiser
> Que sa bouche obtint des belles,
> Les deux pointes de ses ailes
> Commencèrent à percer.
> Nouveaux baisers; le plumage
> En deux jours se déploya.
> Enfin, par son doux langage,
> Il obtint bien davantage :...
> Dès qu'il en fut venu là,
> Aussitôt il s'envola.

Peu de temps après, l'Amour se promenait avec sa mère dans une prairie émaillée de fleurs. Là, comptant sur l'agilité de ses ailes, il se vanta de moissonner en quelques minutes plus de fleurs que Vénus n'en pourrait cueillir. Vénus accepta le défi; et Cupidon, voltigeant devant elle, allait gagner la gageure;

> Mais, au moment d'être vainqueur,
> Il vit évanouir sa gloire.
> L'Amour laisse souvent échapper la victoire
> Quand il vole de fleur en fleur.

La nymphe Péristère, qui accompagnait Cypris, l'aida sur-le-champ à remplir sa corbeille, et l'Amour, piqué de se voir vaincu, changea la nymphe en colombe;

> Afin d'apprendre désormais
> A nos modernes Péristères

> Qu'avec l'Amour nymphe ne doit jamais
> Se mêler que de ses affaires.

Malgré ce mauvais succès, Cupidon a toujours conservé le goût de voltiger. Il a suivi dans ses conquêtes la marche incertaine de nos héros à bonnes fortunes, avec cette différence que ceux-ci vieillissent en sortant de l'enfance, au lieu que l'Amour a toujours conservé la taille, la fraîcheur et l'agilité d'un enfant. Cette extrême jeunesse étonne, surtout quand on la compare avec sa force irrésistible.

> Par quel charme, ou par quelle adresse,
> Un faible enfant peut-il renverser la raison
> Et triompher de la sagesse?
> On le dit fort; mais le fripon
> N'est fort que de notre faiblesse.

Au reste, l'enfance de l'Amour est assez prouvée par ses jeux, ses caprices et ses inconséquences; et l'on sent aisément que l'âge de la prudence ne peut ni lui convenir, ni lui plaire.

> L'Amour est tellement enfant,
> Et, pour son âge, a tant de complaisance,
> Que d'un regard il fait souvent
> Tomber la vieillesse en enfance.

Cependant sa figure ne porte point le caractère naïf de l'innocence; on n'y lit que le plaisir d'avoir fait le mal, et le désir de le faire encore. Malgré cette physionomie perfide, les anciens regardaient l'Amour comme le plus beau des habitans de l'Olympe. Cette opinion me semble bien naturelle;

> Car, si la femme que j'aime
> Est la plus belle à mes yeux,
> Il est juste qu'Amour lui-même
> Soit pour moi le plus beau des dieux.

Quant à son caractère, les opinions sont absolument divisées : les uns le font auteur de tous les biens, les autres de tous les maux, suivant les biens ou les maux qu'ils ont reçus de lui. Pardonnez, Émilie, si je suis de ce dernier parti; vous n'avez pas voulu que je fusse du premier.

Il est probable que cette double opinion a donné lieu à l'idée que les anciens ont conçue de deux Amours[1] opposés. Suivant eux, l'un préside à la volupté, l'autre au sentiment.

> L'un flétrit la fleur du plaisir
> Aussitôt qu'elle vient d'éclore;
> C'est lui qui jadis fit vieillir
> Tithon dans les bras de l'Aurore.
> L'autre inspire ce feu divin

---

[1] Ils appelaient l'Amour vertueux, *Éros;* et celui qui lui est opposé, *Antéros*. On le croit fils de Mars et de Vénus.

ENFANCE DE L'AMOUR.

Que vous allumez dans mon sein,
Cette flamme pure et sublime
Que la vertu nourrit d'estime.
Dévoré de sa sainte ardeur,
Ma bouche, en soupirant, l'exhale.
Du feu sacré l'autel est dans mon cœur,
Et vous en êtes la vestale.

Quant à la naissance de l'Amour, elle a donné lieu à plus d'erreurs et de systèmes que son caractère et tous ses attributs.

Aristophane raconte que la Nuit, fécondée par Zéphyre, pondit un œuf qu'elle couva sous ses ailes noires, et d'où sortit Cupidon.

Platon rapporte qu'au banquet céleste que donnèrent les dieux pour célébrer la naissance de Vénus, Porus, dieu de l'abondance, s'étant enivré de nectar, rencontra dans les jardins de Jupiter Pénia, déesse de la pauvreté, qui était venue pour recueillir les restes du repas; qu'il la rendit mère de Cupidon, et que Vénus adopta cet enfant.

Sapho le fait fils du Ciel et de la Terre; Alcée, de la Discorde et de l'Air; plusieurs, de Zéphyre et de Flore. Enfin il n'y a point de financier parvenu sur l'origine duquel on puisse citer autant de variantes. Quelques profanes ont même osé avancer que l'Amour n'était ni dieu, ni roi. Si cette erreur s'était accréditée, vous l'auriez dissipée de nos jours;

LETTRE XXXVII.

Depuis qu'en votre sein le dieu d'Amour repose,
Il eût repris son sceptre et sa divinité.
Vos yeux, d'un seul regard, à l'incrédulité
    Auraient prouvé sa royauté;
    Vos vertus, son apothéose.

LETTRE XXXVIII.

HÉBÉ ET L'AMOUR.

S'il existe des caprices aimables, ce sont assurément les caprices de l'Amour.

> Il est aimable quand il pleure,
> Il est aimable quand il rit.
> On le rappelle quand il fuit,
> On l'adore quand il demeure:
> C'est le plus aimable boudeur
> Qui soit de Paris à Cythère;
> C'est le plus aimable imposteur
> Qui soit né pour tromper la terre;
> Il fait vingt sermens aujourd'hui,
> Et demain il les désavoue:
> On sait qu'il blesse quand il joue,
> Et l'on veut jouer avec lui.

Je vais, Émilie, vous citer un trait qui vous prouvera que ces jeux ne sont pas toujours des jeux d'enfans. Il était encore très jeune lorsqu'il fit, avec Hébé sa compagne, le voyage de Paphos, où Vénus avait un temple célèbre. Là, après avoir étudié les arts et les sciences,

> Ce dieu malin, qui sans cesse varie
> Ses goûts légers, ses plaisirs, ses travaux,
> Conçut un jour la docte fantaisie
> De professer, au milieu de Paphos,
> Les élémens de la géographie.
>
> Dans ce dessein, lui-même il façonna
> D'un marbre blanc la surface arrondie,
> Et d'un bleu tendre avec art dessina
> Sur ses contours la Grèce, l'Italie,
> Londres, Paris, Cythère, *et cætera*.
>
> La jeune Hébé, qui toujours le seconde,
> Dans ses projets grandement l'assista,
> En se chargeant de la machine ronde :
> Aux écoliers que l'Amour enseignait
> En tous les sens Hébé la retournait,
> Pour leur montrer les quatre coins du monde.
>
> Mais la déesse à la fin se lassant
> De ce travail, Cupidon, pour bien faire,
> Avec adresse, ayant coupé sa sphère
> Par l'équateur, la fendit justement
> En deux moitiés, par quoi les antipodes,
> Mis de niveau, furent moins incommodes
> A transporter. L'Amour, de çà, de là,
> Contre le sein d'Hébé les accoupla.

HÉBÉ ET L'AMOUR.

Or de l'Amour la gentille écolière,
Flore, un beau jour, ayant touché, dit-on,
Du bout du doigt les pôles de la terre,
Chaque toucher fit éclore un bouton :
Bouton naissant de rose printanière
Ne brille pas d'un plus beau coloris
Que ce bouton éclos du sein des lis.
A s'en parer Hébé fut la première ;
L'Amour lui-même en parut enchanté.
La mode en vint ; chaque divinité
Modestement promenait à la ronde,
Sous un tissu gonflé par le zéphir,
Les deux boutons prêts à s'épanouir,
Qui couronnaient sa double mappemonde.
Chez les humains cette mode passa
Rapidement ; et l'adroite Nature
Pour le beau sexe avec art imita
Des déités la nouvelle parure,
Comme elle avait, à quelque temps de là,
De Cythérée imité la ceinture.
Mais ces trésors, qui sont d'un si grand prix
Dans la saison du règne de Cypris,
Sont dédaignés par l'austère vieillesse.
Dans l'âge mûr, nous voyons nos mamans
Laisser tomber ces frêles ornemens
Qu'avec tant d'art éleva leur jeunesse,
Jouets légers de l'Amour et du Temps,
Que la Sagesse abandonne aux enfans.

Je conviens, Émilie, que ce trait d'invention,

dont les imitations ont été si multipliées, n'est point consigné dans l'histoire de l'antiquité; mais il nous est parvenu par la tradition, dont le rapport, depuis tant de siècles, est appuyé sur une expérience aussi heureuse que constante. Je vous engage donc à le croire, d'autant que vous êtes moins que personne en état de le contester.

> Car, si vous osiez démentir
> La vérité de ce système,
> Vous pourriez, je crois, nous fournir
> Double argument contre vous-même.

NAISSANCE DE BACCHUS.

LETTRE XXXIX.

SÉMÉLÉ, ARIANE.

Vénus depuis long-temps cherchait l'occasion de réconcilier son fils avec Jupiter, lorsque enfin le Destin la lui présenta : ce furent les noces de Thétis et de Pélée, où toute la cour céleste fut invitée, excepté la Discorde.

Vénus, profitant de la circonstance, alla trouver Thétis, et lui dit : « Mon fils, en naissant, a été » proscrit par Jupiter; vous pouvez tout aujour- » d'hui; obtenez sa grâce, et comptez sur sa re- » connaissance.

» Il sèmera de fleurs votre heureux hyménée;
» Il abrègera la journée,
» Alongera la nuit; et l'on verra l'Amour
» Faire un mariage à la cour. »

Thétis promit son intercession à Vénus, qui, pour la seconder, alla solliciter l'appui de Junon.

« Présentez mon fils, lui dit-elle;
» Obtenez son pardon : pour prix de ce bienfait,

» A votre époux il doit lancer un trait
» Qui le rendra huit jours fidèle. »

Junon, tentée d'un pareil phénomène, promit à Vénus de l'aider de tout son crédit.

L'Olympe étant donc assemblé, l'Amour, tenant Thétis par la main, parut dans le temple de l'Hyménée. Il portait sur sa figure cette candeur enfantine et ce regard ingénu qui ne manquent jamais les cœurs. Il sourit, et fut aimé. L'Hymen voulut lier connaissance avec cet aimable étranger, et lui proposa même une association, mais leur commerce souffrit beaucoup de l'opposition de leurs caractères : l'un est de feu, l'autre de glace. Aussi les amans tremblent-ils avec raison de les voir réunis. En effet,

Il est naturel, ce me semble,
Que l'Hymen de l'Amour attiédisse l'ardeur.
Du chaud, du froid, unis ensemble,
Que résulte-t-il? la tiédeur.

Quoi qu'il en soit, Junon et Thétis présentèrent l'Amour à Jupiter, qui lui accorda sa grâce. L'enfant vola sur ses genoux, et le caressa: mais on sait que ses caresses sont des blessures. Toutes les déesses furent blessées presque en même temps. Les propos, les regards s'animèrent; et les yeux de Bacchus ayant rencontré ceux de Cypris, ne se baissèrent plus.

Ce dieu, long-temps en butte au courroux de Junon, venait enfin de se réconcilier avec elle, et paraissait pour la première fois au banquet céleste. Outre ses qualités réelles, il avait pour les déesses le plus grand de tous les mérites, celui de la nouveauté. La curiosité l'assiégeait. Vous devinez qu'il fut interrogé; vous devinez aussi qu'il fallut répondre;

Car du sexe discret dont nous suivons la loi
    Tel est l'amour pour le silence,
Que, quand il interroge un muet de naissance,
Il faut ou qu'il réponde, ou qu'il dise pourquoi.

Bacchus répondit donc en ces termes : « Vous
» savez, déesses, que je dois le jour à Sémélé, fille
» de Cadmus, frère d'Europe, qui a donné son
» nom à la plus belle partie de l'univers. Ma mère
» entrait dans cet âge où la laideur même brille
» des charmes du printemps : jugez de quel éclat
» devait briller sa beauté. Jupiter lui-même en fut
» ébloui, et de ses yeux le trait passa dans son
» cœur. Soudain il prend la taille et la figure d'un
» adolescent. Il paraît, il est aimé. Long-temps la
» pudeur de Sémélé résiste à l'Amour; mais enfin
» elle cède à la vanité. Son amant, repoussé de ses
» bras, lui déclare qu'il est le souverain des dieux.
» A ces mots, un regard le rappelle, et Sémélé
» devient mère.

» J'ignore, ô Junon! qui put vous instruire de ce
» mystérieux larcin ; mais la vengeance en fut ter-
» rible. Vous vîntes trouver ma mère sous les traits
» de Béroé, sa nourrice; et, lui donnant un baiser
» féminin, vous lui dîtes en confidence :

» Ma belle enfant, qu'as-tu fait de tes roses?
» Je ne te vois que des lis aujourd'hui.
» Qui peut avoir flétri tes lèvres demi-closes?...
» Le petit scélérat!... Je gage que c'est lui!

» —Eh! qui donc? reprit ma mère en rougis-
» sant.

» — Qui? cet adolescent, dont les yeux, le sourire,
» Les propos, en deux jours, poussent un cœur à bout.
» Je ne veux rien savoir; mais, si tu me dis tout,
» Je te promets de ne rien dire.

» —Je n'ai rien à vous confier, répliqua Sémélé,
» puisqu'il n'y a rien.

» —Rien?... Regarde-moi donc... Quels regards abattus!
» Rien?... Mon enfant, j'ai là-dessus
» Une science trop certaine.
» J'ai passé par là... Mais... ta robe ferme à peine,
» Et ta ceinture ne joint plus!

» A ces mots, ma mère ne répondit que par des
» larmes, et tomba dans les bras de la fausse Béroé,
» qui, feignant de la consoler, s'écriait :

» Ne pleure pas, ma pauvre fille !
» On est jeune, on est faible... Eh ! ne sais-je pas bien
» Ce qu'il en coûte alors ? Oh ! le petit vaurien !
   » Si je connaissais sa famille !...
» — Vous la respecteriez. — Vraiment ce suborneur,
   » Ce scélérat, ce fourbe insigne,
   » T'aura fait encor trop d'honneur ;
» Tu verras qu'il descend au moins en droite ligne
» De Saturne ? — Il est vrai. — Quoi ! ce jeune inconnu ?
   » — C'est Jupiter. — Et tu l'as cru ?
   » Va, les dieux gagnent trop à l'être,
   » Pour dédaigner de le paraître.
» Qui te l'a dit enfin ?... — Lui-même. — L'imposteur !
   » Abuser ainsi la candeur !
» Un Jupiter sans barbe ! — Hélas ! reprit ma mère,
   » Si ce n'est le dieu du tonnerre,
   » C'est au moins le dieu du bonheur.

» — Eh bien ! ajouta la perfide nourrice, pour
» te prouver sa divinité, qu'il paraisse devant toi
» dans l'éclat de toute sa puissance ! Cette pro-
» position flatta la vanité de Sémélé ; elle pressa
» son amant d'y condescendre. En vain celui-ci lui
» représenta qu'il y allait pour elle de la vie ; elle
» lui répondit :

» Si, par l'éclat brûlant de ta gloire suprême,
   » Ce faible corps est dévoré ;
   » Si je meurs enfin, je mourrai
   » Dans les bras de celui que j'aime.

» Jupiter, trop tendre pour résister à ses désirs,
» parut dans un nuage de lumière, tenant d'une
» main le sceptre, et de l'autre la foudre. Sémélé,
» ivre de gloire et d'amour, lui tendit les bras, et
» se précipita dans les siens ; mais ses lèvres tou-
» chaient à peine les lèvres de son amant, que déjà
» la foudre l'avait consumée. Son âme, en gémis-
» sant, s'envola dans l'Élysée. Junon sourit ; et Ju-
» piter, versant des larmes, me recueillit parmi les
» cendres de ma mère, et me mit dans sa cuisse,
» où il me porta jusqu'au terme de ma nais-
» sance. Alors Mercure me confia secrètement aux
» nymphes de la montagne de Nysa, en leur di-
» sant :

» Élevez cet enfant à l'ombre du mystère,
» Il était orphelin avant de voir le jour.
   » Que son enfance vous soit chère :
   » Et dans le sein de votre amour
» Puisse-t-il oublier qu'il a perdu sa mère !

» Je la retrouvai en effet près de ces fidèles
» nourrices, qui, en récompense de leurs soins,
» brillent maintenant au milieu des astres, sous le
» nom des *Hyades*.

» Quand je sortis de leurs bras, le bon Silène
» devint mon précepteur. Il était toujours monté
» sur son âne, et c'est à lui que je dois mes pre-
» mières leçons d'équitation.

» Son caractère était la bonhomie ;
» Il buvait sec, mais il avait le vin
» Joyeux et tendre ; il eût, le verre en main,
» Fait rire en chœur toute une académie.
» Auprès de lui, jamais le noir chagrin
» N'osa rider le front de la Folie.
» Si la Bacchante avec un ris malin,
» Dans un repas le barbouillait de lie,
» Il se prêtait à la plaisanterie,
» Et se vengeait par un tendre larcin
» Qu'il n'allait pas raconter à sa mie.
» Nymphes, bergers, dryades et sylvains,
» De ses chansons répétant les refrains,
» L'environnaient de leur bruyante orgie,
» Et promenaient le meilleur des humains
» Sur le meilleur des coursiers d'Arcadie.

» Formé par les leçons d'un si bon maître, je
» résolus, dès ma jeunesse, de marcher sur les
» traces des héros, et de surpasser la gloire des
» plus illustres conquérans. Mais les idées de con-
» quêtes que Silène m'avait données n'avaient rien
» de sanguinaire. Je voulais faire des heureux, et
» non pas des esclaves ; et les peuples échappés à
» ma puissance devaient envier le sort des vaincus.

» Mon plan étant ainsi conçu, je partis à la tête
» d'une armée innombrable.

» Les dryades, le thyrse en main,
» Ouvraient la marche. Au lieu de machines de guerre,

» Les sylvains roulaient sur la terre
» Des milliers de tonneaux de vin.
» La Folie et l'Amour, couronnés de raisin,
» Remplaçaient parmi nous la Fureur et la Gloire ;
» Et quand l'armée, au son du tambourin,
» Faisait halte, c'était pour boire.

» J'étais monté sur un char traîné par deux
» tigres ; un thyrse me servait de sceptre, et le
» pampre formait mon diadème. Bientôt la Re-
» nommée annonça aux peuples de l'Inde qu'un fils
» de Jupiter s'avançait pour les conquérir. Ces
» peuples, me croyant héritier de la foudre, s'en-
» fuirent à mon approche ; mais, revenus de leur
» première terreur, ils accoururent en foule au-de-
» vant de leur nouveau maître. Alors, au lieu d'exi-
» ger d'eux des tributs et des otages, je leur dis :

» Ensemencez ce champ fertile, mais inculte,
» Plantez ces jeunes ceps le long de ces coteaux :
» Dans ces rians vallons rassemblez vos troupeaux :
» Voilà mes lois, voilà mon culte.
» Je n'exerce point les horreurs
» Du dieu de Thrace et de Bellone.
» Soyez libres ; je veux n'enchaîner que les cœurs.
» A vos princes soumis je laisse la couronne ;
» Mais à condition que de votre bonheur
» Ils me rendront un pur hommage.
» Je ne veux de mes droits que votre amour pour gage.
» Allez, soumettez-vous, et buvez au vainqueur. »

» En peu de temps tous les peuples voisins su-
» birent mes lois ; toutes les villes m'ouvrirent
» leurs portes, et je comptai mes jours par mes
» victoires. Enfin, ayant achevé la conquête de
» l'Arcadie, de la Syrie, et des autres provinces de
» l'Inde, je quittai mes nouveaux sujets en leur
» disant :

» Je confie à vos soins tout ce que j'ai soumis,
» D'autres vainqueurs feront garder leurs diadèmes.
» Je n'ai conquis que des amis,
» Et les cœurs se gardent eux-mêmes.

» Je revins alors triomphant, et traversai toutes
» ces belles contrées, où je rencontrais à chaque
» pas les paisibles monumens de mes victoires. Je
» voyais les moissons dorer les champs fertiles, les
» troupeaux bondir dans les vallées, les arbres et
» la vigne couronner les coteaux de fruits et de
» verdure ; et, comparant ces campagnes à celles
» où tant de héros ont acquis une gloire si cruelle,
» je me disais avec une joie secrète :

» Je n'ai point abreuvé ces plaines
» Du sang de mes nouveaux sujets ;
» Elles n'ont vu briller que le fer de Cérès :
» Et mon nectar lui seul a rougi leurs fontaines.

» Enfin je m'embarquai, emportant les regrets
» et l'amour des peuples que j'avais conquis. Mes

» vaisseaux étaient couronnés de pampres verts.
» La vigne s'entrelaçait autour des mâts et des cor-
» dages, et nous présentait ses grappes vermeilles.
» Les matelots en exprimaient le nectar, et chan-
» taient le plaisir de la vendange. Les nymphes
» d'Amphitrite, attirées par leurs chants, environ-
» naient nos vaisseaux ; elles élevaient au-dessus
» des flots leur sein de lis et leurs bras plus blancs
» que la neige. Les Zéphyrs, battant des ailes, ca-
» ressaient les trésors de ces nymphes, et leurs
» douces haleines nous faisaient voguer paisible-
» ment sur les plaines liquides.

» Bientôt nous aperçûmes l'île de Naxos comme
» un nuage sur l'horizon. Peu à peu ces rochers
» nous parurent sortir du sein des eaux. Les ar-
» bres antiques qui la couronnent semblaient éle-
» ver leurs têtes majestueuses à mesure que nous
» approchions de ces rivages. Je résolus de m'arrê-
» ter dans cette île : je la trouvai déserte, mais je
» ne sais quel charme secret m'inspirait sa soli-
» tude. Une voix intérieure semblait me dire :

» Sur les traces de la victoire
» Qui t'a conduit jusqu'à ce jour,
» Ton cœur n'a connu que la gloire ;
» Ici tu connaîtras l'amour.

» Attiré par cette douce rêverie, je m'égarai seul
» dans ce désert enchanté. Je croyais entendre l'é-

» cho soupirer. Plus j'avançais, plus ses accens de-
» venaient tendres et plaintifs. Enfin j'arrivai près
» d'un rocher au pied duquel la mer brisait ses
» vagues blanchissantes. Les flancs du rocher en-
» tr'ouverts présentaient une grotte dont l'entrée
» était ombragée par de noirs cyprès. Du fond de
» cet antre sauvage sortait une voix touchante qui
» prononçait ces tristes paroles.

» Cruel! pourquoi m'avoir trahie?
» Je t'aimais de si bonne foi!
» J'ai tout sacrifié pour toi,
» Et c'est toi qui me sacrifie!
» Tu m'as condamnée à la mort!
» Je te déplais : je suis coupable!...
» Hélas! s'il suffisait d'aimer pour être aimable,
» Ingrat, je te plairais encor.

» Si la douleur flétrit mes charmes,
» C'est toi qui causes ma douleur;
» Mon teint reprendrait sa fraîcheur,
» Si ta main essuyait mes larmes.
» Mais tu fuis et j'attends la mort.
» Je te déplais : je suis coupable!...
» Hélas! s'il suffisait d'aimer pour être aimable,
» Ingrat, je te plairais encor.

» Du moins, à mon heure dernière,
» S'il m'était permis de te voir!
» Si je mourais avec l'espoir

LETTRE XXXIX.

» Que tu fermerais ma paupière !
» Mais je suis seule avec la mort.
» Je te déplais : je suis coupable !...
» Hélas ! s'il suffisait d'aimer pour être aimable,
» Ingrat, je te plairais encor.

» Adieu ! ton amante abusée,
» Mais trop faible pour te haïr,
» T'adresse son dernier soupir
» Avec sa dernière pensée.
» Je vole au-devant de la mort.
» Je te déplais : je suis coupable !...
» Hélas ! s'il m'eût suffi d'aimer pour être aimable,
» Ingrat, je te plairais encor.

» A ces mots, le teint pâle, les cheveux épars,
» une femme sort de la grotte et s'élance vers les
» flots ; mais, plus prompt que la foudre, je me
» précipite à sa rencontre, et la retiens dans mes
» bras. La douleur l'avait abattue, l'effroi la sai-
» sit, elle pousse un cri perçant, me regarde, et
» tombe évanouie. Je ne vous dirai pas qu'elle était
» intéressante ; elle pleurait. En essuyant ses lar-
» mes, je sentais couler les miennes, et je m'eni-
» vrais d'une amère volupté. Enfin elle ouvrit des
» yeux languissans, et, me jetant un regard tendre
» et douloureux, elle me dit :

» Ah ! si mon sort vous intéresse,
» Si vous savez combien l'amour nous fait souffrir,

» Lorsque d'un cœur trop faible il trahit la tendresse,
» Par pitié, laissez-moi mourir !

» Les accens de cette voix portèrent dans tous
» mes sens un charme inexprimable. Mon cœur
» palpitait contre celui de cette infortunée; et mes
» bras, en la soutenant, tremblaient sous ce doux
» fardeau... »

A ces mots, Vénus, avec un sourire de dépit, s'écria :

« Le moment est critique ! et je vois votre cœur,
» Mon cher Bacchus, tomber en défaillance;
» Hébé, notre aimable vainqueur
» A besoin de votre assistance. »

Hébé approche en rougissant, et, les yeux baissés, verse le nectar à la ronde. Bacchus, distrait, lui présente sa coupe, la regarde, soupire, et suspend son récit.

Ainsi de vos rigueurs me plaignant quelquefois
Quand je suis prêt à vous confondre,
Vers la fin du dessert, au lieu de me répondre,
Vous me versez ce joli vin d'Arbois
Que vous trouvez si bon (soit dit par parenthèse).
Alors, abandonnant ma thèse,
Je me tais, vous riez; nous trinquons, et je bois.

LETTRE XL.

NISUS ET SCYLLA, THÉSÉE.

La jalousie est une étrange chose!
Si je parle à Doris de mes jeunes amours,
Elle rougit. Soudain j'en devine la cause,
Et veux me taire. « Allons, monsieur, parlez toujours,
 » Dit-elle. — Mais enfin, Madame,
» Mon récit vous déplaît.—En quoi?—Vous vous troublez,
» Vous pâlissez.—Eh bien! oui, tu me perces l'âme,
» Perfide!—Je me tais.—Non, ce n'est rien... Parlez. »

Ce fut à peu près sur ce ton que Vénus, se mordant les lèvres, dit à Bacchus : « Eh bien, que faisons-nous de notre aimable inconnue? » Bacchus reprit ainsi :

« Nous étions assis sur le rivage. Sa tête penchée posait sur ma poitrine, et ses yeux, abattus de langueur, se levaient douloureusement vers les miens. Après un long silence, je lui dis en soupirant :

» Votre cœur est blessé, mais on peut le guérir.
Essayez quelque temps, c'est moi qui vous en prie,

ARIANE.

Et je consens à vous laisser mourir,
Si je ne puis vous faire aimer la vie.

» O vous, répondit-elle, vous qui prenez à mon sort un intérêt si tendre, que diriez-vous d'un homme sauvé par son amante d'une mort affreuse et inévitable, puis emmené par elle dans une île déserte, asile de leur sûreté et de leur tendresse, qui, se voyant sacrifier l'honneur, la fortune et l'auguste rang de sa bienfaitrice, saisirait l'instant où elle reposerait près de lui, sur la foi de l'Amour et de l'Hyménée, pour s'enfuir sur ce même vaisseau qu'elle avait préparé pour le sauver, et l'abandonnerait dans ce désert, seule avec son désespoir? — Le perfide! m'écriais-je, l'infortuné!... — Eh bien! reprit-elle, le perfide, c'est Thésée; l'infortunée, c'est Ariane. Vous voyez la fille du sage roi Minos, qui dicte des lois à la Crète. Hélas! mon malheur tient à un enchaînement bien étrange de cruautés et de perfidies!

» Androgée, mon frère, ayant remporté le prix de la lutte sur les habitans d'Athènes et de Mégare, les lâches l'assassinèrent pour se venger de sa gloire. A cette nouvelle, Minos, désespéré, part à la tête de son armée, porte chez les assassins de son fils le ravage et la mort, et va former le siége de Mégare. Vous savez qu'Apollon en avait bâti les murailles, sur lesquelles, durant ses travaux, ce dieu laissait quelquefois reposer sa lyre. Les pierres en avaient contracté l'harmonie; et, dès qu'on les touchait, elles rendaient un son mélodieux. Scylla, fille de Nisus, roi de Mégare, prenait plaisir à entendre ces divins accords; et, durant le siége même de la ville, elle se rendait souvent sur les murailles. Ce fut de là qu'elle aperçut dans la plaine le roi Minos à la tête de ses guerriers. Mon père avait la sagesse des dieux; il en avait aussi la taille et les traits. Scylla sentit naître à sa vue une passion indomptable, à laquelle elle sacrifia tous les sentimens de l'honneur et de la nature. Le sort de la ville assiégée dépendait d'un cheveu couleur de pourpre que Nisus avait au sommet de la tête; Scylla le lui coupa durant son sommeil, et le porta, triomphante, à Minos, comme un gage de sa tendresse. Mais mon père, indigné de cette trahison, abandonna la fille de Nisus à sa honte et à ses remords. On dit qu'après la prise de Mégare elle fut changée en alouette, et Nisus en épervier. Sous cette forme nouvelle il poursuit encore la perfide qui l'a trahi.

» Cependant Athènes, craignant le sort de Mégare, demanda la paix. Mon père la lui accorda; mais ce fut à une condition bien cruelle, dont les dieux semblent punir aujourd'hui sa malheureuse Ariane. Il exigea que, durant neuf années consécutives, les Athéniens lui envoyassent annuellement sept jeunes garçons et autant de jeunes filles pour être dévorés par le Minotaure, qui habitait le labyrinthe.

» Cet édifice immense, chef-d'œuvre de l'ingénieux Dédale, contenait une infinité de circuits ménagés avec une adresse perfide;

» Hélas! il ressemblait au cœur de l'infidèle,
Dont l'innocence ignore les détours.
Sans le savoir, on s'engageait comme elle;
On se perdait, comme elle, pour toujours.

Au fond de cette fatale retraite habitait le Minotaure. Ce monstre, moitié homme, moitié taureau, dévorait les infortunés que Minos enfermait dans le labyrinthe.

» Déjà, pour la troisième fois, les Athéniens nous envoyaient leur fatal tribut. Assise près du port, je considérais en silence leur vaisseau couvert de deuil, qui approchait lentement du rivage. Il aborde enfin, et j'en vois descendre les tristes victimes. Les jeunes filles marchaient les premières, le front pâle, les yeux baissés. Elles ne pleuraient plus; leurs larmes s'étaient épuisées dans les derniers embrassemens de leurs mères. Après elles marchaient les jeunes captifs, les mains chargées de fers et la tête abattue. Un seul osait lever les yeux, et son regard noble et fier paraissait défier la fortune. Il semble que l'âme des héros se communique à tout ce qui les environne. A la vue de celui-ci je me sentis élever au-dessus de moi-même, et je résolus de le secourir. Je saisis l'instant où, sans être entendue, je pouvais lui parler ; et, avec une surprise mêlée de mille autres sentimens, je reconnus dans cet infortuné le jeune et illustre Thésée, fils d'Égée, roi d'Athènes. J'appris avec admiration que, malgré sa famille, il avait voulu être du nombre des victimes destinées au Minotaure, afin de tuer le monstre, ou de périr avec ses concitoyens. Son courage, sa jeunesse, ses exploits déjà célèbres, l'illustre sang de Pélops, dont il était issu par sa mère, tout m'inspira pour lui un intérêt... trop tendre peut-être. Je lui promis de le sauver, même au péril de mes jours ; et il me jura, s'il était vainqueur, d'unir son sort au mien. Hélas !

» Je croyais qu'un héros disait la vérité,
Qu'il ne s'abaissait point à tromper son amie ;
　　Et qu'amour, gloire et loyauté
　　Allaient toujours de compagnie.

» Dès ce moment, regardant Thésée comme mon époux, je l'armai de ma main pour combattre le monstre. Je lui fis tenir le bout d'un fil dont je retins moi-même l'autre bout, afin de le guider dans les détours du labyrinthe. Je l'y vis entrer à la tête de ses compagnons. On eût dit qu'ils descendaient tous au tombeau. Thésée seul semblait marcher à la victoire.

» Tremblante à la porte du labyrinthe, je suivais

de loin le bruit de ses pas et le mouvement du fil qui les guidait. Bientôt j'entends les hurlemens du Minotaure. Je frémis ! le fil s'agitait dans mes mains, et m'indiquait tous les mouvemens de Thésée. Je le sentais combattre, reculer, se détourner, poursuivre. Tout-à-coup le bruit cesse, et le fil reste immobile ! Thésée était-il vainqueur ou vaincu ? Quelle alternative !... Peu à peu je crois sentir un mouvement imperceptible. Je crois entendre des cris dans le lointain... si c'était une illusion !... J'espère, je tremble, je frissonne, je palpite... mon sang brûle et se glace. J'écoute encore... c'est lui !... J'entends : j'entends des cris... mais sont-ce les cris de la joie ou du désespoir ? mon cœur ne leur prête-t-il pas les accens qu'il désire ? Non ; le bruit approche... ce sont les chants de la victoire ! Le fil s'agite de nouveau, je sens le retour de mon époux, j'entends ses pas, je l'entrevois ; il est vainqueur, il me tend les bras, il vole, il est dans les miens.

» Ces momens-là n'ont ni soupirs ni larmes :
On jouit trop pour bien jouir.
Je ne vous peindrai pas leur ivresse, leurs charmes ;
Mais puissiez-vous un jour aimer et les sentir !

» Thésée, les yeux tendrement fixés sur les miens, et environné des victimes qu'il avait délivrées des fureurs du Minotaure, semblait me rendre hommage de leur reconnaissance. La tête énorme du monstre étendu à nos pieds vomissait des flots d'un sang noir, et les compagnons de Thésée la considéraient encore avec terreur. En ce moment, feignant de vouloir dérober le vainqueur à leurs empressemens, je le conduis, par des chemins détournés, sur le rivage de la mer. Un vaisseau préparé par mes ordres nous attendait. Il nous reçoit, et les vents nous conduisent vers cette île fatale. Sa solitude, les ruisseaux qui l'arrosent, la verdure et les fleurs qui la couronnent, tout nous y présentait une digne retraite de vrais amans.

> » Là j'espérais couler mes jours.
> J'y devais être épouse et mère ;
> Là mon cœur, fixé pour toujours,
> Devait partager ses amours
> Entre mes enfans et leur père.
> Je me forgeais une chimère
> De tendresse et de volupté.
> Ah ! d'une illusion si chère
> Quand le charme nous est ôté,
> Que la vérité semble amère !

» Sur la mousse qui tapisse cette grotte, je m'étais endormie près de Thésée.

> » En me livrant aux douceurs du sommeil,
> J'espérais que l'Amour, qui fermait ma paupière,
> Avec le dieu de la lumière,
> Viendrait le lendemain sourire à mon réveil.

Vain espoir! Je m'éveille; mes yeux, encore chargés de pavots, se tournent du côté de mon époux; mes bras s'étendent vers lui, et ma bouche cherche la sienne... Il avait disparu! Je l'appelle, mais en vain. Alarmée et tremblante, je sors de la grotte, je parcours les bois, je gravis les rochers, je franchis les précipices, je demande mon époux à tout ce que je vois. Écho seule me répond en gémissant. Enfin, accablée de douleur et de lassitude, je me traînais lentement vers le rivage en répétant le nom de Thésée, quand tout-à-coup, promenant mes regards sur le lointain des flots, je vis fuir ce même vaisseau sur lequel je l'avais sauvé, le perfide!... Le reste, vous l'avez vu.

» A ces mots, continua Bacchus, Ariane versa de nouveaux pleurs... — Que vous essuyâtes, reprit Vénus.

» — Vous l'avez dit. — Mais, pour guérir son cœur,
Le vôtre proposait un remède, seigneur;
Sans doute la malade usa de ce régime?
Et l'Hymen en rendit l'usage légitime.

» — En épousant Ariane, je lui ceignis cette couronne immortelle, chef-d'œuvre de Vulcain, qui brille parmi les astres [1], depuis que la Parque m'a ravi mon épouse. Hélas! il ne lui manquait que l'immortalité [2].

[1] La couronne d'Ariane fut changée en constellation.

[2] La fable de Bacchus est l'une des plus riches en allégo-

» Pardonnez-moi si je soupire.
Nous fûmes soixante ans amans. Vous jugez bien
Que je lui fus fidèle. — Oh! cela va sans dire...
— Aussi je ne vous en dis rien.
Vous conviendrez pourtant que les amours finissent.
Mais l'amitié les suit. — De loin.

ries du polythéisme. Élevé par un vieux biberon, ce dieu devient conquérant dès qu'il connaît sa puissance. Il marche vers l'Asie; il la soumet, non par les armes, mais en roulant des tonneaux sur son territoire conquis... Bacchus n'impose point des tributs aux peuples vaincus, il les condamne à boire; ses lauriers ce sont des pampres... Cette prétendue conquête d'un fils de Jupiter ne fut évidemment, dans la pensée des poètes, que celle du vin... On conçoit les séductions que dut exercer un tel conquérant : ses nouveaux sujets buvaient et se trouvaient plus heureux; ils buvaient, et l'amour leur semblait plus suave; ils buvaient, et leurs soucis divers étaient dissipés. Bacchus, ou plutôt le vin, débarque à Naxos; Ariane y pleure l'abandon de Thesée; le dieu la console... Nouvelle allégorie exprimant que le désespoir même de l'amour ne résiste point aux charmes du vin, et que dans son ivresse se noie promptement la douleur des amans. Il n'y a pas jusqu'à l'inclination de Vénus pour le fils de Sémélé qui ne soit allégorique : la beauté n'ignore point que le vin est le plus puissant de ses auxiliaires, lorsqu'on en use avec la mesure que prescrit Épicure. La défaite d'Érigone complète le sens très clair de la fiction de Bacchus : cette fille d'Icarius avait de la pudeur; elle fuyait le vainqueur de l'Asie; il s'offre à elle sous la forme d'une grappe vermeille; Érigone succombe... Voilà donc la sagesse vaincue par le vin.

(*Note de l'éditeur.*)

Ainsi que les amours, les amitiés vieillissent.
— Oui ; mais le cœur ne vieillit point. »

A ces mots, la dispute s'échauffa. Les dieux et les déesses prirent parti, les uns pour Cypris, les autres pour Bacchus. J'aurais été pour celui-ci ; car je crois, et j'offre, Émilie, d'en faire avec vous l'épreuve,

Je crois que deux tendres amans,
Après avoir cueilli des roses au printemps,
Moissonné dans l'été, vendangé sous Pomone,
Savourent l'amitié, dans l'hiver de leurs ans,
Comme un excellent fruit conservé de l'automne.

LETTRE XLI.

ÉRIGONE, ICARIUS.

On vous a souvent prévenue, Émilie, contre la fidélité des maris.

On vous a dit cent fois, et je vous le répète,
Qu'au grand étonnement de la société,
    Un mari fidèle est cité
Comme l'on citerait une femme discrète.

L'assertion paraît forte, et cependant elle est vraie, non pas absolument dans la classe mitoyenne.

    J'y connais quelques bonnes âmes,
  Qui, conservant les mœurs de l'âge d'or,
    Dans Paris affichent encor
    La sottise d'aimer leurs femmes;
Et qui, d'un chaste hymen respectant le saint nœud,
    Près d'une épouse tendre et sage,
    Trouvent l'amour dans leur ménage,
    Et le bonheur au coin du feu.

Vous concevez bien, Émilie, que cette félicité bourgeoise n'est pas faite pour les demi-dieux.

Une épouse est chez eux meuble de compagnie :
Cela fait les honneurs; cela sert de maintien
  Dans les jours de cérémonie.
Elle est aimable, jeune et riche; c'est fort bien;
Aussi l'estime-t-on. L'estime est un lien
Décent, simple, commode, aux époux convenable.
D'un autre sentiment si l'on était capable,
Ce serait s'afficher : l'usage le défend.
  L'Amour permet qu'on soit enfant;
  L'Hymen veut qu'on soit raisonnable.

Je vais, Émilie, vous donner une idée de cette fidélité du haut style par l'exemple de Bacchus.

L'époux d'Ariane, qui s'absentait souvent pour voyager, ayant été accueilli chez Icarius, y séjourna quelque temps, moins pour enseigner à son hôte l'art de cultiver la vigne que pour cultiver lui-même l'amitié de sa fille Érigone. Érigone avait quinze ans.

  Son jeune cœur, entretenu
   Dans une ignorance profonde,
  N'ayant jamais connu le monde,
  Connaissait encor la vertu.

Aussi Bacchus trouva-t-il de grands obstacles à ses projets. En vain il employait près d'elle tous les lieux communs de la galanterie : Érigone refusait ou de les écouter ou de les entendre. Enfin le dieu, après avoir long-temps étudié cette place inexpugnable, découvrit un côté faible. Il s'aperçut qu'Érigone aimait beaucoup le raisin, et qu'elle allait chaque soir à la vigne de son père pour en manger furtivement. Alors, sûr de sa victoire, il vole à la vigne d'Icarius, se place sur le sentier par lequel arrivait Érigone, et prend la forme d'une grappe vermeille qui pendait à un jeune cep. Quelque adroite que fût cette métamorphose,

> J'aimerais mieux accepter un congé,
> Que d'employer un pareil stratagème;
> Il est triste d'être obligé
> De cesser d'être soi pour plaire à ce qu'on aime.

Cependant la grappe attendait Érigone. Elle arrive, l'entrevoit dans le crépuscule, pousse un cri de joie, et la cueille. Mais à peine en a-t-elle mangé les premiers grains, qu'une ivresse inconnue s'empare de ses sens. Sa poitrine se gonfle et s'agite, son œil se trouble, sa bouche ardente caresse la grappe fatale, la presse et la dévore. « Dieux! s'é-» crie-t-elle, quel brûlant nectar! je meurs empoi-» sonnée!... » A ces mots, Bacchus reprenant sa première forme : « Rassurez-vous, lui dit-il, ce poi-» son n'est pas mortel. Aimez-moi, je vous guéri-rai. » Alors, Érigone, baissant les yeux, rougit, soupira, et abandonna sa main; mais j'ignore si ce fut au médecin ou à l'empoisonneur.

Cependant le temps de la vendange arrivait.

Icarius y avait invité les pasteurs du territoire d'Athènes. Le nectar coulait des grappes vermeilles, au son de leurs musettes et de leurs voix. Icarius, pour les rafraîchir, leur présenta les prémices du jus de la treille. Mais malheureusement les musiciens de ce temps-là n'ayant ni la capacité ni le sang-froid des nôtres, le nectar nouveau fit fermenter leurs têtes athéniennes; et, comme ils avaient le vin mauvais, ils tuèrent Icarius, et le jetèrent dans un puits.

A peine ce crime eut-il été commis, que les épouses des meurtriers furent saisies d'un transport de fureur et de rage que rien ne put calmer. L'oracle consulté ordonna, pour expier le crime de leurs époux, que l'on instituât des fêtes en l'honneur d'Icarius. Ces fêtes furent nommées *les jeux Icariens*. On les célébrait en se balançant sur une corde attachée à deux arbres. C'est ce que nous appelons aujourd'hui l'*escarpolette*. Je ne regarde jamais cet exercice sans me rappeler avec plaisir l'ancienneté de son origine.

> Ainsi, lorsque dans un verger,
> Sur une corde balancée,
> Avec Flore et Zéphyr vous semblez voltiger,
> Sur vos divins appas si ma vue est fixée,
> Si je suis dans les airs votre taille élancée,
> Et ce pied que Zéphyr vient de me déceler,
> Et ce voile qui va peut-être s'envoler!...

Ah! que votre pudeur n'en soit pas offensée,
Je ne pénètre point des charmes inconnus;
J'élève vers le ciel mes yeux et ma pensée,
   Pour invoquer Icarius.

Au moment où ce prince fut assassiné par ses hôtes, il était suivi d'une petite chienne nommée Méra. Cette chienne n'était connue ni par les chansons, ni par les épîtres, ni par les madrigaux que les poètes du temps lui avaient adressés, ni par les complaisances du jeune prêtre de Jupiter qui la portait à la promenade, ni par les entretiens spirituels que les dames avaient avec elle en société; mais elle devint justement célèbre par son instinct et sa fidélité pour son maître. Elle courut vers Érigone, et la tira par sa robe jusqu'au puits où les assassins avaient jeté le corps de son père. Érigone, à cette vue, se pendit de désespoir; Méra mourut de douleur, et les dieux les transportèrent au ciel. Icarius y devint la constellation de Bootès; Erigone, le signe de la Vierge; et Méra, celui de la Canicule.

Et Bacchus, croyez-vous qu'il se pendit pour suivre Érigone? Point du tout. Il choisit une autre route; il alla visiter Proserpine, espérant retrouver dans son empire l'ombre de celle qu'il pleurait encore.

Proserpine était un peu brune, mais elle rachetait ce défaut par mille agrémens. Elle avait une langueur intéressante, une mélancolie douce, un regard tendre et mystérieux. Ajoutez à cela que son palais n'était éclairé que d'un demi-jour; en sorte que, si le cœur n'y ressentait point d'abord les atteintes d'une passion vive et soudaine, il s'y laissait aller peu à peu à cette mélancolie voluptueuse dont les amans délicats ne voudraient jamais sortir. Bacchus en fit l'heureuse expérience. Il s'était arrêté chez Proserpine pour un instant; il y séjourna trois ans.

> Alors Pluton donna de sa discrétion
> Un exemple fameux, que, dans l'occasion,
> Nos époux se piquent de suivre :
> En galant homme il s'absenta.
> Vous voyez que, dès ce temps-là,
> Les maris de cour savaient vivre.

Bacchus enfin, se souvenant de son épouse, retourna près d'elle; et, pour calmer ses alarmes, il lui raconta qu'en entrant chez Proserpine il s'était endormi; qu'il attribuait cet assoupissement, soit à la lassitude, soit à la pesanteur de l'air, soit à l'obscurité du lieu; qu'enfin il avait dormi trois ans, et s'était réveillé au milieu des nymphes, qui l'avaient fait danser, et avaient voulu le retenir; mais qu'il s'était échappé pour voler dans les bras de sa chère Ariane.

> Ariane le crut. Près d'un mari volage,
> Patience, vertu, douceur, tendre langage,

LETTRE XLI.

> Sont de grands points. Mais, selon moi,
> Tout cela n'est rien sans la foi.

Ariane fut désormais récompensée de la sienne par la fidélité de son époux. Il l'aima tant qu'elle vécut, et le lui témoigna jusqu'à son dernier soupir; car, entre les époux bien unis, les témoignages de la tendresse sont de tous les temps.

> Lorsque les glaces de l'âge
> Ont refroidi les amours,
> Près du feu, dans son ménage,
> En rappelant ses beaux jours,
> Souvent un couple fidèle,
> Malgré ses cheveux grisons,
> Fait jaillir quelque étincelle
> En rapprochant ses tisons.
> Dans l'histoire mutuelle
> Qu'ils se font de leurs soupirs,
> Chaque héritier leur rappelle
> L'époque de leurs plaisirs.
> Ainsi, votre âme attendrie
> Croira voir, dans vos enfans,
> Vivre la chronologie
> Des jours de votre printemps.

LETTRE XLII.

NOCES DE THÉTIS ET PÉLÉE. PARIS.

Le récit des triomphes et des amours de Bacchus avait échauffé le génie conquérant des déesses, et le banquet nuptial de Thétis et Pélée était devenu un champ de bataille dont leur adresse et leurs charmes se disputaient le terrain. La victoire balançait surtout entre Junon, Minerve et Vénus, quand tout-à-coup la Discorde, seule exclue de ce festin, et brûlant de venger son affront, l'œil courroucé, la bouche écumante, le front hérissé de serpens, parut dans un nuage sombre, et, avec un sourire perfide, jeta sur la table une pomme d'or, portant cette inscription fatale : *A la plus belle*[1].

Si la Discorde avait écrit :
A la plus sage, à la plus tendre :

---

[1] Quoi de plus ingénieux que l'idée de la pomme jetée par la Discorde au milieu des déesses! quelle cause de différends et de guerres pouvait être plus active que la rivalité entre des femmes! Les poètes de l'antiquité connaissaient bien le sexe.
(*Note de l'Editeur.*)

A celle qui, sans y prétendre,
A le plus de sens et d'esprit;
A la plus chaste épouse, à la plus digne mère,
A l'amante la plus sincère,
On aurait partagé sans procès et sans bruit.
C'était à la plus belle, Ilion fut détruit [1].

Junon, Vénus et Pallas prétendirent exclusivement à la pomme, et demandèrent un juge impartial. Alors Mercure leur dit:

« Près des murs sacrés de Pergame
» Je connais un berger, beau, jeune et sans détour.
» Pour conserver la candeur de son âme,
» On l'éleva loin de la cour
» Et loin du commerce des femmes.
» Ce juge vous convient, Mesdames,
» Nul préjugé n'altèrera
» Son innocence et sa droiture;
» Et l'arrêt qu'il prononcera
» Sera le cri de la nature. »

Ce jeune pasteur était le beau Pâris, fils de Priam, roi d'Ilion. Hécube, épouse du roi, portant cet enfant dans son sein, rêva qu'elle accouchait d'un flambeau qui enflammait toute l'Asie. L'oracle consulté répondit que la reine mettrait au jour un fils qui embraserait son empire. Priam, alarmé de cette

---

[1] On verra dans la suite que cette pomme jetée par la Discorde causa la ruine de Troie.

menace, chargea un de ses officiers, nommé Archélaüs, de faire périr son fils aussitôt qu'il serait né. Hécube même souscrivit à cet arrêt. Hécube n'était pas mère encore;

> Car, dès le moment qu'il respire,
> Dès qu'elle vient de l'embrasser,
> Quelle mère peut balancer
> Entre l'amour d'un fils et celui d'un empire?

Hécube l'éprouva bientôt. A la vue de son fils, l'orgueil fut sacrifié, et la nature reprit ses droits. Elle employa, pour fléchir Archélaüs, ces regards maternels et ces larmes victorieuses qui manquent encore au pouvoir de vos charmes. Excusez cette franchise :

> Qui mieux que moi sait, Émilie,
> Combien votre regard fut toujours éloquent?
> Cependant, mon aimable amie,
> Vos yeux s'exprimeront bien plus éloquemment
> Près du berceau de votre enfant,
> Lorsqu'au plus léger accident
> Vous tremblerez de voir ravir à la lumière
> Ce tendre fruit de vos amours naissans,
> Et verserez ces pleurs intéressans
> Qui ne peuvent couler que des yeux d'une mère.

Ces pleurs triomphèrent d'Archélaüs. Le fer tomba de sa main, et la grâce du fils fut accordée aux larmes maternelles. Cependant, craignant de sacrifier son devoir à l'humanité, Archélaüs porta l'enfant sur le mont Ida, et l'exposa dans un lieu solitaire.

> Age heureux! faible, seul, sans secours, sans défense,
> Proscrit dès le berceau, mais ignorant son sort,
>   Entre les bras de l'innocence,
>   En souriant, il attendait la mort.

Ce fut en cet état que les pasteurs du mont Ida le rencontrèrent. Sa beauté, son malheur, les ornemens dont il était couvert, tout les intéressa. Ils l'adoptèrent, et prirent soin de son éducation. Le plus vénérable de ces pasteurs, qui l'aimait d'une amitié tendre, le félicitait souvent de l'heureuse destinée qui, loin des tourmens de la fortune et de la grandeur, avait confié son enfance à l'asile champêtre de l'innocence et de la paix. Quelquefois ce vieillard le prenait sur ses genoux; et, le pressant dans ses bras tremblans, il lui disait :

> « Mon fils, vous entrez dans la vie
> » Par un chemin semé de fleurs;
> » Vous n'avez pas encor versé de pleurs.
> » Personne à vos plaisirs ne porte encore envie.
> » Vous n'éprouvez point les ardeurs
> » De cette aimable frénésie
> » Qui tyrannise tant de cœurs;
> » Vous n'aspirez point aux honneurs;

» Vous ne redoutez point la vieillesse ennemie.
    » Mon fils, vous entrez dans la vie
    » Par un chemin semé de fleurs.

» Je ne veux point troubler le repos de votre âge ;
» Mais, hélas ! craignez tout du poison de l'Amour.
    » Mon fils, je vois venir le jour
» Où ce cruel enfant, par un tendre langage,
    » Va vous attirer à sa cour.
» Vous croirez vivre heureux dans ce charmant séjour,
» Et vous n'y trouverez qu'un pénible esclavage.
» Fuyez alors, fuyez ; voilà le vrai courage.
» Oiseau faible et timide, évitez ce vautour,
» Sinon vous périrez victime de sa rage.
» Je ne veux point troubler le repos de votre âge ;
» Mais, hélas ! craignez tout du poison de l'Amour.

    » Aimable enfant, qui dans vos yeux
    » Portez la paix de l'innocence,
    » Puissiez-vous n'être ambitieux
    » Que du bonheur dont jouit votre enfance !
    » Soyez pauvre, mais vertueux,
» Ne vous enchaînez point au char de l'opulence,
» N'allez pas habiter les palais somptueux ;
» Gardez-vous de ramper sous l'œil présomptueux
    » D'un protecteur enflé de sa puissance.
» Tremblez de pénétrer les sentiers ténébreux
    » Où l'intrigue marche en silence ;
    » Les remords sont la récompense
    » Des attentats les plus heureux.
    » Aimable enfant, qui dans vos yeux

LETTRE XLII.

» Portez la paix de l'innocence,
» Puissiez-vous n'être ambitieux
» Que du bonheur dont jouit votre enfance!

» Quand le temps aura sillonné
» Ce front paré des fleurs de la jeunesse,
» Votre cœur se verra bientôt environné
» Par les ennuis, enfans de la tristesse.
» Vers son déclin quand il s'abaisse,
» L'homme aux douleurs est condamné.
» Faible au berceau, faible dans la vieillesse,
» Il meurt, mon fils, comme il est né.
» Faites-vous des amis, secourez la détresse
» De l'homme vertueux du sort abandonné;
» Attachez-vous par la tendresse
» L'enfant qu'à votre amour le Ciel aura donné.
» Ces appuis soutiendront un jour votre faiblesse,
» Et vous feront goûter un reste d'allégresse,
» Quand le temps aura sillonné
» Ce front paré des fleurs de la jeunesse. »

Bientôt le jeune Pâris devint le plus célèbre et le plus beau des pasteurs. La Nature le dédommageait de l'empire dont l'avait privé la Fortune.

Il régnait sur les prés, sur les fleurs des campagnes,
Sur les moissons, sur les troupeaux,
Et sur les cœurs des nymphes des montagnes
Dont la lyre faisait soupirer les échos.
C'est là qu'il vit la tendre OEnone
Brillante de fraîcheur, de jeunesse et d'amour;

C'est là, sur le gazon, qu'au déclin d'un beau jour
Elle vint partager et son lit et son trône ;
Car le gazon était trône et lit tour à tour.

Enfin Pâris vivait heureux ; mais, pour être durable, le bonheur veut être ignoré. La célébrité du pasteur fit son malheur et celui de son épouse. Il parut dans les jeux publics que Priam faisait célébrer à Troie, et sa beauté attira tous les regards. Hector, fils aîné de Priam, après avoir vaincu tous ses adversaires, fut vaincu par son frère, qu'il ne connaissait pas. Ce triomphe intéressa toute la cour. Le roi lui-même interrogea le vainqueur, et le reconnut pour son fils. Alors commença la fortune et finit le bonheur de Pâris. OEnone s'en aperçut la première.

La grandeur, l'étiquette, et la froide inconstance,
De son lit nuptial exilèrent l'Amour ;
La pauvre OEnone apprit, par son expérience,
  Ce que c'est qu'un mari de cour.

Le sien, d'une voix unanime, fut déclaré l'homme du jour par le comité de la coquetterie troyenne. Les belles se l'arrachaient, ou se le passaient tour à tour. Ainsi, sans repos et sans jouissance, Pâris était emporté par le tourbillon des femmes à la mode. Cependant un sentiment secret le ramenait vers sa fidèle OEnone. Il rendait, malgré lui, justice au mérite de son épouse, et disait avec un sourire négligé :

» Elle a l'esprit, elle a le cœur ;
» La Nature a paré son âme
» De mille vertus. En honneur,
» C'est un trésor... mais c'est ma femme. »

Bientôt la réputation de Pâris s'étendit avec ses conquêtes. Il lia un commerce intime avec le dieu Mercure, qui devint son conseil et son agent, et qui finit par le proposer à la cour céleste pour juger le différend des trois déesses.

Tel fut le chemin rapide qui conduisit Pâris aux honneurs.

On y parvient encor par le même canal ;
Et Pâris n'est pas, je vous jure,
Le dernier juge que Mercure
Ait placé sur le tribunal.

Au reste, cet honneur eut pour lui des suites bien funestes, puisqu'il causa sa mort et la ruine de sa patrie.

Mais à demain. Pour savoir comme
Le beau Pâris prononcera,
Je vous offre la main jusques au mont Ida;
En attendant, gardez la pomme.

JUGEMENT DE PARIS.

LETTRE XLIII.

JUGEMENT DE PARIS.

La Nuit silencieuse achève paisiblement sa carrière : l'Aurore sommeille encore sur son lit de roses, mais la coquetterie veille depuis long-temps. On ne dort point le matin d'une bataille. Déjà Junon et Minerve préparent secrètement la victoire. L'art profond de la toilette vient au secours de la nature et même de la divinité.

Et Vénus, comment occupe-t-elle ces momens précieux? Je ne vous le dirai pas, Émilie. Tout ce qu'on en sait, c'est qu'hier, après le banquet des dieux, elle disparut avec Bacchus. Le Mystère les suivait; le reste on l'ignore.

Enfin le jour paraît, et l'instant fatal approche. Les déesses, guidées par la jalousie et la curiosité, se rassemblent en foule dans l'Olympe. Tous les yeux sont fixés sur le mont Ida. Là le beau Pâris s'assied sous un chêne antique. Il tient la pomme; et Junon, la première, se présente devant lui. Elle descend majestueusement de son char traîné par deux paons. Sa taille divine, son regard imposant, sa démarche noble et fière, sa main tenant un sceptre d'or, son front réfléchissant l'éclat du diadème, tout annonce la reine des Immortels ; et le juge, immobile en l'admirant, se sent pénétrer d'un respect religieux. Mais, par malheur,

> Le Respect et l'Amour s'accordent mal ensemble.
> Vous en devinez la raison :
> L'un glace l'autre ; et dès que l'Amour tremble,
> C'en est fait, il meurt du frisson.

Le juge frissonnait encore, lorsque Minerve s'offrit à ses yeux. Je ne sais quel charme secret environnait la déesse. Elle attirait les cœurs par un attrait doux, mais invincible. La sérénité de son front tempérait l'austérité de ses regards. Si Minerve eût souri, la victoire était à elle ; mais, après quelques instans, son sérieux uniforme retint dans la main du juge la pomme prête à lui échapper.

Je l'avoue, Émilie, à la place de Pâris, j'aurais fait la même réticence. N'allez pas imaginer cependant que je cabale contre Minerve.

> Je ne dis pas que la sagesse
> Nuise au pouvoir de la beauté ;
> Vous m'avez trop appris que la sévérité
> Ne peut altérer la tendresse.
> Mais convenez que l'affabilité,
> Avec un mot, un coup d'œil, un sourire,

Exerce un plus puissant empire
Que la plus austère rigueur.
Je ne dis pas que la pudeur
N'embellisse la beauté même;
Mais avouez qu'en tout bien, tout honneur,
Sans blesser la vertu, l'on peut donner son cœur
Pour le cœur de l'objet qu'on aime.
Enfin je ne dis pas que les mots mesurés,
Les dédains, les froideurs, les aveux différés,
Désolent sans raison le cœur d'un galant homme :
J'approuve tout cela ; mais vous observerez
Que Minerve n'eut point la pomme.

Cependant Vénus arrive : elle avait presque oublié l'heure du rendez-vous. Ses cheveux blonds flottaient en désordre sur son front couvert des roses du plaisir. Sa ceinture divine était à moitié détachée. Ses yeux mouraient de langueur, ses lèvres brûlaient de volupté. La cour céleste se douta qu'ainsi que Junon et Minerve, Vénus avait veillé. Mais les déesses même convinrent que ce n'était pas pour sa toilette : elles avaient raison.

Cypris quittait Bacchus. A l'ombre du mystère,
Ce dieu s'était, dit-on, permis un doux larcin;
Trois fois Vénus se trouvait mère;
Les Grâces naissaient dans son sein.

A peine le pasteur la voit, il soupire, il se trouble ; la pomme lui échappe. Junon, Minerve, l'Olympe assemblé, tout disparaît à ses yeux; il ne voit que Vénus; et, la main étendue vers elle, il veut lui présenter la pomme. Elle était aux pieds de la déesse, et l'Olympe applaudissait [1].

> Je conçois que la gravité
> D'un juge de vingt ans en ce moment succombe;
> La pomme, devant la beauté,
> Ne s'adjuge point, elle tombe.

Je n'entreprendrai pas, Émilie, de vous peindre le dépit des rivales de Vénus; je ne connais point de peintre qui ne restât au-dessous du sujet.

Plusieurs écrivains rapportent qu'avant le jugement de Pâris, les trois déesses tentèrent leur juge tour à tour. Junon lui promit la grandeur; Minerve, la sagesse; et Vénus, la plus belle femme de l'univers. Vénus lui tint parole, puisque, sous ses auspices, il enleva dans la suite la belle Hélène, épouse

---

[1] C'est pour les demoiselles bien jeunes et les petites écolières qu'on explique le jugement du mont Ida, et la préférence de Pâris. Les charmes de Junon étaient ceux de la grandeur, qui touchent peu la jeunesse. La vertu de Minerve devait être sans attraits pour le berger: à son âge, on veut être heureux, et l'on ne songe guère à paraître sage... Mais Vénus... elle offrait la beauté, les grâces, les voluptés, toutes les séductions, en un mot, dont on est avide à vingt ans!... Le jugement de Pâris, c'est l'élan d'une nature puissante, se révélant par le premier de ses besoins, celui d'aimer.

(*Note de l'Editeur.*)

JUGEMENT DE PARIS.

de Ménélas; mais cette odieuse conquête fut vengée par la Grèce assemblée. Les Grecs assiégèrent pendant dix ans la ville de Troie; et la haine de Junon et de Minerve consomma la ruine de cet empire.

Je vous parlerai bientôt, Émilie, des effets terribles de leur ressentiment. Pour moi, si, comme Pàris, je tenais aujourd'hui la pomme, pour accorder Junon, Minerve et Vénus, c'est à vous que je la donnerais. Ainsi,

En couronnant chez vous les grâces naturelles,
    Et la sagesse, et même la fierté,
Je saurais partager avec égalité
    La pomme entre les Immortelles.

LETTRE XLIV.

VÉNUS, SON CULTE, SES DIVERS NOMS. SAPHO.

Le triomphe de Vénus fut célébré dans tout son empire avec une allégresse que Minerve et Junon se dispensèrent de partager. Ses adorateurs accoururent en foule de toutes les contrées de l'univers, et se réunirent dans son temple de Cythère. La déesse y avait plusieurs autels, devant lesquels elle était représentée avec différens attributs. Ici, elle paraissait sur un char traîné par des moineaux, le sein découvert, le front couronné de roses, la langueur dans les yeux, et la volupté sur les lèvres.

Là, elle était assise sur une conque marine attelée de deux colombes. Une draperie légère dont les plis étaient retenus par sa mystérieuse ceinture, couvrait une partie de ses charmes. Sans voile, elle n'était que belle; voilée, elle était divine. Elle tenait un faisceau des traits [1] redoutables dont elle remplit le carquois de son fils. On prétend qu'ar-

---

[1] Théocrite.

mée de ces traits, elle triomphait de Jupiter armé de la foudre, et le forçait de lui rendre hommage.

> Jupin, quoiqu'il fût un peu fier,
> Aux autels de Vénus apportait son offrande.
> Le plus grand potentat, quand la Beauté commande,
> Est un bien petit Jupiter.

Plus loin, on la voyait couronnée de myrte, tenant un miroir, les pieds revêtus de sandales tissues d'or et de soie, et le sein couvert de chaînes d'or et de pierreries. Ces attributs rappellent le culte honteux que les filles de Chypre rendaient à Vénus. Elles se prostituaient en son honneur sur le rivage de la mer, et tiraient de ce commerce infâme des sommes considérables et des bijoux dont elles se composaient une dot avec laquelle elles se mariaient. On assure qu'elles devenaient alors honnêtes femmes, et que chez nous on voit encore quelques exemples d'un tel changement. Ainsi soit-il!

On voyait aussi Vénus tenant d'une main la pomme de la beauté, et de l'autre une poignée de pavots.

> Sous ces pavots délicieux
> Trop heureux l'amant qui sommeille,
> S'il ne devait jamais rouvrir les yeux!
> Mais tôt ou tard il se réveille.

La déesse était encore représentée sous la figure

d'une vierge ayant les yeux baissés, et les pieds posés sur une écaille de tortue :

> Pour montrer qu'une jeune fille
> Doit toujours renfermer, de crainte du soupçon,
> Sa beauté dans sa maison,
> Sa vertu dans sa coquille.

Enfin Vénus paraissait sur un char d'ivoire traîné par des cygnes. Sa taille était majestueuse, son front calme et serein, sa tête élevée, et ses yeux fixés vers le ciel. L'Amour était à ses pieds, les yeux couverts d'un bandeau, les ailes déployées, et portant un carquois rempli de traits enflammés. Sous ces attributs, Vénus présidait à cet amour chaste et pur, à cette flamme céleste qui, sans jamais s'altérer, brûle les vrais amans, et semble élever leurs âmes réunies vers le séjour de la divinité. Mais ce culte particulier, qui dès lors était moins observé que les autres, est entièrement oublié de nos jours, et je n'en suis pas étonné,

> Puisque de la *Vénus modeste*
> On a même oublié le nom,
> Comment se rappellerait-on
> Qu'il est une *Vénus céleste?*

On voyait auprès d'elle la douce Persuasion, qui suit ordinairement la Beauté. La Candeur siégeait sur son front, la Timidité tempérait le feu de ses regards, le Sourire animait ses lèvres, et de sa bouche entr'ouverte on croyait entendre sortir cette éloquence enchanteresse que les rhéteurs enseignent, mais qu'ils n'apprennent point.

> L'éloquence est un don. Tous les graves auteurs
> Qui prétendent dicter l'art d'enchaîner les cœurs,
> Sont des sots avec leur science.
> Voyez de la Beauté les regards enchanteurs,
> Écoutez ses discours doux, simples et flatteurs ;
> Vous y trouverez, mieux que chez les orateurs,
> Les élémens de l'éloquence.

Vénus était encore accompagnée des trois Grâces qui se tenaient par la main, pour marquer qu'elles ne se séparent jamais.

> Rien ne peut désunir l'amitié qui les joint ;
> Chaque Grâce à ses sœurs semble être nécessaire.
> Il faut les réunir pour plaire ;
> Qui n'en a qu'une, n'en a point.

Cependant les prêtresses de Vénus, le front couronné de myrte, s'avancèrent vers le sanctuaire ; elles portaient du lait et du miel qu'elles allaient offrir à la déesse. La grande prêtresse se prosterna la première aux pieds de Vénus *céleste*, et lui présenta deux colombes en lui adressant cette prière :

> « Vénus, de ces oiseaux fidèles
> » Reçois l'offrande, et que chez nous

» Les amans, même les époux,
» Les prennent enfin pour modèles! »

Ensuite on fit des libations de vin en l'honneur de Vénus *populaire*. On immola une chèvre¹ blanche; et l'on brûla les cuisses des victimes sur son autel, où l'on entretenait un feu de genièvre et d'acanthe. Les sacrificateurs présentèrent aussi un porc sauvage², mais il n'entra point dans le sanctuaire, de peur que sa vue ne rappelât à Vénus la mort de son cher Adonis. Il fut immolé à la porte du temple, et Cypris agréa ce sacrifice expiatoire offert aux mânes de son amant.

Ensuite plusieurs vierges et quelques femmes s'avancèrent vers l'autel de Vénus *nuptiale*, qui, d'une main, tenait le globe du monde qu'elle régénère, et portait entre les deux mamelles le flambeau de l'hyménée³. Elles étaient couronnées de roses, dont l'incarnat ou la blancheur peignaient en même temps l'ardeur et la pureté de leurs désirs. L'or et l'ébène de leurs longs cheveux flottaient

---

[1] Lucien.

[2] Strabon rapporte (livre IX) que Vénus recevait quelquefois des sacrifices de porcs pour venger la mort d'Adonis. J'ai mis ce passage en action. J'en use ainsi de toutes les autorités des auteurs, pour éviter la sécheresse des citations.

[3] On l'appelait *Migonitis*, c'est-à-dire, *Conjugalis*, conjugal. Ce mot dérive du verbe grec μίγνυμι, *conjungere*, joindre, unir. *Pausan.*, livre III.

sur leur cou d'albâtre, et pendaient jusqu'à terre. Les vierges désiraient des époux; les épouses, des enfans. Elles supplièrent Vénus d'exaucer leurs vœux, et lui consacrèrent leur chevelure. Aussitôt la prêtresse en coupa les tresses flottantes, qu'elle suspendit aux autels de la déesse.

Ce sacrifice, qui plaisait à Vénus, s'est perpétué autant que son culte. Bérénice, long-temps après, voulant obtenir la victoire pour son époux, consacra sa chevelure à Vénus.

Pour vous, Émilie,

Heureusement vous cherchez peu la gloire,
Et vous n'avez besoin d'offrande, ni de vœux,
Lorsque vous voulez bien gagner une victoire :
Mais si, pour obtenir un sort victorieux,
Vous alliez quelque jour, nouvelle Bérénice,
Aux autels de Cypris suspendre vos cheveux,
Que Zéphyr gémirait d'un si beau sacrifice !

Quant à la chevelure de Bérénice, le lendemain de l'offrande, elle disparut du temple. A cette nouvelle,

Messieurs les courtisans, s'étant rassemblés tous
Pour convenir de sa métamorphose,
Se dirent quelque temps : Eh bien! qu'en ferons-nous?
Car il fallait en faire quelque chose.
Enfin, sans trop savoir pourquoi,

LETTRE XLIV.

> A l'aide d'un certain poète [1],
> Ils en firent un astre. Moi,
> J'en aurais fait une comète.

Tel était le culte de Vénus. Elle punissait sévèrement les femmes qui manquaient envers elle de dévotion. Les dames de Lemnos ayant quelque temps interrompu ses fêtes, la déesse les rendit odieuses à leurs maris, qui, étant alors en guerre avec les Thraces, emmenèrent des prisonnières qu'ils épousèrent au lieu de leurs femmes. Celles-ci, pour venger cet outrage, formèrent et exécutèrent le complot de massacrer, en une seule nuit, tous leurs époux avec leurs concubines [2]. Craignant ensuite qu'un jour les enfans ne vengeassent sur elles-mêmes la mort de leurs pères, elles les égorgèrent au berceau. Vous voyez, Émilie, qu'on ne néglige pas impunément le culte de Vénus.

> Profitez d'un si triste exemple,
> Sacrifiez souvent à la mère d'Amour,
> Et permettez-moi quelque jour
> De vous donner la main quand vous irez au temple.

Cependant, lorsque l'on éprouvait les fureurs

[1] Callimaque composa un poème à ce sujet. Les astronomes avaient, depuis peu, découvert une nouvelle constellation; le poète, de concert avec eux, la nomma la chevelure de Bérénice.

[2] La seule Hypsipyle conserva la vie au roi Thoas, son père, qu'elle fit sauver secrètement dans l'île de Chio.

de Vénus, il y avait autrefois plusieurs moyens de s'en délivrer. Outre certaines herbes qui avaient la vertu d'apaiser les transports de l'amour, on avait recours aux ondes du fleuve Silemne; à peine s'y était-on baigné, qu'on oubliait l'objet aimé. La roche de Leucade, qui s'élève sur le rivage de la mer Ionienne, avait la même propriété. On s'élançait du sommet de ce rocher dans la mer, et soudain l'on était guéri. Beaucoup d'amans, et même quelques femmes, firent ce saut périlleux.

L'illustre Sapho fut de ce nombre. Elle eut le malheur d'aimer Phaon, jeune Lesbien à qui Vénus avait donné un vase d'essences divines avec lesquelles il s'était rendu le plus beau des hommes.

> Vous connaissez les Phaons de nos jours,
> Honte de notre sexe, idoles de nos femmes,
> Qui sont au désespoir de chagriner ces dames,
> Mais qui ne peuvent pas suffire à tant d'amours.

Tel était l'amant de Sapho. L'amant qui s'aime, n'aime pas; Sapho en fit la cruelle expérience; et, pour se guérir de son fatal amour, elle eut recours à la roche de Leucade. Mais, avant de se précipiter dans les flots, elle posa sur le rivage sa lyre couronnée de cyprès, et grava ces vers sur le rocher:

> Je vais boire l'onde glacée
> Qui doit effacer pour toujours

LETTRE XLIV.

De mon cœur et de ma pensée
Le souvenir de mes amours.

Enfin je braverai les armes
Du cruel enfant de Vénus.
Je ne verserai plus de larmes...
Mais, hélas! je n'aimerai plus.

Je n'aimerai plus!... Quoi! sa vue
Ne me fera plus tressaillir!
Je l'entendrai sans être émue
Et sans frissonner de plaisir!

Quoi! mon cœur ne pourra plus même
Se figurer qu'il me sourit,
Qu'il est là, qu'il me dit: Je t'aime;
Que je pleure, qu'il s'attendrit!

Je ne pourrai plus, sur la rive,
Les jours entiers l'attendre en vain;
Le soir m'en retourner pensive,
Et me dire: Il viendra demain!

Adieu donc, espoir, rêverie,
Illusion, dont la douceur
M'aidait à supporter la vie
Et le veuvage de mon cœur!

Et toi, malgré les injustices
Qu'à ce cœur tu fis essuyer,
Perfide, de mes sacrifices,
Le plus dur, c'est de t'oublier.

LETTRE XLV.

BACCHUS.

Je vous ai crayonné légèrement, Émilie, le tableau des fêtes de Vénus : voici, pour servir de pendant à cette esquisse, celle des fêtes de Bacchus.

Bacchus était représenté sur un char traîné par des tigres ou par des panthères, emblèmes de la fureur que l'ivresse inspire; quelquefois aussi par des lynx, et j'avoue que j'en ignore la raison, car le lynx n'a rien de particulier que sa vue perçante : or un homme ivre peut y voir double, mais non pas de loin. Le dieu était couronné de pampre, et sa couronne était surmontée d'une paire de cornes;

> Mais il doit être dépouillé
> De cette éminente parure,
> Depuis qu'Hymen s'est affublé
> De la moitié de sa coiffure.

On donnait des cornes à Bacchus, parce qu'il avait le premier accouplé les bœufs pour labourer la terre. On mettait auprès de lui un tronc de chêne en mémoire de ce qu'il avait fait quitter aux hommes la nourriture du gland pour celle des fruits et du blé. On y plaçait aussi un cep de vigne ou un figuier, dont il avait enseigné la culture. De la main droite il tenait un thyrse; c'était une lance entourée de feuilles de vigne. On lui donnait pour compagnes les Muses, qu'il inspire quelquefois aussi bien qu'Apollon.

Le dieu des buveurs était encore représenté assis sur un tonneau, le front couronné de lierre, dont le feuillage dissipe, dit-on, les fumées du vin. Sa large face était enluminée d'un rouge vermillon, et son nez couvert de rubis. D'une main, il tenait une coupe; de l'autre, un thyrse environné de lierre. On mettait alors auprès de lui une pie : cet oiseau lui était consacré parce qu'il était fort babillard.

> Aussi j'ai lu, je crois, dans de vieux commentaires,
>   (Car ce procès n'est pas nouveau)
> Que les femmes avaient réclamé cet oiseau,
> En accusant Bacchus de chasser sur leurs terres.

Mais, comme il fut prouvé que Bacchus faisait babiller les hommes aussi bien que les femmes, celles-ci perdirent leur procès. C'est peut-être à cette occasion que quelques savans ont prétendu que Bacchus était hermaphrodite.

Les premiers prêtres de Bacchus furent les Satyres; ses premières prêtresses furent les Naïades.

Il faut avouer, Émilie, que vous leur conservez scrupuleusement leur ministère;

> Car souvent je vous verse à peine
> Quelques gouttes de ce doux jus
> Dont s'enivrait le bon Silène;
> Qu'aussitôt, par vos mains, la nymphe de la Seine
> Change en roses pour vous les rubis de Bacchus.

Cependant il est des circonstances où vous vous relâchez un peu de votre dévotion pour les Naïades.

> Lorsque Bacchus, en nectar argenté,
> De son cristal étroit part, petille et s'élance,
> Votre bouche sourit à sa vivacité;
> Et votre main, avec prudence,
> De la naïade alors lui sauve l'alliance,
> Pour conserver la fleur de sa virginité.

Dans la suite, les Naïades furent remplacées par les Bacchantes, les Thyades et les Ménades. Ces différens noms tirent leur étymologie de plusieurs mots qui expriment la rage, la folie et l'emportement. Ces prêtresses parcouraient les villes et les campagnes, armées d'un thyrse, couronnées de pampre, et vêtues d'une peau de tigre. Leurs cheveux étaient épars, leur bouche écumante, leurs yeux rouges et étincelans. Quelques auteurs ont vanté leurs charmes, peut-être avec raison; mais je n'aurais pas été leur rival.

Sans la vertu, je ne vois rien d'aimable;
La décence à mes yeux embellit la laideur.
Il n'est pour moi de beauté véritable
Que sur le front où règne la pudeur.

Dès que la fête de Bacchus était arrivée, on ornait son temple de pampre et de lierre. Les prêtres promenaient sa statue au milieu des vignes, et chantaient des hymnes en son honneur. Les Bacchantes les suivaient en dansant, et en poussant des cris de joie qui ressemblaient aux cris de la fureur.

La marche s'arrêtait ordinairement à l'ombre d'un chêne ou d'un figuier. Là, on reposait le dieu sur un autel, au pied duquel on immolait un bouc. Ce sacrifice plaisait à Bacchus, parce qu'en broutant les jeunes ceps et les bourgeons de la vigne, cet animal détruit l'espoir de la vendange.

Les prêtres rapportaient en pompe la victime et le dieu. Sur son passage, les habitans de la campagne immolaient un porc[1] devant la porte de leurs maisons. De retour au temple, les sacrificateurs brûlaient les entrailles de la victime, et du reste ils préparaient un festin pour l'assemblée.

Chez les Athéniens, les vierges nubiles, couvertes de longs voiles, présentaient alors à Bacchus des corbeilles remplies des premiers fruits de la saison. Ainsi,

---

[1] Cette coutume était fort usitée chez les Athéniens.

Sous le voile des sacrifices,
La Pudeur pouvait, sans rougir,
Exprimer son premier désir
Par le langage des prémices.

Après le festin, les prêtres se rassemblaient au son du fifre et du tambourin, et sautaient en cadence sur des outres et des vessies gonflées et enduites de graisse ou d'huile. Vous présumez bien, Émilie, que les danseurs manquaient souvent la mesure, et que les faux pas étaient fréquens. La chute de chaque figurant excitait les huées et les battemens de mains des spectateurs, et l'on décernait un prix au sauteur qui avait le moins perdu l'équilibre.

Ces jeux passèrent d'Athènes à Rome, où l'on célébrait les principales fêtes de Bacchus à trois époques de l'année.

La première fête se célébrait au mois d'août ; on suspendait alors, aux arbres voisins des vignes, de petites figures de Bacchus, pour veiller sur le raisin.

La seconde fête avait lieu au mois de janvier, lorsque l'on apportait à Rome les vins d'Italie.

Enfin la troisième et la plus solennelle arrivait au mois de février : c'étaient les Bacchanales, que nous fêtons encore dans le même temps, avec les mêmes extravagances, et que nous appelons le Carnaval.

Quelques savans ont prétendu que Bacchus était le même que ce Nemrod que l'Écriture appelle *le grand chasseur*. Ils se fondent sur ce que les noms et surnoms de Bacchus et de Nemrod se ressemblent, disent-ils, en grec et en hébreu. Je crois qu'on doit se défier de cette opinion scientifique, et ne point inférer de l'identité des noms celle des personnages.

> Je connais beaucoup d'Émilies,
> Comme vous jeunes et jolies;
> Ce sont presque vos traits, et c'est bien votre nom:
> Mais sont-ce vos vertus? est-ce vous enfin?... non.

Quelques autres, appuyés sur des faits, ont établi entre Bacchus et Moïse une comparaison soutenue qui rend leur identité plus vraisemblable. Bacchus et Moïse furent élevés dans l'Arabie; ils furent l'un et l'autre conquérans, législateurs et bienfaiteurs des peuples qu'ils avaient conquis. Bacchus est représenté avec deux cornes; Moïse, avec deux rayons sur la tête. Le thyrse de Bacchus fit couler des fontaines de vin; la verge de Moïse fit jaillir une source d'eau pure; et la comparaison ne pèche ici que par la qualité de la boisson. Enfin, Bacchus, ayant touché de son thyrse les eaux de l'Oronte et de l'Hydaspe, traversa ces fleuves à pied sec. Moïse en fit autant sur la mer Rouge. Ces rapprochemens prouvent que si Moïse et Bacchus ne sont pas le même homme, au moins furent-ils deux hommes du même caractère[1]. Les noms des grands hommes peuvent appartenir à des lâches; mais leurs caractères et leurs actions ne peuvent appartenir qu'à eux; et c'est à ces traits seuls qu'on reconnaît sûrement la vertu. Par exemple, si quelqu'un me disait :

    « Je connais fille de vingt ans
    » Admirable par ses talens,
    » Plus encor par sa modestie,
    » Négligeant ses jeunes attraits,
    » Ne cultivant que son génie; »
    A ces traits-là, je me dirais :
    Voyons s'il parle d'Émilie.

    S'il ajoutait : « De mille amans,
    » Même en rejetant la tendresse,
    » Elle sait de leurs sentimens
    » Ménager la délicatesse :
    » Cela se fait si poliment,
    » Qu'on prendrait pour un compliment
    » Le congé qu'elle leur adresse.
    » Qui l'aime, la suit forcément;
    » Qui la fuit, jamais ne l'oublie : »
    Je me dirais : Assurément,
    C'est ou ce doit être Émilie.

---

[1] Orphée appelle Bacchus *Moses*, Moïse, et lui donne pour attribut deux tables de lois.

S'il ajoutait : « Sur son chemin
» Aperçoit-elle l'indigence,
» Avec un air de négligence
» Elle se détourne. Sa main
» Joint la main vers elle tendue,
» Furtivement ; et puis soudain,
» Craignant qu'on ne l'ait aperçue,
» Elle rougit de son bienfait,
» Tremble que l'on ne le publie,
» Et s'esquive !... » A ce dernier trait,
Je m'écrirais : C'est Émilie.

A propos de ressemblance, vous me rappelez, Émilie, que je vous ai prédit la naissance des Grâces le jour même du jugement de Pâris, qui fut prononcé au printemps. Or nous venons de passer le Carnaval. Ainsi Vénus, suivant vos calculs, devrait leur avoir donné le jour, et vous commencez à craindre que je ne me sois trompé sur les époques.

Votre cœur gémit en secret
De ce que vos trois sœurs n'arrivent point encore.
Consolez-vous et tournez le feuillet,
Sous vos yeux elles vont éclore.

LES GRACES.

LETTRE XLVI.

LES GRACES.

Quoique les auteurs aient varié sur l'origine des Grâces, l'opinion la plus commune est qu'elles sont filles de Vénus et de Bacchus. Les uns les représentent nues, parce que, disent-ils, les Grâces ne doivent pas être déguisées; les autres les couvrent d'un voile léger. Je préfère ce costume au premier. Point de grâce sans décence; point de décence sans voile.

En général, la mythologie nous donne très peu de détails sur ce qui concerne les Grâces. Pour y suppléer, je vous envoie, Émilie, la relation du pèlerinage que j'ai fait, sous vos auspices, au temple de ces trois immortelles.

LE TEMPLE DES GRACES.

Le temple des Grâces n'est point situé dans un lieu consacré particulièrement à leur culte,

> Ce temple est le palais des fées.
> Que la beauté paraisse, aussitôt vers les cieux

L'édifice s'élève et présente à nos yeux
Un sanctuaire orné de fleurs et de trophées.
Éloignez-vous, le charme fuit,
Et le temple s'évanouit.

Depuis long-temps je cherchais ce temple fugitif, qu'il est si rare et si difficile d'atteindre, lorsque j'appris qu'il était, depuis huit jours, à ***. J'entrepris à l'instant ce pèlerinage. A chaque pas je rencontrais sur la route une multitude de pèlerins qui tournaient le dos au temple auquel ils prétendaient arriver.

Au fond d'un carrosse doré,
C'était une sempiternelle,
Le visage verni, plâtré,
Roulant sa mourante prunelle,
Et de ses charmes dépéris
Pour gonfler la forme jumelle,
Enfermant, avec leurs débris,
Le Zéphyre sous la dentelle.
Plus loin, suivait monsieur l'abbé
Lisant dans Sapho son bréviaire,
Le dos voûté, le teint plombé,
Lorgnant par-devant, par-derrière ;
Complaisant, doux, mignard, poli,
Persiflant, grasseyant, rempli
D'amour, d'ambre et de suffisance ;
En un mot, ayant en tout point,
Du jugement, de la science,

Et du goût comme on n'en a point.
Dans une diligence anglaise
Roulait milord Aliboron,
Le dos, le ventre, l'esprit rond,
Quittant son gros habit marron
Pour s'affubler à la française;
Se plaignant du poumon, des nerfs,
Avec la carrure d'Hercule;
Pesant trois cents; mais, par ses airs,
Encor moins loûrd que ridicule.

Enfin c'était une foule d'originaux de toute espèce, des petits-maîtres, des femmes savantes, des musiciens, des coquettes, des peintres, des dévotes, des orateurs, des poètes, des danseurs et des philosophes. La plupart de ces derniers faisaient gaiement le voyage à pied; car ce n'était pour eux qu'une promenade. Mais les étrangers, et les femmes surtout, arrivaient au temple avec une toilette de cour qui les faisait consigner à la porte.

Là était la foule. Les esprits et les beautés honoraires se nommaient pour en imposer au peuple, et, d'un ton d'autorité, criaient à la sentinelle:

« Sergent, dites au caporal
» De nous ouvrir un peu la presse;
» Je suis marquise; moi, comtesse;
» Moi, je suis fermier-général. »

Cependant les piétons arrivaient les premiers; je

marchais derrière eux, et j'entrai d'abord en nommant Émilie.

Arrivé sous le vestibule, j'aperçus autour de moi plusieurs autels particuliers, où l'on consultait les demi-dieux, favoris et ministres des Grâces. Chacun d'eux avait sa statue au-dessus de son autel. C'étaient Racine, La Fontaine, Sévigné, Deshoulières, etc. Un conseiller parfumé brûlait de l'ambre sur l'autel de Montesquieu, et lui disait :

« J'ai du jargon, de la finesse ;
» Les calembours brillent dans mes écrits ;
» J'ai su donner à la grave Thémis
   » Un petit air de gentillesse.
» Je mets les lois en madrigaux ;
» Je suis l'oracle des toilettes ;
» De tous les ouvrages nouveaux
» J'extrais l'esprit sur mes tablettes :
» Je viens de composer enfin
» Un livre avec mon secrétaire ;
» Je l'ai fait, sur papier vélin,
» Imprimer en beau caractère,
» Et relier en maroquin.
» Aux trois déesses, ce matin,
» J'en viens offrir un exemplaire ;
» Et je reste, comme un faquin,
» A la porte du sanctuaire ! »

L'oracle des lois lui répondit :

« Il faut que Thémis en impose,
» Et sourie avec dignité.

» Sa grâce est dans sa majesté;
» Et les trois sœurs n'ont jamais adopté
» Les magistrats couleur de rose. »

Au même instant, une femme ensevelie sous la gaze arriva au pied d'un groupe qui représentait Sévigné, Deshoulières et Ninon, et s'écria d'une voix tremblante :

« J'ai su me faire de l'esprit
» Et me composer un visage.
» Depuis trente ans et davantage,
» J'en ai toujours quinze, en dépit
» Du temps et de la médisance;
» Je rajeunis chaque matin,
» Car j'ai découvert le chemin
» Qui ramène à l'adolescence.
» — Tremble, dit l'oracle, qu'enfin
» Il ne te ramène à l'enfance. »

L'adolescente sexagénaire sourit avec dédain, et fit place à une blonde languissante, qui laissa tomber ces paroles :

« Vingt fois par jour la force m'abandonne,
» Je puis me vanter que personne
» Ne s'évanouit mieux que moi;
» Je range, en expirant, l'univers sous ma loi.
» Dans mes convulsions, j'étale un cou d'albâtre,
» Un teint de lis, des yeux mourans, baignés de pleurs,
» Un pied digne des connaisseurs,

» Un bras d'ivoire ;... enfin à mes adorateurs
» Je représente en beau la mort de Cléopâtre... »

L'oracle l'interrompit en lui disant :

« Quoique les pamoisons, les spasmes, les vapeurs,
» Produisent à Paris des effets admirables,
» Nous ne les logeons point. Le temple des *trois sœurs*
  » N'est point l'hôtel des Incurables. »

La blonde aux yeux bleus, à cette brusque réponse, alla se trouver mal sur les degrés du temple, et fut remplacée par une femme jeune et modeste, qui dit en soupirant :

« Sur mes traits effacés, d'un mal contagieux
  » La douleur a gravé les traces.
» Depuis que j'ai perdu ce qui charmait les yeux,
» Puis-je me présenter dans le temple des Grâces ? »

L'oracle lui répondit :

« Si tu n'as plus ta fraîcheur naturelle,
» Tu conserves encor ton esprit et ton cœur ;
» Ton empire sera plus sûr et plus flatteur,
  » Quand tu plairas sans être belle.
» A l'aimable Laideur le dieu d'Amour sourit
  » Pour la venger de la Nature ;
» Ta figure faisait oublier ton esprit,
» Et ton esprit va faire oublier ta figure. »

A ces mots, la belle disgraciée se présenta à la porte du temple, qui lui fut ouverte à l'instant.

LES GRACES. 311

Au-devant de cette porte était le célèbre Marcel[1], contrôleur des costumes et du maintien, et sur le seuil paraissait l'illustre La Bruyère, dont l'œil perçant découvrait les moindres défauts du caractère et de l'esprit. Marcel, dans son style familier, s'écriait à tout moment :

« Monsieur l'abbé, l'on n'entre pas !
» Vous avez l'air d'une poupée ;
» Vous, colonel, du grand Pompée ;
» Et vous, Mondor, du roi Midas.
» Comte, pour courir en chenille,
» Vous avez pris, dès le matin,
» La bigarrure d'Arlequin ;
» Vous, duc, l'habit de Mascarille,
» Avec le gilet de Scapin.
» Duchesse, de votre carmin
» Avant d'entrer ici, de grâce,
» Otez trois couches seulement ;
» Et, pour respirer un moment,
» Permettez que l'on vous délace.
» Et vous qui semblez trébucher
» Dans ces étuis dont la structure
» A vos pieds donne la torture,

---

[1] Marcel était un maître de grâces fort à la mode il y a quarante ans. On ne pouvait être présenté à la cour, ni se présenter dans le monde, sans avoir pris des leçons de Marcel. C'est lui qui, au milieu d'un bal, après une heure de recueillement et de contemplation, s'écriait avec enthousiasme : « Que de choses dans un menuet ! »

» Rose, apprenez que la Nature
» Nous a fait des pieds pour marcher. »

Plusieurs pèlerins échappaient aux traits de ce rigoureux censeur, et obtenaient leur passeport. Mais, arrivés à l'entrée du sanctuaire, ils subissaient un examen encore plus rigoureux, puisque l'on y scrutait les défauts cachés sous les agrémens superficiels. Le moderne Théophraste[1], fixant sur chacun d'eux un regard ferme et pénétrant, leur répétait d'une voix sévère :

« Damis, vous avez le cœur sec ;
» Vous ne connaissez point cet aimable délire
» Qu'éprouve le génie, et que l'Amour inspire ;
» Sortez d'ici. Baldus, vous croyez que le grec
» Tient lieu d'esprit et de science ;
» Allez à Sparte. Argan, je le vois bien
» A votre aimable suffisance,
» Vous savez tout, sinon que vous ne savez rien ;
» Allez l'apprendre. Et vous, Gernance,
» Vous qui dédaignez la science,
» Dans un chapitre ou bien dans un boudoir
» Allez professer l'ignorance.
» Cléon, vous raisonnez l'amour très savamment,
» Et près de celle qui vous aime
» Vous calculez un sentiment
» Comme l'on résout un problème.
» Ne vous offensez pas d'un refus ; récemment

---

[1] La Bruyère, dont on vient de parler.

LES GRACES.

» Nous avons refusé Barême.
» Philinte, on vous trouve amusant
» Dans tous vos récits; mais vous êtes
» Comme trois femmes médisant,
» Et menteur comme six gazettes.
» C'est trop. Pour vous, Lise, Hortense, Myrthé,
» Vous dont on vante la beauté,
» Frivole et stérile avantage;
» Vous qui possédez en partage
» Du babil sans raisonnement,
» De la raison sans agrément,
» Un esprit de pédant sous un masque de femme,
» Un cœur de glace, un corps sans âme,
» Quelques épigrammes sans sel,
» Un feu follet sans étincelles,
» Fuyez ces lieux. Nos Immortelles
» Ne reçoivent sur leur autel
» Que l'offrande d'un cœur pur et tendre comme elles,
» Et d'un esprit solide et naturel. »

J'échappai à la proscription du censeur : en vous voyant dans mon cœur, il fit grâce à mon esprit, et le temple me fut ouvert. Là je rendis hommage aux Grâces.

Des attraits de ces sœurs jumelles
Je fus plus charmé que surpris,
Mon cœur se trouvait là comme chez ses amis.
Avant de voyager chez elles,
J'avais appris chez vous la carte du pays.

Les trois sœurs, dans une attitude élégante et modeste, entrelaçaient leurs bras en se donnant la main. Un voile négligé couvrait heureusement la moitié de leurs charmes. Les formes cachées se faisaient sentir sous les plis du voile. L'œil admirait les beautés visibles; le désir embellissait les autres. Leurs regards, souvent baissés, ne se levaient jamais impunément. Elles souriaient, mais en rougissant; et qui les avait vues sourire n'en parlait plus qu'en rougissant comme elles. Leur voix était douce et persuasive. Elles parlaient peu, mais elles parlaient au cœur. On les regardait en espérant de les entendre; on les écoutait en craignant de les voir finir. Ainsi leur silence et leurs discours se prêtaient un charme mutuel; et, quoique femmes, elles exerçaient peut-être avec moins d'empire l'art de parler que l'art de se taire.

Malgré leur apparente simplicité, les Grâces me parurent très difficiles sur le choix de leurs favoris. Ils sont en très petit nombre, mais la moindre faveur suffit pour les rendre immortels; car ce que les Grâces ont touché ne meurt point : aussi retrouvai-je dans leur temple plusieurs de nos contemporains dont nous pleurons encore la perte.

> J'y rencontrai ce pasteur vénérable
> Qui nous peignit avec candeur
> Les traits de l'âge d'or, conservés dans son cœur;
> Innocent comme Abel, comme Daphnis aimable,

Frais comme le printemps, même dans son hiver.
Vous vivez! m'écriai-je, ô mortel adorable!
Et je pleurai de joie en embrassant Gessner.

J'y reconnus cet orateur [1] que Rome
Eût envié jadis au sénat de Paris.
Il me parut baigné des pleurs de ses amis;
Car il était aimé, quoiqu'il fût un grand homme.

A cette vue, je ne pus retenir mes larmes; mais la première des Grâces me dit en souriant :

« Pourquoi cette douleur amère?
» Gerbier chez vous n'est plus; mais il respire ici.
» Dans nos bras il s'est endormi.
» Qu'eût-il fait encor sur la terre?
» Il était immortel; son sort était rempli. »

En achevant ces mots, la déesse tendit la main à un vieillard qui s'avançait majestueusement vers le sanctuaire. Ses yeux, sous des sourcils blancs, brillaient du feu de la jeunesse, et son front conservait l'empreinte des couronnes qu'il avait portées. « O déesse! m'écriai-je, quel est ce vénérable
» monarque? Quel était son empire?

» — L'univers. Tu vois Buffon.
» Il suffit que je le nomme;
» Tout l'éloge d'un grand homme
» Est renfermé dans son nom. »

[1] Gessner, Buffon et Gerbier venaient de mourir au moment où cette lettre fut écrite.

Elle dit, fit asseoir le vieillard sur un trône de verdure, et lui ceignit la couronne de l'immortalité.

>Suivi des doux Plaisirs qui naissent sur ses traces,
>A ce couronnement le Printemps assista,
> Et la Nature y présida;
>Car la Nature est toujours chez les Grâces.

Durant cette fête je vis entrer dans le temple une foule de jeunes nymphes qui arrivaient de la campagne. J'en remarquai très peu de la ville; mais j'avouerai que celles-ci l'emportaient sur les premières; car elles étaient encore belles, malgré leur parure. Tandis que je les admirais, Aglaé me dit : « Tu seras sans doute étonné d'apprendre que » ces beautés naïves, qui nous visitent tous les » jours, ne savent pas qu'elles nous connaissent.

>» La beauté qui vient de naître,
>» Tant qu'elle échappe au miroir,
>» Vient chez nous sans le savoir;
>» Mais il lui suffit d'avoir
>» Le malheur de se connaître,
>» Pour nous fuir sans le vouloir. »

Sur les pas de ces nymphes je vis arriver les vierges couronnées par l'Amour pour l'autel de l'Hyménée. « Celles-ci, me dit la déesse, sont bien » moins nombreuses que les premières; car plus » les femmes aujourd'hui arrivent à l'âge des Grâ- » ces, plus elles s'éloignent de leur culte : d'ailleurs

» nous n'admettons ici que celles qui, à la modes-
» tie et aux agrémens extérieurs, joignent une
» âme encore neuve, un cœur fait pour préférer
» l'estime et la tendresse conjugale à l'encens des
» adorateurs, et un caractère capable de sacrifier
» à l'amour maternel les modes, les romans, les
» abbés et l'opéra.

» Aussi le dieu d'Hymen verse en secret des pleurs
» Dans son temple désert; mais bientôt il oublie
   » Sa solitude et ses malheurs,
   » Quand il possède une Émilie. »

Aglaé parlait encore lorsque les mères arrivèrent au pied de l'autel. Je ne remarquai parmi elles ni celles qui veulent être les sœurs cadettes de leurs filles, ni celles qui ne souffrent point que leurs filles soient jolies, ni celles qui ne permettent pas que leurs filles aient quinze ans, *et cætera, et cætera*; leurs regards étaient nobles et tendres; leur démarche était posée, leur sourire affectueux; tout en elles intéressait. Ces yeux versaient souvent des larmes, cette bouche prononçait sans cesse les noms de fils et d'époux; ces lèvres étaient couvertes de chastes baisers; ce sein avait porté de doux fardeaux, que ces bras soutenaient encore. Ceux de leurs enfans qui pouvaient marcher les accompagnaient en leur donnant la main, ou en tenant un coin de leur robe flottante. Les tendres caresses,

les douces inquiétudes voltigeaient autour d'elles. En les considérant au milieu de leur famille naissante, on se sentait attiré vers elles par un charme attendrissant. Elles semblaient réunir les grâces des différens âges qui les environnaient. On les retrouvait dans chacun de leurs enfans. Ces diverses ressemblances multipliaient les sentimens qu'inspiraient les mères, et l'on éprouvait, en les aimant, que le respect est inséparable du véritable amour. « De toutes nos favorites, me dit Aglaé,
» celles-ci sont les plus tendrement chéries ; car
» nous trouvons chez elles ce que nous cherchons
» partout, l'utile joint à l'agréable.

» Leurs glorieux travaux n'empêchent point d'éclore
» Sur leurs traits maternels les fleurs de la beauté.
» Auprès des lis la rose croît encore
» Sur les débris de la maternité. »

Les mères alors s'approchèrent de l'autel, et j'eus le plaisir de les admirer tandis que chacune faisait son offrande. J'en reconnus même quelques unes.

Penthièvre présentait ses enfans dans ses bras ;
Et, d'après ce touchant modèle,
Genlis, suivant à quelques pas,
Crayonnait les vertus et les charmes d'*Adèle*.

Quand les mères eurent rendu leur hommage, je vis arriver dans le sanctuaire les veuves et les aïeules en cheveux blancs. La sérénité, la candeur, régnaient sur leurs fronts sillonnés par les longues années. On voyait qu'elles avaient été belles; on jugeait qu'elles étaient aimables. Le regret de ce qu'elles avaient perdu ajoutait au prix de ce qu'elles conservaient encore; et ce cœur pénétré de respect se plaisait à rappeler le passé pour y retrouver un sentiment plus tendre. Cependant, comme les vierges paraissaient surprises de les voir à cet âge dans le temple des Grâces, Euphrosine leur dit :

« Femme qui plaît à soixante ans
» Par son aimable caractère
» Possède bien mieux l'art de plaire
» Qu'une belle dans son printemps.

» Les prestiges de la jeunesse
» Cachent mille défauts au jour;
» Mais le charme fuit; la vieillesse
» Lève le bandeau de l'Amour.

» Alors la Raison qui s'éveille
» Cherche l'esprit. Si c'est en vain,
» La Beauté, dès le lendemain,
» Pleure ses amans de la veille.

» Mais, si l'on trouve en vous les talens, les vertus,
» L'Amitié tous les jours ajoute à vos conquêtes,
» Et l'on vous aime encor, malgré l'âge où vous êtes,
» Comme l'on vous aimait à l'âge qui n'est plus.

» On regrette le temps passé sans vous connaître.
» Combien l'on eût joui d'un commerce si doux !
» Il semble que plus tôt on aurait voulu naître,
» Pour avoir le bonheur de vieillir avec vous.

» Lorsque, vers son déclin, le soleil nous éclaire,
» L'éclat de ses rayons n'en est point affaibli;
» On est vieux à vingt ans si l'on cesse de plaire;
» Et qui plaît à cent ans meurt sans avoir vieilli. »

A ces mots, les vierges saluèrent avec respect les aïeules, qui les embrassèrent sans jalousie. Alors la déesse, se tournant vers moi : « Tu le vois, me
» dit-elle,

» Les Grâces sont de tous les temps.
» Adieu; dis à ton Émilie
» Que dans un demi-siècle en ces lieux je l'attends.
» Pour conserver tous deux l'amitié qui vous lie,
» De l'esprit et du cœur évitez les détours,
» L'art est voisin de l'imposture.
» Vous vous plairez encore au déclin de vos jours,
» Mes bons amis, si vous savez toujours
» Vous en tenir à la Nature. »

A ÉMILIE.

Quoi! vous exigez, Émilie,
Qu'au bruit des canons, des tambours,
Je chante encor pour les amours!
Hélas! pourrai-je, mon amie,
De Flore et du Printemps vous peindre les beaux jours,
Quand le deuil de la mort s'étend sur ma patrie!

Ma Muse, couverte du voile de la douleur, cherche en silence, dans nos forêts profondes et sous nos antres solitaires, un asile où la Discorde et la Haine n'aient point encore pénétré. Là, gémissant sur le passé, déplorant le présent, et lisant dans un sinistre avenir, elle dépose tristement sa lyre détendue jusqu'au retour incertain de la Paix, des Arts, de la Vertu et du Bonheur.

Si je propose à ses pinceaux légers
Les exploits des héros, les plaisirs des bergers,
Adonis et Vénus, foulant des lits de roses,
Les nymphes, leurs amours et leurs métamorphoses,
L'esprit frappé de sinistres objets,
Elle répand sur ces rians sujets
Un coloris lugubre et terne.
« Eh! dit-elle, comment peindre le siècle d'or?

» Ses tableaux enchanteurs ont si peu de rapport
» Avec celui de la lanterne ! »

Cependant, quoi qu'elle en dise, je vais essayer de reprendre pour vous les pinceaux et la lyre. Vous le savez, c'est plutôt mon cœur que ma muse qui vous écrit ; et, s'il est des révolutions qui puissent influer sur l'esprit, il n'en est point qui doivent influer sur le cœur. L'esprit tient à l'art, le sentiment à la nature ; et seule, au milieu des changemens universels, la nature ne change point.

Le tableau de l'espèce humaine
Est un tableau mouvant. Là, des biens et des maux
La génération se succède et s'enchaîne.
Chaque acte aux spectateurs offre des traits nouveaux,
Et les héros changent à chaque scène.

Tandis que sur eux Atropos
Promène sa faux homicide,
Des siècles le torrent rapide
Vers le vaste abîme des temps
Roule chargé d'évènemens.
Cependant la simple Nature,
Toujours égale dans son cours,
Sur les cendres des morts, sur les débris des tours,
Sème au printemps les fleurs et la verdure ;
Et, depuis le matin jusqu'au soir de nos jours,
Pour consoler le monde et repeupler la terre,
Elle conserve et régénère
Les vieilles amitiés et les jeunes amours.

LETTRE XLVII.

TITHON ET L'AURORE.

Demain matin, belle Émilie,
Quand, sortant des bras du repos,
De mille roses embellie,
Vous entr'ouvrirez vos rideaux;
Quand la soigneuse Modestie,
D'une ample gaze d'Italie
Voilera le double contour
Des charmes secrets que l'Amour
Lorgne souvent d'un œil d'envie :
En un mot, quand il fera jour
Pour l'amitié chez mon amie,
Souffrez que j'admire de près,
Sous votre nocturne coiffure,
Ce coloris vermeil et frais,
Cette blancheur naissante et pure
Que ranime sur vos attraits
Le doux repos de la nature.
Ainsi que l'abeille au matin,
Recueille un précieux butin
Sur les fleurs qui viennent d'éclore,
Mon pinceau, long-temps incertain,

> Recueillera sur votre teint
> Des couleurs pour peindre l'Aurore.

En attendant que vous m'accordiez une séance pour son portrait, je vais vous crayonner son histoire, c'est-à-dire ses amours; car c'est ordinairement là tout ce qu'on entend par l'histoire d'une jolie femme.

> Fut-elle tendre ou cruelle?
> Quel fut son premier amant?
> Fut-il heureux, et comment?
> Sut-il la rendre fidèle?
> Combien eut-il de rivaux?
> Combien de fois changeait-elle
> Par mois, par jour? D'une belle
> Voilà l'histoire en deux mots.

La plupart des auteurs assurent que l'Aurore est fille du Soleil et de la Terre. Quelques uns la font fille de Titan. Cette seconde opinion s'accorde avec la première, puisque Titan est le même que ce fameux géant[1] qui dans sa marche brillante éclaire et fertilise le monde.

Dès que le Soleil sort du lit de Téthys, l'Aurore

---

[1] L'univers, à sa présence,
Semble sortir du néant.
Il prend sa course, il s'avance
Comme un superbe géant.
  J.-B. Rousseau, Liv. I, Ode II.

monte sur un char doré, attelé de deux chevaux plus blancs que la neige. Les roues du char tracent dans l'air un léger sillon de pourpre nuancé d'or et d'azur. La déesse arrive aux portes transparentes de l'Orient, et les ouvre avec ses doigts de rose; là elle s'arrête sur un nuage, et d'un œil impatient elle attend le char de son père. Bientôt, au milieu de l'harmonie des sphères célestes, elle croit entendre le hennissement de ses quatre coursiers; son cœur palpite d'espérance et de joie; elle regarde encore, et distingue, à travers une vapeur enflammée, l'ardent Piroïs, le léger Éoüs, le fougueux Æthon et l'indomptable Phlégon[1]; puis elle aperçoit son père lui-même, qui, de sa main immortelle, tient les rênes étincelantes. A cette vue, la fille du Jour rougit de plaisir, ses yeux versent des larmes de tendresse. Les Zéphyrs les recueillent sur leurs ailes, et les répandent en rosée sur les fleurs. Ainsi, belle Émilie,

> Quand je viens, sous votre croisée,
> Vous offrir un bouquet cueilli dès le matin,
> Sur ce présent qui tremble dans ma main,
> Si vous voyez trembler les pleurs de la rosée,
> Ne le refusez pas; songez que chaque fleur
> Doit son éclat, doit sa fraîcheur,
> Et les doux parfums qu'elle exhale,
> A la piété filiale.

[1] Noms des quatre coursiers du Soleil.

Depuis long-temps l'Aurore, heureuse d'aimer son père, vivait sans s'imaginer qu'il existât un autre amour, lorsqu'elle aperçut dans les campagnes de Troie le beau Tithon, fils de Laomédon et frère de Priam, roi des Troyens. Je vous ai déjà dit[1] qu'elle l'enleva, l'épousa, le rendit immortel, le vieillit en huit jours, et le fit changer en cigale. Ainsi l'Aurore ne connut que l'éclair de l'amour, et son bonheur s'évanouit comme un songe. Mais elle en fut bientôt dédommagée; en cessant d'être épouse, elle devint mère. Le fils qui lui rendit les traits de son époux fut le célèbre Memnon.

> Cette innocente et vive image
> De celui qui vécut trop peu pour son bonheur,
> En donnant le change à son cœur,
> Y remplissait le vide du veuvage.
> Quand une femme, tour à tour
> Heureuse épouse, heureuse mère,
> Presse contre son sein ses enfans et leur père,
> Pour elle c'est le même amour.

Memnon, dès ses jeunes années, fut un héros; mais le chemin périlleux de la gloire le conduisit au trépas. Les Grecs s'étant réunis pour assiéger la ville de Troie, le fils de Tithon, neveu de Priam, courut avec une armée au secours de ce malheureux prince; mais, avant de pénétrer dans la ville

[1] *Voyez* la lettre XXXIII, tome Ier, pag. 209.

assiégée, Memnon rencontra l'invincible Achille, le combattit, et tomba sous ses coups. Je ne vous peindrai point le désespoir de l'Aurore;

> Pour exprimer la douleur d'une mère,
> Il faudrait éprouver l'excès de son amour.
> La fille brillante du Jour
> D'un nuage lugubre obscurcit sa lumière;
> Par l'amertume de ses pleurs,
> Flétrit la verdure et les fleurs,
> Et répandit son deuil sur la nature entière.

Enfin Jupiter, pour la consoler, lui promit que son fils renaîtrait sous une forme nouvelle. En effet, lorsque la flamme consuma le corps de Memnon, l'on vit, dit-on, s'élever de son bûcher, des oiseaux blancs que l'on appelle Memnonides. Ces oiseaux se multiplièrent en peu de temps, et s'envolèrent en divers climats. Mais, si l'on en croit Pline et plusieurs écrivains de l'antiquité, tous les ans, à la même époque, les Memnonides se rassemblaient sur le tombeau de Memnon pour se combattre, et faire de leur sang une libation en son honneur. D'autres ont écrit que ces oiseaux venaient chaque année tondre avec leur bec le gazon qui couvrait la tombe de Memnon, et qu'ils l'arrosaient ensuite avec leurs ailes trempées dans le fleuve d'Asope.

> C'est ainsi que, dans tous les temps,
> Pour parvenir au bonheur de leur plaire,

LETTRE XLVII.

> On a bercé la vanité des grands
> Avec des contes de grand'mère.

On éleva dans la suite une statue en marbre noir qui représentait Memnon assis, les mains élevées et la bouche entr'ouverte, comme s'il allait parler. A peine le premier rayon de l'Aurore frappait-il le corps de la statue, qu'elle prenait un air riant, et paraissait s'animer; mais, aussitôt que le rayon atteignait la bouche, il en sortait un son harmonieux et tendre, qui semblait dire : « Bonjour, ma mère ! » Le soir, au moment où l'Aurore allait éclairer l'autre hémisphère, un soupir faible et plaintif semblait dire : « Ma mère, adieu ! »

Telle était, Émilie, la fameuse statue de Memnon, à laquelle vous me faites ressembler quelquefois. Par exemple,

> J'ai, quand je dois vous voir, cent choses à vous dire.
> Paraissez-vous, soudain j'hésite, je soupire,
> Je demeure à vos pieds, tremblant comme un poltron,
> Et ressemble assez bien au buste de Memnon.
> Sur ce marbre animé si vous portez la vue,
>   Si votre bouche lui sourit,
>   Un sourire, un regard suffit
> Pour faire parler la statue.

CÉPHALE ET PROCRIS.

LETTRE XLVIII.

CÉPHALE ET PROCRIS.

Fille qui n'a connu Cythère
Que sur la carte d'un roman,
Avant de voyager dans ce pays charmant,
Peut rester long-temps sédentaire.
Mais veuve qui, soir et matin,
Avec l'Amour en a fait le voyage,
Aime à se promener encor sur le chemin.
On a beau faire, on veut en vain
Oublier le pèlerinage
Quand on connaît le pèlerin.

L'Aurore, agitée par ce doux souvenir, aperçut un matin le jeune Céphale sur le mont Hymète. Céphale, fils de Déionée, roi de Phocide, avait épousé Procris, fille d'Érechthée, roi d'Athènes. Ils étaient unis par cette tendresse conjugale dont on s'honorait autrefois, et dont on rougit presque aujourd'hui. En vain l'Aurore, avec tous ses charmes, essaya-t-elle de rendre Céphale infidèle; il sut lui résister. Enfin, pour triompher de sa résistance, elle l'enleva; mais les cœurs ne s'enlèvent point; celui de Céphale demeura près de sa chère Procris; et l'Aurore, après l'avoir inutilement retenu dans ses fers, le rendit à son épouse en lui disant : « Vous vous repentirez un jour d'avoir connu cette » Procris qui vous est aujourd'hui si chère. »

Ces paroles artificieuses firent éclore dans le cœur de Céphale les semences de la jalousie : aussitôt il prend la figure aimable et le costume galant d'un jeune séducteur, résolu d'éprouver lui-même la fidélité de son épouse. La démarche était délicate.

J'ignore, grâce aux dieux, ce qu'Hymen me réserve :
Cependant j'aime à me flatter
Que, Céphale nouveau, j'irais en vain tenter
L'honneur de ma Procris; mais le ciel m'en préserve!

Les propositions de l'amant inconnu furent d'abord rejetées avec mépris. Malgré l'absence de Céphale, Procris le chérissait plus que jamais. C'était beaucoup; et Céphale, plus heureux que sage, aurait dû s'en tenir à cette périlleuse tentative; mais il insista en ces termes :

» Céphale vous trahit.—L'ingrat!... Le croyez-vous?
»—J'en suis sûr; et d'ailleurs n'est-il pas votre époux!
» —Il était mon amant.—Il ne l'est plus, madame.
» — Et moi je l'adore toujours.
» — Quoi! sa froideur ne peut éteindre votre flamme?

» Quoi ! vous voulez consumer vos beaux jours
» A pleurer un mari ? C'est un enfantillage
   » Qui n'est plus permis à votre âge.
   » Je suis jeune, riche, en faveur ;
» Je vous offre ma main, ma fortune et mon cœur.
» Ne perdons point de temps ; tous les préliminaires
» De dédains affectés, de refus, de rigueurs,
   » Ne font qu'embrouiller les affaires.
» Pour être heureux, évitons ces longueurs.
» L'amour fuit, l'heure échappe, et le plaisir s'envole.
» Je vous aime, aimez-moi. Point de discours frivole.
» Si j'attends à demain, dès aujourd'hui je meurs.
» — Mourir ! vous m'effrayez, dit l'épouse craintive.
» Comment puis-je avec vous me tirer de ce pas ?
» — Votre cœur ou la mort : voilà l'alternative.
» Donnez-moi l'un ou l'autre. — Allons, ne mourez pas. »

A ces mots, Céphale, furieux de trouver enfin ce qu'il s'opiniâtrait à chercher, se fait connaître à Procris, qui, accablée de honte et de remords, sort de son palais, résolue de n'y jamais rentrer. Mais bientôt Céphale courut la chercher au fond des déserts. Soit vanité, soit indulgence maritale, il l'excusa de n'avoir pu lui résister. Enfin, après quelques reproches mêlés de pleurs et de caresses,

   Cette querelle de ménage
     Se termina, suivant l'usage,
     Par un doux raccommodement.
Nos époux, attestant les nymphes du bocage,

> Jurèrent solennellement
> De s'aimer désormais mille fois davantage ;
> Et la preuve survint à l'appui du serment.

Procris, après les premiers gages de réconciliation, donna à Céphale un trait qui jamais ne manquait le but, et un chien, nommé Lélape, que Diane avait élevé.

Peu de temps après, Thémis, irritée de ce que les Thébains avaient déchiffré ses oracles, ayant suscité contre eux un renard monstrueux qui dévorait leurs troupeaux, tous les jeunes princes du pays se réunirent pour l'exterminer.

> Comme la noblesse thébaine,
> Si tous les chevaliers des rives de la Seine
> S'unissaient pour chasser les renards que Thémis,
> Du fond de son noir sanctuaire,
> Suscite pour manger les moutons de Paris,
> Quelle chasse ils auraient à faire !

Le renard thébain échappa long-temps à toutes les poursuites des chasseurs. Enfin Céphale ayant lâché Lélape contre le monstre, le chien et le renard, au milieu de leur course rapide, furent l'un et l'autre changés en pierre, sans qu'on ait jamais su ni par qui, ni pourquoi.

Céphale regretta son fidèle Lélape ; mais le dard qui lui restait suffisait pour le rendre encore le plus redoutable de tous les chasseurs. Il parcourait sans cesse les bois et les montagnes, théâtres de ses nombreux exploits. Là quelquefois, durant la chaleur du jour, il se reposait sur la terre brûlante, et implorait le secours de cette vapeur rafraîchissante qui voltige au fond des grottes tapissées de mousse, et sous l'ombrage épais des arbres vénérables, pères et protecteurs des bocages.

« Viens, disait-il, viens, aimable Aure :
» Viens, jeune épouse du Zéphyr.
» Accorde-moi seulement un soupir
» Pour apaiser l'ardeur qui me dévore. »

Malheureusement quelques Thébaines charitables, ayant entendu Céphale, en conclurent que cette Aure, qu'il appelait avec tant de langueur, était une nymphe qu'il aimait éperdument ; et soudain, pleines des intentions les plus pacifiques, elles allèrent le persuader à Procris.

Le lendemain, Procris, par un chemin détourné, va se cacher dans un buisson voisin du lieu que ses amies lui avaient indiqué. Bientôt Céphale, épuisé de fatigue, vint s'y reposer. Faible, haletant, d'une voix languissante, il appelle Aure à son secours. A ce nom, Procris ne peut maîtriser les transports de sa rage. Un mouvement d'indignation la trahit. Céphale croit entendre une bête sauvage s'agiter dans l'épaisseur du buisson. Il se retourne, lance le trait fatal... Soudain un cri douloureux et tendre lui fait pressentir sa méprise et son malheur. Pâle et tremblant, il écarte les branches qui lui cachent sa victime, et reçoit dans ses bras sa chère Procris, qui, d'une voix mourante, lui dit: « Céphale, au nom de cet amour si tendre qui » cause ma mort, n'épouse point cette Aure, dont » le nom seul me fait frémir! » A ces mots, Céphale, reconnaissant son erreur, la désabuse; mais, hélas! trop tard.

Dans ses bras son épouse expire,
Et d'un regard semble lui dire:
Pardonne-moi de t'avoir soupçonné!
En mourant de ta main, le ciel veut que j'expie
Mon injustice et mon erreur;
Mais je regrette peu la vie,
Si je me survis dans ton cœur.

L'Aurore ne fut pas insensible au malheur de son cher Céphale; elle en eut même quelques remords, mais, pour les effacer, elle se livra à de nouvelles amours, et enleva Orion [1].

Orion différait du reste des hommes en ce qu'il n'avait point de mère; mais il en était amplement dédommagé en ce qu'il avait trois pères certains,

---

[1] Ces amours inconstans, cette ardeur pressante de l'Aurore, qui rajeunit un amant, en provoque un second, en enlève un troisième, expriment de la manière la plus heureuse cette flamme si vive, si puissante, que l'Aube naissante

sans compter celui dont il était l'héritier présomptif.

Jupiter, Neptune et Mercure, voyageant ensemble, furent un soir accueillis par un pauvre homme nommé Hyrée. Les trois dieux, en reconnaissance de sa généreuse hospitalité, lui offrirent la récompense qu'il choisirait.

« Je suis veuf, leur dit-il, et d'un second hymen
» Je n'ose tenter la fortune.
» Deux femmes pour un pauvre humain,
» Ce serait trop ; peut-être est-ce déjà trop d'une ;
» Cependant j'ai besoin du lien conjugal ;
» Car, pour jouir du bonheur d'être père,
» La femme jusqu'ici fut un mal nécessaire :
» Or ne pourriez-vous pas, pour me tirer d'affaire,
» En m'accordant le bien, me dispenser du mal ? »

Les dieux, touchés du bon sens et de la naïveté de leur hôte, prirent la peau d'un bœuf qu'il avait tué pour les recevoir, la remplirent d'une substance divine, et recommandèrent à Hyrée de la couvrir de terre jusqu'à une certaine époque, à laquelle il en sortit un fils qui fut nommé Orion.

Orion devint le plus célèbre et le plus beau des

excite dans la jeunesse.... Un jour on disait à Voltaire, insoumis dans un âge avancé aux lois de l'hymen : « N'avez-
» vous donc jamais eu l'envie de vous marier ?—Quelquefois
» le matin, » répondit-il... Voilà le sens des amours allégoriques de l'Aurore. (*Note de l'éditeur.*)

chasseurs. Diane et l'Aurore l'aimèrent en même temps; et la fille du Jour, s'ennuyant de rivaliser avec la déesse des forêts, brusqua l'aventure en enlevant Orion, qu'elle transporta dans l'île de Délos. Cependant il paraît qu'il revint auprès de Diane, ce qui est naturel : l'Aurore faisait les avances, Diane résistait; elle devait être préférée : peu à peu elle répondit aux sentimens d'Orion, et conçut pour lui une flamme pure et céleste. Mais Orion, dont la flamme était moins dégagée des principes terrestres, surprenant un jour Diane seule et pensive à l'ombre d'un bosquet mystérieux, lui dit, en se précipitant à ses pieds :

« Pour vous plaire, chaste Diane,
» Je me consume nuit et jour
» A filer le parfait amour;
« Mais je vous avoûrai qu'un sentiment profane,
» Quand je vois vos appas, se glisse dans mon cœur.
» Le moral est chez moi tout voisin du physique;
» Et, malgré le respect de ma pudique ardeur,
» Je ne me sens point fait pour l'amour platonique [1].

L'argument était pressant. Diane, au lieu d'y répondre, fit piquer son amant par un scorpion caché sous une roche voisine, et transporta l'amant

[1] Je crains qu'il n'y ait ici un petit anachronisme de quelques siècles, et je prie MM. les amoureux platoniciens de vouloir bien m'éclairer sur cette bagatelle.

CÉPHALE ET PROCRIS.

et l'animal dans le ciel, où ils formèrent deux constellations disposées de manière que le scorpion semble encore menacer Orion.

Adieu, mon aimable Émilie ;
Demain je vais revoir ces bois, cette prairie,
Où de mes plaisirs le plus doux
Était de vous écrire et de penser à vous.
Là, sur le haut des monts, quand j'irai voir éclore
Le premier rayon de l'Aurore,
En admirant ses naïves couleurs
Et son sourire accompagné de pleurs,
Je me dirai : Celle que j'aime
Rougit, pleure et sourit de même.
Pour ressembler en tout à la divinité,
Il ne lui manque, hélas ! que l'immortalité.
Mais si le temps, un jour, emporte sur ses ailes
Et sa jeunesse et sa beauté,
Ses vertus seront immortelles ;
Et nous irons, unis de chaînes mutuelles,
Nous perdre dans l'éternité.
Pardon, mon adorable amie,
Ces sinistres pensers pourront vous affliger ;
Mais le plaisir d'aimer celle qu'on a choisie
Est si vif et si passager,
Qu'il est permis de prolonger
L'espoir de ce bonheur au-delà de la vie.

FIN DU TOME PREMIER.

NOTES.

Page 125. Lettre XIX. L'auteur se montre ici raisonneur superficiel et injuste : la philosophie du dix-huitième siècle, qu'il attaque, ne fut influencée ni par la mode, ni par des revers d'amour et de fortune, ni par les versatilités d'esprit qui naissent d'une recherche du bon ton. Elle combattit au contraire tous les travers, tous les préjugés de l'époque; démasqua l'hypocrisie, abaissa l'orgueil des grands en éclairant leur vie improductive et dissolue, et sut apprendre enfin aux peuples à demander compte de leurs droits aux souverains. Or, ce n'est pas, comme le prétend Demoustier, par des vapeurs que tout cela put s'opérer, mais par l'application des principes de la vraie philosophie, de la philosophie antique, mise en rapport avec les mœurs des temps modernes. La critique du correspondant d'Émilie ne peut donc flétrir que ces charlatans, soi-disant philosophes, que les hommes sages ne confondirent jamais avec les philosophes sincères, et qui se déshonorèrent sans porter atteinte à la philosophie. Ces philosophes-tartufes, nous pourrions les nommer; mais il faudrait démentir de grandes renommées; nous nous taisons.

(*Note de l'Éditeur.*)

Pages 190. Lettre XXX. Quelques mythologues ont

feint que Vénus, s'échappant de la chambre nuptiale, alla confier ses chagrins aux trois Grâces.

« Je viens à vous, mes compagnes fidèles;
» Cet hyménée est un fléau pour moi.
» Au noir Vulcain j'ai donc donné ma foi!
» Et j'ai rendu mes chaînes éternelles!
» Grand Jupiter, tu l'as voulu; pourquoi
» De cet époux me vantais-tu l'adresse,
» Et la puissance, et surtout la richesse?
» Pour contenter mes modestes désirs,
» Il ne me faut qu'Amour et les Plaisirs:
» Plaisirs, Amours, vous fuyez l'hyménée,
» Le mien surtout. — De votre destinée
» Plaignez-vous moins, lui répond en riant
» Le doux trio; ce joug contrariant
» Est à porter aussi léger qu'un autre,
» Et cet époux devait être le vôtre.
» Pluton, Neptune, et le grand Jupiter,
» Depuis long-temps sont tous trois en ménage.
» Ce Mars, qui fait l'amour avec tapage,
» Cache un œil noir sous un casque de fer;
» Mais il pourrait, dans sa brusque incartade,
» Vous planter là pour la moindre naïade.
» Cet Apollon, qui promène dans l'air
» Le char du jour, observe, et voit trop clair
» Pour un époux; et, mal pour mal, sans doute,
» Mieux vaut encor mari qui n'y voit goutte.
» Bacchus chez vous viendrait cuver son vin.
» Le dieu qui porte un caducée en main
» Pourrait fort bien, s'il vous avait pour dame,
» Comme un effet négocier sa femme.
» Sur votre cœur jamais Pan n'eut de droits;

» Vous nous avez répété mille fois
» Que son gros rire et ses deux pieds de chèvre
» Vous apportaient la migraine et la fièvre.
» Voilà des dieux les seuls que pour époux
» Peut de Paphos choisir la souveraine ;
» A moins pourtant qu'il ne lui soit plus doux,
» Laissant Vulcain, de s'unir à Silène.
» Mais, croyez-moi, tenez-vous au premier,
» Car bien ou mal il faut se marier. »

Page 203. LETTRE XXXII. « Là un jeune favori de » Diane faisait ses premières armes. » L'enfance d'Adonis et sa première éducation ont fourni à M. Bernardin de Saint-Pierre un tableau charmant dont il a embelli le troisième volume de ses Études de la Nature. Nous avons tâché de l'imiter dans les stances suivantes, qui ont quelque rapport avec l'objet traité dans cette lettre, et qui par conséquent ne sont point ici déplacées.

Une nymphe devint mère
D'un enfant, dont la beauté
De Diane, si sévère,
Sut fléchir l'austérité ;
Sur son front est la décence,
Dans ses discours la candeur :
Il ressemble à l'Innocence
Qui sourit à la Pudeur.

Vénus, que Mars abandonne,
Boudant les Jeux et les Ris :
Voit cet enfant, et soupçonne
Qu'il pourrait être Adonis.

A Diane elle l'enlève ;
Et son cœur secrètement
S'enorgueillit d'un élève
Qui lui promet un amant.

Mais Diane inconsolable
Parcourt les monts et les bois :
Appelle l'enfant aimable
Qui ne vient plus à sa voix ;
Et sachant quelle déesse
A Paphos l'a transporté,
Craint pour sa jeune sagesse
L'écueil de la volupté.

Elle apprend que Cythérée,
Par le plus heureux hasard,
Doit, de sa cour entourée,
Vers les bois guider son char ;
Que, lasse dans la campagne
D'errer seule avec son fils,
La déesse s'accompagne
De l'Amour et d'Adonis.

Diane aussitôt rassemble
Les nymphes de ses forêts :
Elles aiguisent ensemble
Leurs javelots et leurs traits ;
Et, quand le char s'embarrasse
Dans des sentiers inconnus,
La déesse de la chasse
S'offre aux regards de Vénus.

Elle prétend qu'on lui rende
L'enfant si cher à son cœur ;
Elle presse, elle commande ;

Et Vénus tremble de peur.
Vénus a peu de vaillance;
Elle perd jusqu'à la voix :
Les Grâces sont sans défense,
Et l'amour est sans carquois.

Elle pleure, elle envisage
Son Adonis et l'amour,
Tous deux enfans du même âge,
Tous deux beaux comme le jour,
Par des caresses légères
Tous deux lui payant ses soins;
Et si pareils, que deux frères
Pourraient se ressembler moins.

Elle invente un stratagème,
Et sans délai l'accomplit;
Le dos de l'enfant qu'elle aime
De deux ailes s'embellit.
A Diane qui l'appelle
Le montrant avec son fils,
Elle lui dit : Vois, cruelle,
Et si tu l'oses, choisis.

Diane flotte incertaine
Entre ces enfans ailés;
Elle hésite, en croit à peine
Ses yeux errans et troublés.
Vénus attend sa réponse :
Mais Diane, sans retour,
Au jeune Adonis renonce
De peur de prendre l'Amour.

FIN DES NOTES.

TABLE.

Notice sur Demoustier. Page	v
Mon dernier jour.	xxviij
Avertissement de l'auteur.	xxxij
Préface.	xxxiij
Épître à Emilie.	xxxv

TABLE ALPHABÉTIQUE.

	Lettres.
ACTÉON, changé en cerf pour avoir vu Diane au bain.	IX
ADONIS. Sa naissance.	XXXII
Il est aimé de Vénus.	Ib.
Sa mort.	XXXIV
Il est aimé de Proserpine.	XXXV
Les deux déesses obtiennent qu'il passe six mois sur la terre et six mois dans l'Élysée.	Ib.
AMALTHÉE (la chèvre), nourrice de Jupiter.	IV
Jupiter la change en constellation.	Ib.
AMOUR, sa naissance, son éducation, ses traits, son caractère.	XXXVI
Ses ailes.	XXXVII
Deux AMOURS.	Ib.
Opinions diverses sur son origine.	Ib.
Ses caprices.	XXXVIII
Il est présenté à Jupiter.	XXXIX

TABLE ALPHABÉTIQUE.

LETTRES.

ANDROGÉE, assassiné par les habitans de Mégare et d'Athènes. Suite de cet attentat.   XL

APOLLON, dieu des beaux-arts. Sa naissance.   X

Il est présenté à la cour céleste.   XI

Il apprend la mort d'Esculape, son élève et son fils, frappé de la foudre par Jupiter. Il pénètre dans les antres de Vulcain, et perce de ses traits les Cyclopes qui forgeaient la foudre.   Ib.

Il est chassé de l'Olympe.   Ib.

Il est réduit à garder les troupeaux d'Admète.   Ib.

Il fait éclore les arts.   Ib.

Il invente la lyre.   Ib.

Les murs de Troie s'élèvent au son de cet instrument.   Ib.

Il voit Daphné, l'aime et la poursuit pendant une année.   Ib.

Il tue le serpent Python.   XVII

On institue en son honneur les jeux pythiens.   Ib.

Il est rappelé dans l'Olympe.   Ib.

Les pasteurs de la Grèce lui élèvent des temples.   Ib.

Son culte.   XVIII

Ses attributs.   Ib.

Il devient l'amant de Vénus.   XXX

Il descend dans l'île de Rhodes avec Vénus.   XXXI

Il quitte Vénus pour Amphitrite.   XXXII

ARGUS. Ses cent yeux.   VI

Chargé par Junon de garder Io changée en vache.   Ib.

Il est endormi par Mercure, qui lui crève les yeux et le tue.   Ib.

ARRACHION. Sa mort en combattant aux jeux Olympiques.   V

ARIANÉ, rencontrée par Bacchus dans l'île de

TABLE ALPHABÉTIQUE.

	Lettres
Naxos.	XXXIX
Elle lui raconte ses infortunes.	XL
Elle sauve Thésée, et l'emmène dans l'île de Naxos.	Ib.
Thésée l'abandonne. Elle devient l'épouse de Bacchus.	Ib.
ASCALAPHE, changé en hibou par Cérès.	VIII
ASTÉRIE, jeune vestale aimée de Jupiter.	X
Tombe dans la mer en fuyant.	Ib.
AURORE. Son origine, ses fonctions.	XLVII
Amante de Tithon mère de Memnon.	Ib.
Elle aime Céphale.	XLVIII
Elle enlève Orion.	Ib.
BACCHUS. Son origine, il est confié aux nymphes; élevé par Silène.	XXXIX
Ses conquêtes.	Ib.
Il épouse Ariane.	XL
Il aime Érigone.	XLI
Il va visiter Proserpine.	Ib.
Fêtes de Bacchus.	XLV
Rapprochement de Moïse et de Bacchus.	Ib.
BACCHANTES, Prêtresses de Bacchus.	Ib.
BÉROÉ, nourrice de Sémélé, dont Junon prit la forme pour lui donner de perfides conseils.	XXXIX
BOLINA, jeune nymphe poursuivie par Apollon, se jette dans la mer.	XIII
BRIARÉE, l'un des Titans qui veulent escalader le ciel.	I
CALISTO, nymphe de Diane.	IX
Changée en ourse, après avoir mis au monde Arcas.	Ib.
CASSANDRE, fille de Priam, aimée d'Apollon.	XIII
Obtient de lui le don de deviner.	Ib.
CEINTURE de Vénus.	XXIV

	Lettres.
CÉPHALE, aimé de l'Aurore, tue Procris son épouse.	XLVIII
CÉRÈS, fille du Ciel et de Vesta.	III
Son culte.	VIII
Ses attributs.	*Ib.*
CHIONÉ, petite-fille du Matin.	IX
Percée de flèches par Diane.	*Ib.*
CIEL (le), le plus ancien des dieux.	I
CLYTIE et LEUCOTHOÉ (deux sœurs), aimées d'Apollon.	XII
Leur histoire.	*Ib.*
CORYBANTES, prêtres de Jupiter.	IV
S'entre-frappent avec des boucliers d'airain pour empêcher Saturne et Titan d'entendre les cris de Jupiter.	*Ib.*
COURONNE d'Ariane, changée par Bacchus en constellation.	XL
CUPIDON. *Voyez* AMOUR.	
CYBÈLE, la même que Vesta, la même que la Terre.	II
CYBÈLE, épouse de Saturne, la même que Rhée, belle-fille de l'ancienne Cybèle.	*Ib.*
CYCLOPES, fils du Ciel et de la Terre. Noms des principaux. Leurs occupations.	XXVI
CYNISQUE, fille d'Archidamas, la première qui remporte le prix de la course des chars aux jeux Olympiques.	V
CYPARIS, ami d'Apollon.	XIII
Changé en cyprès.	*Ib.*
DACTYLE, sorte de danse inventée par les Corybantes.	IV
DACTYLES, cinq frères qui établirent les jeux	

TABLE ALPHABÉTIQUE.

LETTRES.

Olympiques.	V
DAPHNÉ, aimée d'Apollon.	XI
Changée en laurier.	Ib.
DÉLOS, île flottante, reçoit Latone, qui y donne naissance à Apollon et à Diane.	X
DEUCALION et PYRRHA.	XX
DIANE. Sa naissance.	X
Son principal temple à Éphèse.	IX
Les habitans de la Tauride lui sacrifient des victimes humaines.	Ib.
DISCORDE. Histoire de la pomme fatale.	XLII
DODONE, forêt où était un célèbre temple de Jupiter, et un oracle fameux.	IV
ÉGYPTIENS (les), adoraient des animaux, des plantes, et pourquoi.	I
ENCELADE, l'un des Titans qui entreprennent d'escalader le ciel.	I
Enseveli sous le mont Etna.	IV
ENDYMION, jeune pasteur des environs d'Héraclée.	IX
Aimé de Diane.	Ib.
EOUS, ACTHON, PHLÉGON, PYROIS, chevaux du Soleil.	XLVII
EPAPHUS, fils de Jupiter et de la nymphe Io, conteste à Phaéton son illustre origine.	XXI
ÉRICHTHON. Sa naissance. Inventeur des chars.	XXVI
ERIGONE, séduite par Bacchus. Sa mort, sa métamorphose.	XLI
ESCULAPE, fils et élève d'Apollon, exerce la médecine sur la terre.	XI
Il ressuscite les morts, et Jupiter le frappe de la foudre.	Ib.

	LETTRES.
GALLUS, changé en coq par Mars.	XXXV
GRACES, compagnes de Vénus.	XLIV
Leur origine, leur temple, leur culte, leurs lois.	XLVI
HÉBÉ. Sa naissance. Son emploi.	VI
Elle voyage avec l'Amour.	XXXVIII
HÉCUBE, épouse de Priam, et mère de Pâris.	XLII
HEURES. Elle se chargent de l'éducation de Vénus.	XXII
HYACINTHE, ami d'Apollon.	XIII
Tué par lui en jouant au disque.	Ib.
Son sang produit la fleur qui porte son nom	Ib.
HYADES, nymphes qui nourrirent Bacchus, et furent changées en la constellation de ce nom, qui est placée sur le front du Taureau.	XXXIX
HYMEN.	XXVIII
Son caractère, sa figure, son temple.	Ib.
ICARIUS, père d'Érigone. Sa mort, Jeux icariens.	XLI
IO, aimée de Jupiter.	VI
Changée par lui en vache.	Ib.
Gardée par Argus.	Ib.
Fuite en Égypte, où elle reprend sa première forme sous le nom d'Isis.	Ib.
IRIS, confidente et messagère de Junon.	Ib.
JANUS, roi des Latins, accueille Saturne chassé du Ciel.	III
Reçoit de Saturne le don de connaître le passé et de prédire l'avenir.	Ib.
Pour cette raison, représenté avec deux visages.	Ib.
JANVIER; ce mois était consacré à Janus.	III
JUNON, fille de Saturne.	Ib.
Ses attributs, son culte.	VI
JUPITER, fils de Saturne. Sa naissance.	III

	LETTRES.
Il est élevé dans l'île de Crète. Il échappe à Titan.	III
Il foudroie seul tous ses ennemis.	IV
Il épouse Junon sa sœur.	Ib.
Ses divers noms.	Ib.
LAMPADOPHORIES; courses établies en l'honneur de Vulcain.	XXVI
LATONE, jeune vestale aimée de Jupiter.	X
Elle devient mère.	Ib.
Junon suscite contre elle le serpent Python.	Ib.
Elle met au monde Diane et Apollon dans l'île de Délos.	X
LEMNOS. Les habitans de cette île négligent le culte de Vénus.	XLIV
Leur punition.	Ib.
LUPERCALES, fêtes célébrées en l'honneur de Junon.	VI
LYCAON, roi d'Arcadie.	IV
Changé en loup par Jupiter.	Ib.
MARS. Son cortége.	XXVII
Il se présente à Vénus, dont il devient amoureux.	Ib.
Jupiter le fait partir pour combattre les Titans, afin de l'éloigner de Vénus.	XXIX
Il revient couvert de lauriers, et apprend la mésintelligence qui règne entre Vulcain et Vénus; il est mal reçu.	XXXIV
Il se change en sanglier et tue Adonis.	Ib.
Il est surpris avec Vénus par Vulcain.	XXXV
Il se sauve dans les montagnes de la Thrace.	Ib.
MARSYAS, musicien qui avait trouvé la flûte de Minerve.	XV
Défie Apollon.	Ib.

	Lettres.
Il est vaincu et écorché vif.	XV
MÉDUSE, la plus belle des trois Gorgones, outragée par Neptune.	VII
MEMNON, fils de l'Aurore. Sa mort. Statue de Memnon.	XLVII
MÉNADES, prêtresses de Bacchus.	XLV
MÉRA, chienne d'Icarius, changée en constellation.	XLI
MERCURE confie Bacchus au soin des nymphes de Nysa.	XXXIX
MERVEILLES du monde. Leur nombre et leur description.	XXXI
MIDAS, roi de Lydie.	XVI
Ses oreilles d'âne, et pourquoi.	Ib.
S'enfuit à la cour de Bacchus.	XVI
Obtient de changer en or tout ce qu'il toucherait.	Ib.
MINERVE. Sa naissance.	VII
Ses attributs.	Ib.
Son culte.	Ib.
MOISE. *Voyez* BACCHUS.	XLV
MUSES. Leur rencontre avec Apollon.	XIV
Elles forment une académie.	Ib.
Défiées par les filles de Piérus, qui leur disputent en vain le prix du chant.	XX
MYRRHA, mère d'Adonis.	XXXII
NAIADES, premières prêtresses de Bacchus.	XLV
NIOBÉ, fille de Tantale.	X
Préfère ses enfans à ceux de Latone.	Ib.
Ses fils, ses filles et son époux, tués sous ses yeux par Diane et Apollon.	Ib.
Changée en marbre.	Ib.
NISUS, roi de Mégare, trahi par sa fille et changé	

TABLE ALPHABÉTIQUE.

LETTRES.

en épervier.	XI.
OENONE, epouse du berger Pâris.	XLII
OLYMPIQUES (jeux), comparés à nos anciens tournois.	V
Les différens exercices qui les composaient.	Ib.
Établis par cinq frères nommés Dactyles.	Ib.
Les femmes, pendant long-temps, en sont exclues sous peine de la vie.	Ib.
Elles y sont admises, et pourquoi.	Ib.
Athlètes qui s'y distinguèrent le plus.	Ib.
Leur histoire.	Ib.
ORION. Sa naissance.	XLVIII
Il est aimé de l'Aurore et de Diane, et changé en constellation.	Ib.
PALLAS, la même que Minerve, déesse des combats.	VII
PARIS, fils de Priam, exposé, en naissant, sur le mont Ida; élevé par les pasteurs.	XLII
Il épouse OEnone, et revient à la cour de Priam.	Ib.
Jugement de Pâris.	XLIII
PÉGASE, cheval ailé, né du sang de Méduse.	XIV
Fait jaillir l'Hippocrène.	Ib.
PÉNIA, déesse de la pauvreté. Selon quelques uns, mère de Cupidon.	XXXVII
PÉRISTÈRE, changée en colombe par l'Amour.	Ib.
PERSÉIS, fille de l'Océan, aimée d'Apollon, et mère de Circé.	XIII
PHAÉTON, fils d'Apollon.	XXI
Il demande à son père de monter sur son char.	Ib.
Il est précipité dans l'Éridan par Jupiter.	Ib.
PHILOSOPHIE, ce qu'elle était autrefois.	XIX
En quoi on la fait consister maintenant.	Ib.

I. 23

	Lettres.
PIÉRIDES, filles de Piérus, changées en pies par les Muses.	XIX
PORUS, dieu de l'abondance. Père de Cupidon, selon quelques mythologues.	XXXVII
PROSCRIS. *Voyez* CÉPHALE.	
PROSERPINE. Sa naissance.	VIII
Enlevée par Pluton.	*Ib.*
Aimée de Bacchus, le retient trois ans aux enfers.	XLI
PYRÉNÉE, tyran de la Phocide, veut faire violence aux Muses.	XX
PYTHIENS (jeux), institués en l'honneur d'Apollon, à peu près semblables aux jeux Olympiques.	XVII
PYTHON (le serpent). Sa naissance.	*Ib.*
Apollon le fait expirer sous ses traits.	*Ib.*
RHÉE, fille du Ciel et de Vesta, épouse Saturne, et prend le nom de Cybèle.	III
ROMULUS bâtit un temple en l'honneur de Janus.	*Ib.*
SAGES de la Grèce.	XVIII
SAPHO, amante de Phaon. Sa mort.	XLIV
SATURNALES, fêtes célébrées en l'honneur de Saturne.	III
SATURNE, fils du Ciel et de Vesta, épouse Rhée.	*Ib.*
Il accepte le trône que lui cède Titan.	*Ib.*
Titan le détrône ensuite, et l'enferme dans le Tartare avec Cybèle; il est rétabli sur le trône par Jupiter; il dresse des embûches à son libérateur, qui, en étant instruit, le chasse de l'Olympe; il fuit en Italie.	*Ib.*
SCYLLA. *Voyez* NYSUS.	
SÉMÉLÉ, séduite par Jupiter.	XXXIX
Trahie par Junon.	*Ib.*

TABLE ALPHABÉTIQUE. 355

	Lettres.
Sa mort.	XXXIX
SIBYLLE de Cumes, aimée d'Apollon.	XIII
Obtient de lui une longue vie.	*Ib.*
SIBYLLE, ou PYTHONISSE, rendait à Delphes ses oracles sur un trépied couvert de la peau du serpent Python.	XVIII
SILÈNE, gouverneur de Bacchus.	XXXIX
STELLIO, changé par Cérès en lézard.	VIII
THÉMIS, déesse de la Justice.	XXXV
THÉSÉE, vainqueur du Minotaure, épouse Ariane et l'abandonne.	XL
THÉTIS et PÉLÉE. Leurs noces.	XLII
THYADES, prêtresses de Bacchus.	XLV
TIRÉSIAS, devenu aveugle pour avoir vu Minerve au bain.	VII
TITAN, fils aîné du Ciel et de Vesta, héritier présomptif du trône; il le cède à Saturne; il découvre la naissance de Jupiter; assemble une armée, marche contre Saturne, et le fait prisonnier ainsi que Cybèle.	III
TITHON, époux de l'Aurore.	XXXIII
TRÉPIED d'or, offert successivement aux sept Sages de la Grèce, et refusé par tous.	XVIII
TRIPTOLÈME. Cérès lui enseigne l'agriculture.	VIII
TYPHÉE, l'un des Titans qui veulent escalader le Ciel.	I
VÉNUS, fille de l'Océan, s'élève du sein des flots.	XXII
Conduite par Zéphyre dans l'île de Chypre, où elle est élevée par les Heures.	*Ib.*
Son instruction.	XXIII
Elle est demandée à la cour céleste.	XXIV
La cour céleste est assemblée lorsque Vénus se	

	Lettres.
présente.	XXV
Jalousie des autres déesses.	Ib.
Elle est couronnée par Jupiter.	Ib.
Elle épouse Vulcain.	XXIX
Elle est l'amante d'Apollon.	XXX
Apollon l'abandonne.	XXXII
Elle devient éprise d'Adonis.	Ib.
Elle apprend la mort d'Adonis.	XXXIV
Elle lui fait élever un temple.	Ib.
Elle obtient la pomme.	XLIII
Son culte, ses temples, ses fêtes.	Ib.
Vénus *céleste*.	Ib.
Vénus *modeste*.	Ib.
Vénus *nuptiale*.	Ib.
Vénus *populaire*.	Ib.
Offrandes à Vénus.	Ib.
VESTA. Elle épouse le Ciel.	II
VULCAIN. Sa naissance.	VI
Il court à l'Olympe; et se plaint de ce qu'Apollon venait de percer les Cyclopes de ses traits.	XI
Fils de Jupiter, qui le précipite du ciel, d'où il arrive dans l'île de Lemnos.	XXVI
Il forge les foudres de Jupiter, qui, en reconnaissance, l'accueille dans son palais.	Ib.
Il demande Minerve en mariage.	Ib.
Il est fait dieu du feu. Ses attributs.	Ib.
Il devient amoureux de Vénus.	Ib.
Son mariage avec elle.	XXIX
ZÉPHYRE, jaloux d'Hyacinthe, cause sa mort.	XIII

FIN DE LA TABLE DU TOME PREMIER.

www.ingramcontent.com/pod-product-compliance
Lightning Source LLC
Chambersburg PA
CBHW052138230426
43671CB00009B/1294